AF247354

MOIS DE MARIE

de

NOTRE-DAME-D'ESPÉRANCE

DE PONTMAIN

par

Par l'Abbé A. AUBERT

CURÉ DANS LE DIOCÈSE D'ANGERS

« Notre-Dame d'Espérance!... Je la
« prie tous les jours... Elle est ma
« force et mon soutien! »
(*Paroles de Pie IX à l'évêque de Laval.*)
Audience du 26 février 1877.

Ouvrage honoré de l'approbation de Mgr l'évêque de Laval.

Prix : 1 fr. 40 c. — 1 fr. 60 c. par la Poste

AU PROFIT D'UNE BONNE OEUVRE

ANGERS	CHEZ L'AUTEUR
BRIAND ET HERVÉ	A CORNÉ
Libraires, rue St-Laud, 9.	Maine - et - Loire

1877

MOIS DE MARIE

de

NOTRE-DAME-D'ESPÉRANCE

DE PONTMAIN

ANGERS, IMP. TANDRON ET DALOUX, RUE SAINT-LAUD, 9.

MOIS DE MARIE

de

NOTRE-DAME-D'ESPÉRANCE

DE PONTMAIN

par

Par l'Abbé A. AUBERT

CURÉ DANS LE DIOCÈSE D'ANGERS

« Notre-Dame d'Espérane !... Je la
« prie tous les jours... Elle est ma
« force et mon soutien ! »
(Paroles de Pie IX à l'évêque de Laval.)
Audience du 26 février 1877.

Ouvrage honoré de l'approbation de Mgr l'évêque de Laval.

———

Prix : 1 fr. 10 c. — 1 fr. 60 c. par la Poste

AU PROFIT D'UNE BONNE OEUVRE

<table>
<tr><td>ANGERS</td><td>CHEZ L'AUTEUR</td></tr>
<tr><td>BRIAND ET HERVÉ</td><td>A CORNÉ</td></tr>
<tr><td>Libraires, rue St-Laud, 9.</td><td>Maine - et - Loire</td></tr>
</table>

1877

PERMIS D'IMPRIMER.

Angers, 14 avril 1877.

† CH.-ÉMILE,

Évêque d'Angers.

APPROBATION

Évêché de Laval.

Laval, le 8 avril 1877.

CHER MONSIEUR LE CURÉ,

J'approuve pleinement votre pensée de venir en aide aux pieux serviteurs de Marie, en leur proposant votre *Mois de Notre-Dame-d'Espérance-de-Pontmain*. Arrivant de Rome, chargé des faveurs de Pie IX pour le nouveau Sanctuaire que j'ai résolu d'élever en l'honneur de la Mère de Dieu, j'aime à bénir et à encourager votre excellent ouvrage. Il pourra contribuer puissamment à faire connaître et aimer Celle qui a voulu se montrer à nous, dans des jours de tristesse et de deuil, pour nous inviter à prier et à demander notre salut par les souffrances et la Croix de son divin Fils.

Je vous renouvelle, cher Monsieur le Curé, l'assurance de mes sentiments affectueux et dévoués.

† JULES-DENYS, *Év. de Laval.*

L'auteur déclare expressément se conformer aux décrets du pape Urbain VIII, et, dans les termes qu'il emploie en cet écrit, ne prévenir aucun jugement de la sainte Eglise relativement aux faits extraordinaires qu'il rapporte.

AVANT-PROPOS

Pour le plus grand nombre des paroisses, le mois de Marie est désormais une époque de fêtes quotidiennes en l'honneur de la Très-Sainte-Vierge.

Les fidèles aiment à assister aux pieux exercices de ce mois béni, et ils en retirent de précieux fruits de sanctification et de salut.

Chaque soir, dans l'Église paroissiale, l'autel de la Sainte-Vierge, transformé par des mains pieuses en un trône élégant, s'illumine, comme aux jours des grandes solennités, et devant la blanche statue de Marie entourée de fleurs et de lumières, des foules recueillies viennent contempler la douce image de la bonne Mère du Ciel, chanter ses louanges et entendre redire ses prérogatives et ses bontés. Précieux instants qui embaument l'âme chrétienne et lui laissent les plus doux souvenirs, tout en la rendant meilleure !

Les pasteurs des âmes connaissent bien ces heureux fruits ; aussi, c'est avec bonheur qu'ils voient arriver ces jours de bénédiction pour redire aux pieux fidèles confiés à leurs soins, les grandeurs et l'amour de Celle qui s'appelle *le Secours des chrétiens*, *le Refuge des pécheurs*, *la Consolatrice des affligés*, *la Mère aimable et admirable.*

Dans le but d'aider ce zèle sacerdotal, différents auteurs ont écrit de pieux ouvrages qui, sous le nom de *Mois de Marie*, offrent pour chacun des jours de ce beau mois, une pieuse lecture accompagnée de salutaires réflexions. Les uns racontent la vie admirable de Marie ; d'autres redisent plus spécialement ses prérogatives et ses grandeurs ; tous s'appliquent à faire connaître et aimer cette bonne Mère, et la plupart de ces petits livres sont d'un puissant secours aux mains des pasteurs des âmes, dans ces réunions du soir, au pied de l'Autel de Marie.

Mais il est bon de varier de temps en temps ces lectures pieuses ; et bien souvent à la veille du mois de Marie, l'on se demande quel sera, cette année, le livre préféré. Parmi ceux que l'on possède et que l'on connaît, l'un est trop long, l'autre trop sérieux ; celui-ci n'a pas été suffisamment goûté, celui-là qui a obtenu un beau succès, ne peut être relu que plus tard.

De là, souvent, une véritable difficulté. Aussi, est-il rare qu'un nouveau *Mois de Marie* ne soit bien accepté à son apparition, et s'il a la bonne fortune de plaire aux fidèles, il devient dès lors un serviteur utile auquel on ne dit pas adieu, mais au revoir.

Dans ces dernières années, bon nombre de pasteurs ont profité de ces pieux exercices du mois de Marie, pour entretenir leurs fidèles des merveilleuses Apparitions de la Sainte Vierge en notre chère patrie. Partout, ces récits ont touché et éclairé les âmes, et des grâces sans nombre ont été accordées par Marie qu'on invoquait avec confiance sous ses noms glorieux de Notre-Dame de la Salette, Notre-Dame de Lourdes, Notre-Dame de Pontmain.

J'ai pensé que l'histoire de l'Apparition de Pontmain, accompagnée de réflexions, pouvait offrir matière à un nouveau mois de Marie instructif et édifiant. Si mon livre n'atteint pas le but que je me suis proposé, c'est que la main de l'ouvrier n'a pas été assez habile et toute la faute de son insuccès doit lui être imputée.

Tel qu'il est, avec ses nombreuses imperfections, j'ose cependant offrir, en toute confiance, ce petit livre à mes vénérés frères dans le Sacerdoce et la charge des âmes.

Si en passant par les lèvres de ces bons prêtres, mes humbles pages peuvent être, pour leurs pieux fidèles, de quelque utilité, je m'estimerai très-heureux, et je bénirai, de tout cœur la Sainte Vierge, de m'avoir associé au bien que leur zèle leur inspire, pour sa gloire et le salut des âmes.

MOIS DE MARIE

DE

N.-D. DE L'ESPÉRANCE DE PONTMAIN

VEILLE DU MOIS DE MARIE

LES APPARITIONS DE LA SAINTE VIERGE

DANS CES DERNIERS TEMPS.

Il y a trente ans environ, la Reine du Ciel apparaissait sur une haute montagne des Alpes à deux pauvres enfants occupés à la garde de leurs troupeaux. La Sainte Vierge, — chacun le sait, — venait en cette circonstance solennelle donner à son peuple infidèle de graves avertissements, et ce n'est qu'à travers ses larmes abondantes, que cette Mère affligée put redire aux petits pâtres qu'elle constituait ses messagers sur la terre, les menaces terribles du Ciel, son impuissance à retenir le bras de son Fils irrité et d'effrayants secrets. .

Une douzaine d'années après l'apparition de la Salette, Marie se montre de nouveau dans la grotte de Lourdes à une petite fille de treize ans qui ramassait, pour son foyer éteint, quelques branches de bois mort, en la compagnie de plusieurs autres enfants pauvres et simples comme elle. Dix-huit fois, dans l'espace de quelques semaines Bernadette Soubirous, la fille du meunier de Lourdes, revit à la même place la Belle Dame au rosaire brillant, et l'humble enfant reçut dans ces nombreuses visites, au milieu des ravissements et des extases, les secrets, les ordres, et le nom béni de la Vierge Immaculée.

La Reine du Ciel laissa tomber encore de ses lèvres émues, comme à la Salette, le grand mot de Pénitence, mais un sourire plein de charmes et tout empreint de la plus miséricordieuse tendresse avait remplacé, sur le visage auguste de notre bonne Mère, la tristesse profonde et les larmes brûlantes de la première apparition sur le sommet des Alpes.

Bon nombre d'âmes, sans doute, après avoir entendu la voix de la Vierge réconciliatrice de la Salette, avaient tourné leurs regards vers le Ciel, en criant miséricorde ; ou plutôt, Marie avait été

assez puissante sur le cœur de son divin Fils,
pour apaiser quelque peu son courroux et suspendre les châtiments de sa justice.

Douze à treize ans s'écoulent encore et Marie
quitte de nouveau le céleste séjour dont elle est la
Reine bien-aimée, pour venir parler à la terre.
Cette fois également, la Vierge Immaculée fait
choix de plusieurs enfants bien purs et bien candides d'une humble vallée de la Mayenne, au sein
d'une population sincèrement chrétienne; et pendant trois heures entières, elle se montre à leurs
yeux ravis.

A Pontmain, non moins que dans les autres
lieux précédemment choisis pour ces célestes visites, la sainte Vierge apparaît dans tout l'éclat de
sa miséricordieuse tendresse.

Un sourire d'une ineffable douceur illumine ses
traits augustes; elle regarde avec amour et complaisance les heureux enfants qui la contemplent
dans le ravissement et aussi la foule qui, sans jouir
du même privilége, se jette à genoux et chante
ses louanges. Ce ne sont plus des menaces qu'elle
apporte à la terre; messagère de paix elle vient
annoncer des jours heureux, mais à la condition
toutefois que de ferventes prières ne cesseront de
monter vers le Ciel. Aussi, la Vierge de Pontmain
est connue et vénérée sous le doux nom de Notre-
Dame de la Sainte-Espérance.

Ces trois apparitions solennelles de Marie ne sont plus aujourd'hui des faits ignorés et méconnus. — Les noms de la Salette, de Lourdes et de Pontmain sont désormais vénérés et bénis dans le monde catholique tout entier, et la Reine du Ciel ne cesse de montrer, de la manière la plus frappante, ses divines préférences pour ces nouveaux Sanctuaires qu'elle a daigné se choisir dans notre chère patrie, si riche déjà en semblables trésors.

La France qu'un grand pape, — Benoît XIV, — a nommée le royaume de Marie n'a donc pas cessé d'être chère au cœur de cette divine Mère, et nous pouvons bien emprunter dans notre reconnaissance ces paroles du roi psalmiste :

La Reine du Ciel n'a point accordé de telles faveurs à toutes les autres nations : *Non fecit taliter omni nationi.*

C'est dans ce sentiment qu'un fervent catholique anglais disait naguère, en parlant des grandes bontés de Marie à l'égard de notre pays : Oh ! comme il faut que la sainte Vierge aime la France ! (1) — Oui, la Reine du Ciel aime tendrement notre chère patrie, et nous serions bien ingrats si nous allions méconnaître ses bontés et sa miséricorde !

Il est de notre devoir, à nous surtout, qui sommes heureux et fiers de notre beau titre de

(1) *Voyage d'un croyant*, par le comte Lafond.

serviteurs et d'enfants de Marie, de répondre à ses grands bienfaits par notre reconnaissance et par notre amour; et quel meilleur moyen pouvons-nous employer, pour lui payer notre dette, si ce n'est de méditer les enseignements sublimes qu'elle est venue nous apporter du Ciel, dans ses mystérieuses et consolantes apparitions.

Aussi bien, si de telles faveurs supposent de la part de Marie une bonté ineffable, dont nous ne saurions trop nous montrer reconnaissants, elles supposent également de notre part un immense besoin d'amendement et de correction.

Il faut que le monde, que notre France en particulier, soient bien malades, pour que le Ciel daigne recourir à de si grands remèdes !...

— Je suis effrayé de tels prodiges, a dit un illustre cardinal, en apprenant à Rome ces faits merveilleux ; nous avons dans la religion tout ce qu'il faut pour la conversion des pécheurs et quand le Ciel emploie de tels moyens, il faut que le mal soit bien grand (1).

Telle est bien aussi la pensée que développait dans un magnifique langage l'évêque de Poitiers, en la belle fête du couronnement de la Vierge de Lourdes, au 2 juillet dernier. — Dieu, — s'écriait l'éloquent évêque en s'adressant aux cent mille

(1) Le cardinal Fornari, cité par le comte Lafond, dans le voyage d'un Croyant.

pèlerins réunis devant la grotte de Massabielle, —
Dieu ne fait rien sans motif et sans but. Qu'a-t-il
donc pu se proposer ici ?... Ah ! génération incrédule, tu ne veux croire qu'à la raison et qu'à la
nature : pour toi, as-tu dit, l'ordre de foi et de
révélation est non avenu ; à ton sens l'Evangile
n'est pas assez certifié, le ministère de l'Eglise
n'est pas suffisamment autorisé. Est-ce que le
Dieu tout-puissant, auquel il a plu d'entrer en
communication directe avec la terre, va reculer
devant tes négations ou tes dédains ?... Ou bien
plutôt à tes défis, ne va-t-il pas répondre par
d'autres défis ?... C'est en fait du surnaturel, ont
dit les hommes du XIX° siècle !... Eh bien ! voici
que le surnaturel afflue, voici qu'il déborde, voici
qu'il suinte du sable et du rocher, voici qu'il jaillit de la source, voici qu'il déroule en longs replis
les vagues vivantes d'un fleuve de prières, de
chants et de lumières, voici qu'il s'abat, qu'il se
précipite sur des foules que personne ne peut dénombrer, et qui sont emportées par la force supérieure d'un courant auquel rien ne résiste. *Si vous
ne croyez pas aux paroles, croyez du moins aux
faits.*

C'est ainsi que Dieu possède en propre, des
moyens directs d'action et de persuasion, dont il
n'a pas même disposé en faveur de son Eglise. —
Il a une façon à lui de donner à sa voix l'accent

qui révèle sa vertu. Nul alors ne peut la méconnaître, à moins qu'il ne soit de la famille de cet aspic naturellement sourd et qui se bouche les oreilles pour ne pas entendre.

Au 19 septembre de cette même année, à l'occasion du trentième anniversaire de l'apparition de Notre-Dame de la Salette, le pieux évêque de Grenoble disait également à ses chers diocésains, dans une remarquable lettre pastorale :

— Quelle n'est pas l'affection de Marie pour notre pauvre France? Quoique infidèle à sa mission, la France lui est toujours chère, elle l'appelle encore *mon Peuple*.

Depuis le jour de son apparition sur la sainte montagne, nous avons bien souffert; la France, si glorieuse naguère, est maintenant humiliée jusqu'au point de ne plus oser parler dans l'assemblée des rois, de peur qu'elle n'ait à tirer l'épée pour venger son honneur. Nous en sommes réduits là, pour avoir refusé la louange au Seigneur.

Sans doute, nous avons fait pénitence; les bons sont devenus meilleurs; les œuvres de charité se sont multipliées; toutefois, est-ce que les méchants ne sont pas devenus pires? La haine contre Dieu n'a-t-elle pas grandi? Les sociétés secrètes, condamnées par l'Eglise, et naguère encore flétries par Pie IX, qui est la sentinelle vigilante du peuple de Dieu, ces sociétés qui enveloppent l'Europe et le monde comme d'un filet, ont-elles reconnu leur erreur et cessé la guerre infernale qu'elles avaient déclarée à l'Eglise et à toute autorité? Les hommes fréquentent-ils tous l'Eglise et les Sacrements? Observent-ils ses lois? Ne voyons-nous pas bien souvent encore travailler le dimanche. Hélas! le blasphème ne vient-il pas comme par le passé attrister nos oreilles et nos cœurs?

Faudra-t-il que la Vierge descende une fois encore pour nous menacer et nous prédire de nouveaux malheurs?

« Non, nous en avons la douce confiance, *vous n'endurcirez pas vos cœurs.* »

La sainte Vierge, nous l'avons dit, est encore descendue du Ciel pour visiter son peuple, mais dans cette nouvelle apparition de la vallée de Pontmain, elle n'a point fait entendre de menaces; c'est l'espérance qu'elle apporte dans son doux sourire et dans ses consolantes paroles.

Pendant ce mois consacré à Marie, nous allons méditer ensemble cette dernière et récente apparition de Pontmain qui renferme tant et de si beaux renseignements; au pied de l'autel de notre divine Mère nous nous demanderons aussi, dans ce pieux souvenir de son apparition, quel est le motif de cette nouvelle visite de la Reine des Anges.

Aussi bien, dans l'histoire de cette mystérieuse apparition de Notre-Dame de l'Espérance, tout semble bien fait pour nous instruire et nous édifier.

La foi vive et agissante des bons habitants de Pontmain ; la sainteté du vénérable pasteur de cette paroisse privilégiée ; la candeur et la piété des petits Voyants ; le doux sourire et les conseils maternels de la *Belle Dame*, la reconnaissance de toute cette chrétienne contrée pour la céleste visiteuse, les prodiges qui ne cessent de s'accomplir au sanctuaire de Notre-Dame de Pontmain : oui tout cela est consolant et édifiant.

Dès ce soir, aux pieds de la statue de notre divine Mère, unissons nos pensées, nos affections et nos chants aux pieux hommages des fidèles réunis devant l'autel du pèlerinage de Notre-Dame de l'Espérance de Pontmain. Dans le cours de ce mois béni, bon nombre de serviteurs de Marie vont aller visiter ses pieux sanctuaires, et celui de Pontmain verra, chaque jour, comme les années précédentes, des foules recueillies s'agenouiller au lieu vénéré de l'Apparition : eh bien, nous aussi, chaque soir, unis d'esprit et de cœur à ces pèlerins heureux, venons visiter dans notre église paroissiale la douce Vierge Marie que tant de fois déjà nous avons invoquée depuis les jours de notre petite enfance.

A ses pieds nous puiserons dans la méditation de ses bontés et de ses conseils maternels de

1.

grandes consolations et de précieuses faveurs. Ce mois béni que nous inaugurons ce soir sera pour la paroisse entière, pour nos familles, pour chacun de nous, un mois de grâce et de salut.

PRATIQUE.

Ne passer aucun jour de ce mois sans offrir à Marie, en union avec les pieux visiteurs de ses sanctuaires, une fervente prière ou quelque petit sacrifice. S'efforcer, chaque soir, de venir à ses pieds, entendre redire ses bontés et chanter ses louanges.

———

Chaque soir, on pourra réciter le *Souvenez-vous*, etc. (page 21.)

INVOCATION.

O Notre-Dame d'Espérance de Pontmain, priez pour nous, pour la France et l'Eglise.

(40 jours d'indulgence accordés à la récitation de cette invocation par Mgr l'évêque de Laval.)

PREMIER JOUR.

LECTURE.

Pontmain est une petite bourgade du département de la Mayenne, aux confins du diocèse de Laval dont elle fait partie et sur la lisière même de la Bretagne, dans cette contrée qu'on appelait jadis le Petit-Maine.

Cette paroisse, qui ne compte guère que cinq cents habitants, se cache humble et solitaire au bas d'un des versants boisés d'une belle et gracieuse vallée. A ses pieds, une petite rivière aux eaux limpides, le Dairon, coule avec calme, sous le frais ombrage de beaux et grands arbres qui le bordent dans tout son parcours.

Sur sa route sinueuse, elle rencontre plusieurs moulins dont elle fait tourner avec un bruit monotone les roues sonores et passe, en murmurant, sous l'arche étroite d'un solide pont de pierres, au pied même du petit village.

Aux environs de Pontmain, le paysage qui longe la rivière est tantôt sévère, presque sauvage tantôt, riant et gracieux.

Des prairies verdoyantes, des champs admirablement cultivés, des bosquets d'arbres élancés, des rochers ardus se mirent tour-à-tour dans ses eaux.

Une trentaine de maisons irrégulièrement assises sur un terrain accidenté sont groupées, presque en désordre, autour de l'église paroissiale ; les autres habitations sont disséminées çà et là dans les hameaux du voisinage.

La campagne environnante est cultivée avec un grand soin et ne manque pas de fertilité ; elle est coupée à des intervalles très-rapprochés par de hautes haies au feuillage touffu, refuge tranquille et embaumé, pendant la belle saison, de milliers d'oiseaux qui viennent fidèlement, chaque année, y cacher leurs nids et l'animer de leurs chants joyeux.

De ce charmant bocage, le regard s'étend et se repose au loin, de quelque côté qu'il se tourne, sur de belles et hautes futaies au-dessus desquelles on voit briller, aux rayons du soleil, la croix dorée de plusieurs clochers voisins. Dans la saison mauvaise, l'aspect de ce grand rideau d'arbres dépouillés de leur feuillage est triste et désolé, il inspire les pensées les plus sérieuses ; mais dans les beaux jours du printemps et de l'été, l'âme la plus insensible aux charmes de la nature, reste ravie, pour ainsi dire, malgré elle, à la vue de cette admirable ceinture de beaux et grands arbres qui forme comme une immense couronne de verdure au front du modeste village.

Les rares chemins de ce riant bocage ressemblent à ces belles avenues plantées d'arbres qui conduisent aux demeures princières. On arrive au bourg sans le voir; il est enseveli dans le feuillage — on l'a bien dit — comme un Eden mystérieux.

Ce modeste village dont les habitants sont presque tous aujourd'hui de bons cultivateurs et de laborieux artisans, avait dans les siècles passés une certaine importance. — C'était une ville fortifiée que dominait fièrement un magnifique château-fort, demeure princière et redoutable d'un puissant seigneur breton.

Dans la seconde moitié du ix° siècle, — disent les vieilles chroniques du Bas-Maine, — un prince de la maison de Gaël, la plus noble de Bretagne, choisit cette vallée pour y fixer sa résidence habituelle. — Il s'appelait Méen.

Dans ce val gracieux, mais presque désert, il ne trouva que quelques demeures isolées, et se mit tout de suite à construire, au bord même de la rivière, un magnifique château-fort.

Son but n'était pas seulement de se donner le luxe d'une demeure digne de son nom et de son rang, il voulait surtout se créer une citadelle puissante et redoutable afin de fermer à tout jamais le

Pont ou passage à plusieur princes bretons qui convoitaient depuis longtemps cette lisière du Maine.

Ce château-fort devint bientôt un centre puissant de défense et d'attaque; une ville fortifiée, entourée de hautes et puissantes murailles se bâtit rapidement au pied de la citadelle et cette ville prit dès lors le nom de son fondateur. — Elle s'appela Pont-Méen.

Quelques auteurs donnent, il est vrai, au bourg de Pontmain une origine plus antique encore. — Tous s'accordent, cependant, pour citer comme le véritable fondateur de la ville, le puissant prince Méen, mais ils prétendent qu'il ne fut que le restaurateur du château qui, abandonné depuis des siècles déjà, tombait en ruines après avoir subi de terribles assauts.

Quoi qu'il en soit, Pontmain au xe siècle était tout à la fois un poste militaire important, *tête de chastellenie* et *cour de haute, de moyenne et de basse justice.*

Pendant plusieurs siècles, cette ville fortifiée conserva ce haut rang au sein de la contrée et, si les ruines de son vieux château et de ses épaisses murailles pouvaient aujourd'hui parler, elles nous raconteraient de terribles assauts, d'effrayantes luttes, des événements bien importants pour toute cette partie du Bas-Maine.

Vers l'an 1374, les Anglais vinrent ravager les provinces de l'Ouest de la France, déchirées déjà par d'affreuses luttes intestines. — Ils avaient pour chef le fameux comte Arondel, surnommé le fléau du Bas-Maine.

La ville de Pontmain vit bientôt accourir devant ses murs ces redoutables ennemis. — La forteresse était alors, il est vrai, munie des plus puissants moyens de défense.

Entourée d'une muraille de cinq pieds d'épaisseur, elle était encore protégée par deux solides remparts de terre entre lesquels régnait un vaste et profond fossé qu'on remplissait d'eau à volonté. Un étang spacieux entourait la forteresse dans toute sa partie septentrionale et surtout elle avait pour défenseurs de vaillants guerriers habitués à la lutte et trop heureux de se mesurer contre les bandes envahissantes du farouche Arondel.

Tous ces puissants moyens de défense et ce mâle courage devaient être inutiles devant le grand nombre des assiégeants. La forteresse ne tarda pas à tomber aux mains de l'ennemi qui la rasa et la détruisit jusque dans ses fondements. La cité tout entière partagea ce triste sort, et les habitants qui s'étaient faits tous guerriers dans cette lutte atroce, périrent la plupart sous le fer de leurs farouches ennemis ou furent emmenés prisonniers au pays d'Angleterre.

Plusieurs maisons à moitié détruites demeu-
rèrent seules, vides et dépouillées, au milieu de
ces ruines fumantes, et l'on assure qu'il ne resta
dans toute cette affreuse solitude que quelques
rares habitants, victimes échappées par hasard au
fer et au feu de l'ennemi.

Depuis cette sauvage destruction, le pays s'est
repeuplé peu à peu, la charrue a passé des milliers de fois sur ce sol désolé, et, à la place de ces
ruines amoncelées dont il reste encore de nombreux vestiges, s'élèvent depuis longtemps de
beaux arbres, de riches moissons, et les modestes
demeures de ce nouveau peuple qui ne rêve point
les tournois bruyants, encore moins les sanglantes
batailles.

Ce n'est pas sans une vive émotion que l'on parcourt le large monticule qui servait de base à cette
puissante forteresse de Pontmain, l'une des plus
belles, dit-on, de la féodalité.

Le mur d'enceinte existe encore dans une partie de ses fondements et l'on se rend aujourd'hui
encore un compte très-exact de l'emplacement des
remparts et des douves qui l'entouraient en la
protégeant. L'herbe a poussé sur ces débris de
murailles et de magnifiques chênes couronnent
maintenant ces ruines imposantes.

RÉFLEXIONS.

Au premier soir de ce mois consacré à la Très-Sainte Vierge, après avoir pris connaissance du passé de Pontmain, étudions ensemble l'origine de cette douce et salutaire dévotion du mois de Marie. Il est assez difficile, c'est vrai, de donner à ce sujet des faits d'une exactitude rigoureuse, car les différents auteurs qui ont traité cette question, ne s'accordent pas toujours entr'eux, mais quelques-uns des plus sérieux fournissent sur cette origine des détails si édifiants qu'il ne peut y avoir que profit pour l'âme à les connaître et à les méditer.

C'est sous le beau ciel de l'Italie, dans la capitale même du monde chrétien que cette dévotion a pris naissance.

Un bon religieux de l'illustre compagnie de Jésus, le P. Lalomia, eut, croit-on, le premier, l'heureuse idée d'établir le *Mois de Marie*; c'était vers le milieu du siècle dernier, il y a un peu plus de cent ans.

Ce saint religieux, tout préoccupé, dans son zèle d'apôtre, du salut des âmes, crut devoir leur ouvrir, par ces pieux exercices, une nouvelle source de grâces et de faveurs célestes.

Déjà, sur cette terre privilégiée où le nom de Marie a toujours été entouré de tant d'amour et de vénération, de pieuses et touchantes pratiques avaient été instituées en l'honneur de cette bonne Mère, et le même sentiment de dévotion qui avait porté les fidèles à l'honorer trois fois le jour, à lui dédier chaque semaine, le samedi; chaque mois, un jour spécial; ce même sentiment a inspiré la salutaire pensée de lui consacrer un mois chaque année. Mais, parmi les mois de l'année, quel devait être celui qui porterait le nom de la Reine du Ciel?

— Quand on fait une offrande, dit le P. Lalomia lui-même, on doit toujours présenter ce qu'on a de mieux : c'est pourquoi on a choisi de préférence le plus beau mois de l'année, le mois de mai, qui, par le renouvellement de la nature et l'agréable variété des fleurs dont la terre se couvre, semble inviter l'âme à renaître aussi à la grâce, à se parer des plus beaux actes de vertus, et à en former comme la couronne de la Reine de l'univers (1).

Déjà, disent plusieurs auteurs, saint Philippe de Néri, le saint Vincent de Paul de l'Italie — comme on l'a surnommé — avait institué, deux cents ans auparavant, cette pieuse pratique du *mois de Marie*.

« Si la dévotion du mois de Marie, — dit M. l'abbé de Sambucy, qui se range parmi ces derniers, — a fait des progrès dans le xviii⁰ siècle, et a pris en quelque sorte plus de consistance dans le xix⁰, elle n'en est pas moins l'œuvre du xvi⁰ siècle, l'œuvre de saint Philippe de Néri, le fruit de son zèle pour le salut des âmes et de sa piété envers Marie. Ce saint, si ami de la jeunesse, s'était aperçu que le mois de mai était le plus dangereux de l'année pour les jeunes gens. Désolé de ne pouvoir contenir, ni la fougue de leur tempérament, ni l'effervescence de leurs passions, il les regardait avec attendrissement, et versait des larmes. Enfin, il fut inspiré de recourir à la sainte Vierge et de mettre le jeune âge sous la protection de Marie, pendant le mois de mai. A cet effet, il traça aux jeunes gens une règle de conduite à suivre tous les jours de ce mois. Il leur prescrivit de pieux hommages, devant les tableaux, statues, ou autels de Marie; des exercices de piété quotidiens, l'assiduité à la messe, à la lecture spirituelle, au sermon et au salut : des prières plus fréquentes jointes à des actes de vertu et à des œuvres

____

(1) *Le Mois de Marie* du P. Lalomia.

piés; enfin, une communion générale ou particulière, dans le cours ou à la fin du mois; et une consécration à la sainte Vierge. »

Peu importe — il est vrai — le nom du véritable auteur de cette précieuse pratique. Une seule chose doit nous suffire : c'est qu'elle nous vient du Ciel, c'est qu'il n'y a qu'une sainte âme qui ait pu être ainsi l'heureuse interprète de la volonté du Seigneur.

Toutefois si le P. Lalomia n'est pas le fondateur de cette touchante dévotion à l'égard de Marie, il est certain au moins qu'il en fut un des plus ardents propagateurs. — Aussi le nom de ce pieux missionnaire est-il vénéré parmi les fidèles, et prononcé dans toute l'Italie comme celui d'un apôtre zélé d'un grand serviteur de Marie.

Une si salutaire pratique ne pouvait que se répandre dans tous les pays catholiques sous les bénédictions du Ciel.

La France, comme fille aînée de l'Eglise, fut la première à la recevoir et elle accueillit avec un vrai bonheur cette dévotion à l'égard de Marie, sa Reine bien-aimée.

De précieuses faveurs vinrent de bonne heure enrichir ces pieux exercices; par deux rescrits, le premier, du 21 mars 1815, et le second, du 18 juin 1822, le glorieux pontife Pie VII accorda les indulgences suivantes applicables aux âmes du purgatoire.

Une indulgence plénière à perpétuité, à gagner une fois dans le mois de mai, au jour même de la communion, par tous les fidèles catholiques, qui tous les jours de ce mois honorent spécialement la Sainte Vierge, soit en public, soit en particulier, par quelques hommages, pieux exercices, prières ou actes de vertu.

Une indulgence partielle de trois cents jours, pour chaque jour du mois où on aura rendu à Marie quelque hommage public ou particulier.

Dès que Rome eut parlé, les évêques de France, ces sentinelles attentives à procurer à leurs ouailles tout ce qui peut contribuer à leur bonheur, approuvèrent la dévotion du mois de Marie, et en autorisèrent la célébration dans leurs diocèses à la grande joie des pieux fidèles.

Cet empressement s'est encore augmenté d'une manière sensible dans ces dernières années. Il semble, dit un auteur, qu'au moment où notre patrie était menacée des nouveaux malheurs qui sont venus fondre sur elle, les âmes fidèles se sont tournées comme spontanément vers la puissante protectrice des Français. Pensée consolante! qui nous donne l'espérance de voir enfin la paix rétablie, et la religion florissante dans un royaume consacré à Marie, et pour lequel elle s'est toujours intéressée avec tant de bonté!

Telle est l'origine et tels sont les progrès de cette dévotion du mois de Marie qui nous est si chère et si précieuse.

Puissent ces quelques réflexions nous encourager à célébrer saintement cette belle fête d'un mois entier. Unis, par le souvenir, aux pieux serviteurs de Marie qui ont mis tant de zèle à la faire connaître et aimer, à ces milliers d'âmes qui ont depuis des siècles trouvé, dans cette pieuse pratique, de douces consolations, de précieuses faveurs et sans doute, de grands mérites pour le Ciel; soyons heureux nous aussi, de venir redire à notre bonne Mère notre amour et notre reconnaissance.

PRATIQUE.

Se rappeler le but que se sont proposé les pieux serviteurs de Marie, en établissant la dévotion de son mois béni : — C'est à-dire, la fuite des fausses joies du monde et la fidélité à Dieu et à sa loi sainte, sous la protection de la Reine du Ciel.

PRIÈRE DE SAINT BERNARD.

Souvenez-vous, ô très-pieuse Vierge Marie, qu'on n'a jamais ouï dire qu'aucun de ceux qui ont eu recours à votre protection, imploré votre assistance et demandé votre intercession, ait été abandonné. Animé d'une pareille confiance, ô Vierge des vierges, et notre mère, je cours à vous; je viens à vous; gémissant sous le poids de mes péchés, je me prosterne à vos pieds; ô Mère du Verbe, ne méprisez pas mes prières, mais écoutez-les favorablement et daignez les exaucer.

INVOCATION.

O Notre-Dame d'Espérance de Pontmain, priez pour nous, pour la France et l'Église!

DEUXIÈME JOUR.

LECTURE.

Les bons habitants de Pontmain n'ont point oublié le passé glorieux de leur bourgarde; ils en sont fiers, et volontiers ils le racontent à qui les veut entendre. Aussi bien, deux légendes précieusement gardées et soigneusement transmises au sein des familles, entretiennent, depuis cette époque de désolation et de ruine, l'espérance d'une résurrection éclatante pour cette cité devenue après des siècles d'abandon et d'isolement un des plus modestes villages de la contrée. [Un temps viendra, dit une de ces traditions que les habitants de Pontmain aiment à répéter, où la découverte fortuite d'un trésor infiniment précieux servira à la reconstruction de la cité des anciens jours et lui rendra ses richesses et son influence perdues.

L'autre légende, très-répandue dans toute la contrée, annonce, en termes d'une netteté effrayante, la résurrection de Pontmain; et cette résurrection merveilleuse doit coïncider avec la ruine de la capitale de la France :

> Lorsque Paris se brûlera,
> Le Pontmain se relèvera (1).

(1) *La Semaine religieuse de Laval.*

Les vieillards de cette modeste bourgade disent avoir reçu ces légendes curieuses de leurs pères qui les tenaient eux-mêmes de leurs ancêtres depuis plusieurs générations. Aussi, lorsque dans les terribles années que notre chère patrie vient de traverser, les habitants de cette contrée du Bas-Maine apprirent que la ville de Paris était assiégée et impitoyablement bombardée par notre implacable ennemi ; lorsque surtout, ils lurent les affreux récits des horreurs de la Commune dans la capitale de la France et l'incendie, par les mains de ses propres enfants, de ses monuments les plus remarquables, ils se redirent avec un étonnement plus rempli d'effroi que d'espérance ce vieux dicton tant de fois répété :

> Lorsque Paris se brûlera,
> Le Pontmain se relèvera.

Quoi qu'il en soit de ces curieuses légendes dont on ignore l'origine et qu'un certain nombre de personnes ont toujours considérées comme des contes de vieille femme ; il est vrai de dire, que l'heure de cette affreuse dévastation de la capitale de notre chère et malheureuse patrie a été la première heure de la résurrection de la modeste bourgade de Pontmain, et des esprits très-sérieux ont vu dans les événements qui se sont passés depuis quelques années, une sorte de réalisation de l'antique prophétie.

De ces trésors précieux enfouis, dit-on, sous les ruines de la ville et du château, on n'a trouvé jusqu'à présent, malgré de nombreuses recherches, que quelques médailles de cuivre, d'or et d'argent.

Ces monnaies donnent les noms et les traits à demi-effacés de quelques ducs de Bretagne et de plusieurs rois des xi° et xii° siècles. Il n'est guère à croire que ces champs tant de fois fouillés par la pioche et remués par la charrue, renferment d'autres trésors et, comme le disent bien haut, aujourd'hui, les bons habitants de la contrée depuis la céleste apparition dont la Reine du Ciel les a honorés : — *Notre vrai trésor, c'est la visite de la Très-Sainte Vierge.*

Aux premiers jours de l'année 1871, époque où commence cette histoire, le bourg de Pontmain était en effet, pour ainsi dire, inconnu.

Dans le département même de la Mayenne on ne le considérait que comme un tout petit village sans importance et surtout sans avenir.

Erigée en paroisse dans ces dernières années seulement, comme nous le verrons bientôt, cette petite localité ne possède le titre de commune que depuis quelques mois.

Eh bien, le nom de cette humble bourgade de Pontmain a retenti dans l'univers catholique tout entier et on le cite avec amour et confiance en même temps que les noms de la Salette et de Lourdes. Des milliers de pèlerins sont déjà venus de tous les points de la France vers ce petit bourg perdu au milieu des hautes forêts et privé de tous les moyens faciles de communication. Et ces pieux visiteurs que n'amènent point le souvenir de l'antique cité, ni le charme du pays, mais bien la vénération et l'amour pour la Vierge Immaculée descendue au sein de cette humble bourgade, ont éprouvé dans ces lieux bénis les émotions les plus douces. Ils sont retournés chez eux avec l'espérance de revenir encore, et ils ont emporté dans leur cœur, comme un précieux parfum, le souvenir de ces heures consacrées à la prière et à la méditation, sur ce coin de terre privilégié.

La Sainte et Immaculée Vierge Marie a daigné, en effet, descendre dans cette belle vallée au sein de l'humble bourgade de Pontmain, comme elle le fit autrefois sur la montagne de la Salette et dans la grotte de Lourdes et c'est cette merveilleuse Apparition que je veux vous raconter aujourd'hui.

Les bons habitants de Pontmain sont heureux et fiers du choix que la Reine du Ciel a bien voulu faire de leur modeste village pour venir de nouveau parler à la terre, et nous verrons, dans la suite de ce récit, qu'ils méritaient plus que bien d'autres cette insigne faveur.

2

Ensemble, nous aussi, allons tous en esprit à la suite de tant de pieux pèlerins, visiter ces lieux bénis et nous agenouiller sur cette terre consacrée par la présence de notre bonne·Mère du Ciel.

Nous trouverons dans ce nouveau pèlerinage de douces et saintes émotions, et la Vierge de Pontmain, que nous saluerons avec joie sous son beau titre de Notre-Dame de la Sainte-Espérance, ne manquera pas d'accueillir avec bonté notre pieuse prière, notre amour plein de vénération et nos vœux ardents.

RÉFLEXIONS

La Reine du Ciel en daignant descendre dans l'humble bourgade que nous venons de décrire, en a fait le théâtre éclatant de ses bontés maternelles et le rendez-vous salutaire de toutes les infirmités humaines.

Telle est, en effet, la notion exacte de tout pèlerinage, et il est bon de se le redire aujourd'hui surtout, que les pèlerinages sont entrés dans nos mœurs d'une manière si extraordinaire et si consolante.

L'impie effrayé ne sait répondre à ces belles manifestations de foi et d'amour que par le blasphème et le sarcasme, mais la cause de Dieu et de la religion y trouve chaque jour un nouveau triomphe.

— Ces pèlerinages sont ma joie, ma consolation et un véritable encouragement pour moi, écrivait, dans le cours de l'année dernière au Comité des pèlerinages, le glorieux Pie IX lui-même. — Quelques personnes disent : à quoi bon? qu'avons-nous obtenu? Erreur, vous obtiendrez bien tôt... La France surtout fait des pèlerinages, qu'elle continue; courage et patience... la France ne peut périr, elle est indispensable à l'Eglise.

— Une France nouvelle se prépare lentement en silence, dit, à son tour, un de nos plus illustres évêques; celle qui prie, qui demande au Sacré-Cœur de nouvelles flammes, une nouvelle énergie; une France qui se souvient de Charlemagne, de saint Louis, de Godefroy de Bouillon et de Jeanne d'Arc (1).

Tout pèlerinage est donc à la fois un lieu béni où la miséricorde divine se montre plus éclatante et où l'infirmité humaine trouve de plus grands secours.

Dieu, souverainement libre dans le choix des hommes qu'il destine à devenir les instruments de ses desseins mystérieux, est bien libre aussi dans le choix du lieu où il lui semble bon de faire éclater sa puissance, — l'esprit de Dieu souffle où il veut; — et quand il lui plaît d'imprimer à un lieu quelconque le sceau de cette puissance qui n'appartient qu'à lui, ce n'est jamais que pour le bien des âmes.

Ecoutons à ce sujet une belle page du même évêque :

— Les âmes trouvent partout les secours et les remèdes de la foi, car Dieu est partout, et l'Eglise, elle aussi, est partout avec les lumières de sa doctrine, la vertu de ses sacrements, l'exemple et la protection de ses saints. Mais permettez-moi une comparaison empruntée à l'ordre matériel.

Quand le malade sent décroître ses forces, il sort du milieu où il vivait jusqu'alors. L'air habituel ne suffit plus à son tempérament épuisé. Il se déplace, il va demander la santé à d'autres climats; il cherche au loin une atmosphère moins lourde, des bains qui le rafraîchissent et le

____

(1) Discours de Mgr Freppel dans la séance générale annuelle de l'*Union catholique de Touraine*, 11 novembre 1876.

fortifient, une nourriture plus succulente et plus saine, tout un ensemble d'éléments nouveaux qui redonnent du ressort à ses organes, qui ramènent dans ses membres le jeu de la vie; puis, au bout de ce séjour momentané, il reprend le chemin de la terre natale, après avoir renouvelé sa vigueur au contact et sous l'influence d'un sol étranger.

Voilà l'image du pèlerin. Quand le chrétien se sent atteint de quelque infirmité morale, rebelle jusqu'alors à toute guérison, il s'en va, lui aussi, chercher la santé de l'âme dans l'un de ces lieux de dévotion tout imprégnés de vertu et de sainteté. Là, il respire un air nouveau, un air que la piété des générations a embaumé de ses parfums vivifiants; là, il recueille la bonne odeur du Christ, qui s'échappe de la vie et de la personne des saints; là, il sent son cœur se dilater au souffle de la grâce; là s'ouvre devant lui la piscine sainte où sa faiblesse disparaît avec ses souillures; là, son esprit se repose dans le calme de la retraite et dans le silence de la solitude; là, tout son être moral se retrempe aux sources pures et vives de la foi; et enfin, après avoir achevé ce traitement spirituel, il s'en retourne soulagé et comme refait, rapportant au foyer domestique, avec un surcroît de forces morales, une abondance de vie divine qu'il ne s'était pas connue jusqu'alors.

Tels sont les résultats de ces voyages de dévotion qui occupent une si grande place dans la piété des peuples, et c'est pourquoi Dieu a échelonné de distance en distance ces stations de la foi où sa grâce opère avec plus de force et d'efficacité. De même qu'il a réparti sur divers points du globe et ouvert çà et là, dans les entrailles de la terre, des sources de vie qui jaillissent pour la santé du corps, des filons de métal liquide, des veines d'eaux médicinales, d'où s'échappe une vertu toujours féconde, ainsi a-t-il fait dans le règne des âmes. Les lieux de pèlerinage sont, si vous me permettez ce mot, les eaux thermales de la piété, les bains spirituels où les âmes viennent se régénérer en y puisant une énergie nouvelle. C'est là que s'opèrent ces réactions salutaires, ces retours soudains, ces secousses imprévues qui arrêtent les progrès du mal, qui impriment à la vie un autre cours. N'y aurait-il que l'aspect d'un lieu qui réveille de si touchants souvenirs, et le voisinage de tant de saintes âmes qu'on y rencontre, un tel rapprochement serait déjà d'un puissant effet.

Car si les grandes scènes de la nature parlent aux sens et à l'imagination, les grands spectacles de la foi produisent sur le cœur une impression dont il ne peut se défendre (1).

PRATIQUE.

Considérer tous les pèlerinages autorisés par l'Eglise comme autant de lieux de bénédictions que Dieu a établis dans sa miséricorde pour opérer le bien dans les âmes.

Se rappeler avec reconnaissance les grâces que nous y avons peut-être reçues et s'habituer dans le cours de ce mois à visiter souvent en esprit les sanctuaires vénérés de la Très-Sainte Vierge.

———

Souvenez-vous, etc. (page 21.)

INVOCATION.

O Notre-Dame d'Espérance de Pontmain, priez pour nous, pour la France et l'Eglise !

(1) Discours de Mgr Freppel, évêque d'Angers, pour le couronnement de Sainte-Anne d'Auray, le 3) septembre 1868.

2.

TROISIEME JOUR.

LECTURE.

Nous avons dit ce qu'était l'humble bourgade de Pontmain au jour du grand événement qui fait l'objet de ce récit et pour que nous puissions mieux en comprendre les merveilleux détails, il importe que nous fassions connaissance avec le bon curé de cette paroisse privilégiée. Aussi bien le nom vénéré de ce saint prêtre reviendra plus d'une fois sous notre plume dans ces quelques pages, et puis cette vie sacerdotale toute pleine de charme et d'intérêt, explique, jusqu'à un certain point, — on l'a bien dit, — les divines préférences de la Reine du Ciel pour cette paroisse, objet des soins dévoués de ce digne Pasteur.

Notre première visite à notre arrivée dans la petite bourgade de Pontmain sera donc pour son Pasteur vénéré.

Nous venons de quitter Fougères, cette antique ville crénelée, suspendue à la cime d'un rocher comme un nid d'aigle et tout étonnée aujourd'hui d'entendre les sifflements aigus de la locomotive, et nous traversons, dans le ravissement, la splendide forêt qui porte le nom de la vieille cité bretonne.

En longeant, sur un parcours de plusieurs lieues, ces hautes et belles futaies qui cachent de remarquables monuments druidiques, on se sent tout naturellement entraîné à de sombres rêveries vers ces siècles passés qu'ont évoqués dans notre imagination ces ruines imposantes de l'antique cité armoricaine et que la vue des fameux souterrains de Landéan, souvenir funèbre des guerres du moyen-âge, va raviver encore, au sortir de la grande forêt.

Mais nous approchons du but de notre pèlerinage et des pensées plus douces et plus chères vont succéder à ces sombres souvenirs.

Nous abordons le village par une route assez étroite qu'ombragent de beaux arbres touffus. Sur notre passage, les bons habitants de cette chrétienne contrée nous saluent avec empressement. On dirait qu'ils nous connaissent de vieille date et pour eux nous ne sommes point des étrangers : en nous, en effet, ils devinent des pèlerins de leur bien-aimé sanctuaire, et cette pensée amène la joie à leur cœur chrétien et le sourire sur leurs traits empreints de franchise et de loyauté.

Remarquons aussi ces belles et hautes croix de granit que la piété des habitants a plantées presque à chaque pas sur ces chemins verts. Ce laboureur que nous voyons agenouillé au pied de ce calvaire, en s'appuyant sur son instrument de travail, vient demander au divin crucifié, avant de se mettre à sa pénible tâche, la force et le courage dont il éprouve le besoin.

Plus loin, au détour du chemin, devant cette autre grande croix presque cachée dans la verdure et les fleurs, c'est une pauvre femme qui pleure et prie en égrenant son chapelet. Elle pense à son fils absent depuis longues années; pour lui, elle demande à Notre-Dame de Pitié protection et dans son âme et dans son corps; pour elle, des consolations qu'elle ne trouve point ailleurs.

Avec quel respect, on se découvre et l'on se signe devant ces croix de pierre, confidentes discrètes et sacrées des larmes, des travaux, des peines de cette chrétienne population qui les vénère et les chérit comme on aime un ami qui nous écoute et nous comprend!

Nous arrivons au sommet de la petite colline sur le versant de laquelle est modestement assis le bourg de Pontmain. — D'un regard curieux et rapide, nous parcourons l'unique rue qui le traverse; puis le vallon au fond duquel se cachent ses dernières maisons, nous apparaît dans toute sa beauté et sa fraîcheur.

Une des premières demeures que nous trouvons en entrant de ce côté dans Pontmain est la demeure des morts. Le cimetière dont nous longeons, sur la gauche, le mur d'enceinte est ombragé de beaux arbres verts ; il ne renferme point de grands monuments funèbres, comme on en trouve aujourd'hui jusque dans nos campagnes ; d'humbles croix de pierre ou de bois gardent ces tombes fidèlement entretenues, et il ne se passe guère de jour qu'elles ne reçoivent de tristes et pieuses visites.

Nous arrivons bientôt à la porte du bon curé de Pontmain : c'est une maison d'assez belle apparence que nous trouvons sur la gauche encore et dont la façade est ornée d'une blanche statuette de la Sainte Vierge.

Mais avant de frapper à cette porte hospitalière, il est juste d'aller visiter dans son temple, qui n'est éloigné que de quelques pas, le divin maître dont ce saint prêtre est, dans la paroisse, l'image vivante et fidèle.

L'église de Pontmain est située au fond d'une toute petite place que longe la grande rue dont nous venons de suivre le sentier incliné. Un beau calvaire s'élève devant la façade latérale ; il porte gravés sur sa base de granit les noms de la famille chrétienne qui l'a fait ériger dans un triste souvenir et les bras de son Christ en fonte nous invitent à entrer avec confiance dans son temple toujours ouvert.

Cette église est bien modeste et trop peu digne

du grand Dieu qui l'habite, mais elle est tenue avec une propreté et un soin qui consolent de son humble apparence.

On s'aperçoit tout de suite que ce sont des mains pieuses et dévouées qui en décorent les autels.

Agenouillons-nous un instant devant le petit tabernacle doré où réside et la nuit et le jour Celui qu'on a si bien nommé le Prisonnier d'amour.

Le représentant de ce divin Sauveur dans cette paroisse est un vénérable vieillard à cheveux blancs et à la démarche lente et fatiguée. Il se nomme M. Michel Guérin et ses chers paroissiens ne l'appellent que *notre bon curé*.

Né à Laval en 1801 de parents honnêtes et vertueux, ce digne ecclésiastique manifesta dès sa plus tendre enfance les dispositions qui annoncent l'appel de Dieu. Tout jeune encore, il eut le malheur de perdre son père, mais sa mère lui restait et c'était une femme craignant Dieu qui n'avait rien tant à cœur que l'éducation chrétienne de ses chers enfants.

Le Ciel lui prit bientôt une petite sœur plus jeune que lui de quelques années et la pauvre mère désolée et presque abattue par tant d'épreuves, ne trouva de consolation que dans les soins dévoués qu'elle prodigua à son fils, objet unique désormais de ses affections d'ici-bas.

Dans sa joie de voir sur les lèvres et dans l'âme

de ce jeune Samuel le germe de la vocation naissante que Dieu semblait y développer avec complaisance, cette mère admirable s'imposa les plus durs sacrifices pour procurer à son cher fils la faveur d'une éducation vraiment chrétienne et d'une instruction solide.

Le jeune lévite répondit, du reste, de la manière la plus touchante aux soins de sa bonne mère et de ses maîtres dévoués.

Au petit-séminaire, on l'appelait déjà *le saint* et ce nom lui est demeuré dans tout le cours de sa longue carrière.

RÉFLEXIONS.

Le digne prêtre dont nous venons de raconter en quelques mots la jeunesse édifiante, comprit de bonne heure le sage conseil du Saint-Esprit :

Celui qui cherche Dieu dès le matin de sa vie, le trouvera infailliblement.

A l'aurore même de sa vie, en effet, ce pieux jeune homme, imitant la Sainte Vierge qu'il appelait sa bonne Mère, se consacra comme elle au service du Seigneur. Avec une joie profonde et un vrai recueillement il s'offrit, dès sa petite enfance, à Celui qui se plaît à recevoir les prémices de toutes choses, de nos cœurs surtout, et au soir de cette vie si belle et si bien remplie il put à bon droit répéter avec l'Ecclésiastique : — Lorsque *j'étais jeune encore, j'ai recherché la sagesse par mes prières, je la demandais à Dieu dans le temple et je disais : je la chercherai jusqu'à la fin de ma vie, et elle a fleuri en moi comme une vigne qui produit des fruits précieux et mon cœur s'est réjoui en elle.*

Heureux l'enfant qui comprend ses grands devoirs à l'égard du Père qui est dans les Cieux et qui, au matin de sa vie, aime à lui redire, dans toute la simplicité de son âme candide et pure : Oh! mon Dieu! vous m'avez créé pour vous; vous connaître, vous aimer, vous servir et mériter ainsi le Ciel, tel est le grand but de cette vie que vous m'avez donnée! Eh bien! ô mon Dieu, recevez-en les prémices. — Que mes premiers jours vous appartiennent afin que toutes mes années soient toujours à vous et pour vous.

Tel est bien, en effet, le conseil que le Saint-Esprit donne en cent endroits de nos livres saints à l'enfance et à la jeunesse.

— Il est bon à l'homme de porter le joug du Seigneur dès l'adolescence. — Mon fils, dès ta jeunesse, reçois l'instruction de la sagesse, et tu obtiendras qu'elle t'accompagne jusque dans tes derniers jours... Approche-toi d'elle comme celui qui laboure et qui sème, et qui attend en paix sa moisson; dans ce travail, il y a peu de fatigue, et tu te nourriras bientôt de ses fruits. — Cherche la vertu durant ta jeunesse et tu la trouveras comme un fruit précoce, et ton cœur sera dans la joie. — Ta vieillesse sera semblable aux années de ton enfance, car l'adolescent suit la voie dans laquelle il s'est engagé, et même sous les cheveux blancs, la sagesse sera sa fidèle compagne; tandis que les os de l'impie seront pénétrés des vices de sa jeunesse, et ces vices dormiront avec lui dans la poussière du tombeau.

Oh! pourquoi tant de pauvres jeunes âmes ne veulent-elles pas comprendre et goûter ces sages conseils et ces salutaires recommandations?

Comme leur vie entière serait plus pure, plus digne et plus heureuse ! Mais non, trop souvent, la jeunesse, cet âge plein d'ignorance, d'inexpérience, de faiblesse et de présomption, ne veut point écouter cette voix si bonne et si douce descendue du Ciel ; bien au contraire, elle prête une oreille attentive à la voix enchanteresse et trompeuse des passions ; elle se livre avec une ardeur fiévreuse à tous les plus vils penchants, et elle ne tarde pas à en devenir la triste victime. Et pendant ce temps, arrive bientôt l'heure solennelle à laquelle tout homme ici-bas, au sortir de sa jeunesse, se doit demander dans le recueillement et la prière la route qu'il lui faut suivre sur le chemin de cette vie. Cette heure importante et très-souvent décisive pour l'avenir du temps et de l'éternité, se passe comme les autres loin de son devoir et de son Dieu, et ce pauvre jeune homme, cette pauvre jeune personne s'embarquent dans la vie, sans connaître le chemin qu'ils doivent suivre, sans s'être munis de provisions de voyage, sans même avoir un but déterminé ; c'est ce vaisseau qui erre à l'aventure sur les flots d'une mer furieuse, sans gouvernail, sans pilote, sans boussole, et qui devient bientôt la proie des vagues écumantes.

Faut-il s'étonner après cela des malheurs affreux qui désolent tant de familles, des regrets qui rongent tant de cœurs, des scandales qui viennent si souvent épouvanter la société ?

Non, il faut en gémir profondément, mais ne pas en être surpris. On récolte ce qu'on sème, et quand dans l'enfance et la jeunesse on a semé l'impiété, le blasphème, la désobéissance, on récolte le remords, l'inquiétude, la ruine et le désespoir. Un prophète annonçait, il y a bien des siècles, ces tristes suites de l'oubli de Dieu dans la jeunesse.

— Vous avez abandonné le Seigneur votre Dieu au jour

où il vous guidait dans la route! Vous avez abandonné la source d'eau vive pour boire les eaux délétères du fleuve du monde et des passions; votre malice vous accusera et votre haine s'élèvera contre vous.

Comprenez et voyez maintenant combien il est funeste et amer d'avoir abandonné le Seigneur votre Dieu et de n'avoir plus sa crainte devant vos yeux. Dès le commencement vous avez brisé mon joug, vous avez rompu mes liens et vous avez dit : je n'obéirai pas. Aussi la sagesse s'en est allée et vous ne la retrouverez plus.

Oh! qu'il est bien plus doux, bien plus consolant de se donner à Dieu dès son enfance et de porter, tous les jours de sa vie, le joug si doux du Seigneur. — Enfants, jeunes gens, rappelez-vous ces avis que le Saint-Esprit vous donne lui-même aujourd'hui; et vous, parents chrétiens, ne les oubliez point non plus; ces conseils divins seront pour vous-mêmes une source de lumière et de force dans l'accomplissement de vos grands devoirs à l'égard de vos enfants.

PRATIQUE.

Se consacrer à Dieu dès son enfance et sa jeunesse. Ne pas attendre au soir de la vie pour revenir à Dieu si l'on a été assez malheureux pour l'abandonner.

Souvenez-vous, etc. (page 21.)

INVOCATION.

O Notre-Dame d'Espérance de Pontmain, priez pour nous, pour la France et l'Eglise!

QUATRIÈME JOUR.

LECTURE.

Ce fut en 1829 que le pieux séminariste dont nous venons de parler, reçut avec un saint tremblement le grand sacrement qui donne le pouvoir et la grâce du sacerdoce ; les anges du ciel ne furent pas les seuls admirateurs de sa piété dans ce beau jour ; on raconte que le vénérable évêque du Mans, qui venait de lui conférer la dignité de prêtre, fut tellement frappé de son recueillement qu'il ne put s'empêcher d'en faire la remarque à son grand-vicaire touché lui aussi d'une telle piété.

A cette époque Pontmain était sans prêtre et les bons habitants de cette chrétienne paroisse que desservait un vicaire du voisinage, demandaient depuis longtemps au Ciel la faveur de posséder pour eux et chez eux un pasteur dévoué.

Dieu ne devait pas rester sourd à ces vœux touchants ; dans sa miséricorde, il leur réservait pour curé le saint prêtre dont nous venons de raconter en quelques mots la jeunesse édifiante.

Il fallait au nouveau pasteur, pour ne pas se

sentir abattu à la vue des nombreux obstacles qui l'attendaient dans cette paroisse, une forte provision de courage et une grande confiance en Dieu. C'était un champ à défricher dans toutes ses parties. La terre sans doute était bonne et fertile, mais pendant si longtemps elle était demeurée presque inculte, que les ronces et les épines y avaient jeté de profondes racines. Le nouveau pasteur était bien l'homme de la situation et la divine Providence l'avait visiblement destiné à ce labeur pénible, mais bien méritoire ; l'avenir, du reste, devait le montrer de la manière la plus évidente.

Plein de défiance de lui-même, mais aussi rempli de confiance en Dieu, le jeune curé se met à l'œuvre.

Les difficultés de toute sorte qui ne tardent pas à se présenter, ne l'arrêtent point : à ceux qui les lui montrent dans toute leur gravité, il répond en baissant humblement la tête : — Hélas ! Je ne suis qu'un ouvrier inutile, je ne puis rien de moi-même, c'est vrai, mais le bon Dieu n'est-il pas là pour un coup !

Oui, Dieu était avec son humble et dévoué serviteur et, par lui, il daigna faire de grandes choses.

Tout manquait dans cette pauvre paroisse, — on le comprend facilement. — Sousplus d'un rapport, elle ressemblait à cette famille en pleurs qui depuis de longues années a perdu son guide et son soutien, et qui chaque jour se demande avec anxiété où trouver son pain et la direction de ses affaires. — L'église n'était qu'une pauvre masure ouverte à tous les vents et dans cette sorte de grange, point d'ornements ni de vases sacrés.

Le serviteur n'était pas mieux logé que son Maître : pour le bon curé, il est vrai, le dénuement de sa pauvre maison était son moindre souci ; il songeait surtout à la demeure de son Dieu.

Point d'école dans cette bourgade délaissée. Les enfants qui ne voulaient pas rester sans instruction étaient obligés d'aller la demander par des chemins longs et mauvais, jusque dans les bourgs voisins, aussi la plupart d'entre eux erraient journellement à l'aventure dans les rues et les champs comme de petits vagabonds ignorants et grossiers. Le cœur du zélé pasteur en souffrait cruellement, mais comment faire face à tant et de si grands besoins ?

La pauvre église fut d'abord l'objet de ses préoccupations. — Avec des difficultés inouïes et à plusieurs reprises, il la refit telle que nous l'avons vue aujourd'hui, sinon belle et riche, du moins propre, convenable et pourvue d'ornements et de vases sacrés.

Plus tard, il eut la grande consolation d'ouvrir pour ses chers enfants abandonnés à eux-mêmes jusque-là, une belle école que dirigent avec zèle et succès de saintes religieuses vénérées et aimées de la population tout entière. Une d'elles, la digne supérieure, est tout spécialement chargée du soin des malades; jour et nuit, à quelque heure qu'on la demande, elle quitte sa maison et ses pieuses compagnes pour aller, joyeuse et rapide, offrir aux pauvres malades privés de médecin, les secours de son expérience et de sa charité. Dans leur reconnaissance, les bons habitants de Pontmain ne prononcent son nom vénéré qu'avec des bénédictions. Le digne curé était heureux de se dévouer de la sorte au bien de sa chère paroisse, et dans ses succès comme dans ses épreuves, il restait toujours le même, bon, simple, plein de défiance de lui-même, ne voyant en toutes choses que la gloire de Dieu et le salut des âmes qui lui étaient confiées.

Le ciel bénissait visiblement les efforts de son zèle.

Au milieu de ses plus grandes difficultés, lorsque toute ressource humaine semblait lui manquer dans cette œuvre importante de la régénération de sa paroisse, des secours inattendus lui arrivaient toujours à point. La bonne Providence sur laquelle il savait si bien se reposer, ne lui fit jamais défaut. Les paroissiens, du reste, n'avaient pas tardé à apprécier ce zèle ardent de leur bien-aimé pasteur ; c'était à qui lui offrirait d'un grand cœur quelques secours dans ses besoins pressants ; mais que pouvaient-ils la plupart, pauvres comme ils l'étaient des biens de la terre, sinon lui témoigner leur vive reconnaissance en se montrant dignes de tant de bienfaits ? Une des âmes qui lui fut le plus fidèlement et surtout le plus efficacement dévouée, était une noble dame de Fougères, qui chaque année venait passer quelques mois de la belle saison à sa campagne de Pontmain. — Elle s'appelait Mme Morin — et ce nom est demeuré en vénération dans la contrée tout entière. C'était un de ces cœurs dévoués au bien qui ne calculent jamais quand il s'agit de procurer la gloire de Dieu et le salut des âmes : sa bourse, son temps, appartenaient à qui en avait besoin. — Bien avant l'arrivée du saint prêtre, elle était déjà la seconde providence de cette pauvre paroisse. Plus que tous les autres habitants, elle avait appelé de tous ses vœux un pasteur dévoué tout en préparant, autant qu'il était en son pouvoir, le retour du père de famille au milieu de ses enfants orphelins, et quand elle vit le prêtre que le Ciel leur avait donné dans sa miséricorde elle fut tout heureuse d'en témoigner sa reconnaissance à Dieu en prêtant au nouveau pasteur son concours généreux et dévoué. Cette noble femme n'est plus ; mais son souvenir vit toujours ; il est à tout jamais inséparable de celui du curé de Pontmain dont elle a si bien compris et aidé le zèle, et, du reste, s'il était besoin de raviver cette mémoire vénérée au sein de toute la population reconnaissante, il suffirait de voir à l'œuvre aujourd'hui encore la noble famille qui porte avec honneur ce nom béni, en perpétuant avec modestie et presque en cachette les traditions de vertu, de générosité et de grandeur d'âme qui forment sa plus belle couronne ici-bas.

RÉFLEXIONS.

Le saint curé d'Ars disait un jour en parlant du sacerdoce : Le prêtre ne se comprendra bien que dans le Ciel ! Après Dieu, le prêtre c'est tout et si je rencontrais un prêtre et un ange, je saluerais le prêtre avant de saluer l'ange.

Le prêtre de Jésus-Christ, en effet, est un homme choisi entre mille par Dieu lui-même pour continuer sur la terre la mission de son divin Fils.

Cette mission est bien sublime puisqu'elle a pour but de sauver les âmes. Enseigner, bénir, pardonner, consoler, tel est pour le prêtre le devoir de chaque jour et de chaque heure. Et pour se rendre plus digne de ses grandes fonctions et plus apte à les remplir saintement, il renonce à tous les vains plaisirs du monde, aux joies de la famille; il revêt un habit de deuil et il se met à l'œuvre, en disant avec Jésus-Christ : O mon Dieu, me voici prêt à tout, pour votre gloire et le salut des âmes.

— Avez-vous bien réfléchi, écrit un remarquable littérateur de nos jours, à la condition du prêtre sur cette terre d'exil? Nous aussi, hommes du monde, nous sommes des exilés, mais quelle différence? Pourvu que nous songions, de temps à autre, à notre véritable patrie, nous nous croyons quittes et, dès lors, il nous est permis, ce nous semble, de ne rien négliger pour égayer la fragile demeure où nous attendons l'heure du rappel.

Pour le prêtre rien de pareil. A peine a-t-il cette vocation qui serait inexplicable, si elle n'était divine; à peine a-t-il revêtu cette soutane qui fait de lui le volontaire du deuil à perpétuité, tout est dit. Le renoncement et le sacrifice deviennent ses compagnons de voyage pour ne plus la quitter, jusqu'à son lit de mort. En montant à l'autel pour la première fois, il passe un bail indéfini avec tout ce qui effraie, ennuie ou dégoûte les heureux de ce monde. — Il faut que chacune de nos répugnances devienne l'un de ses attraits. Le chevet du moribond, la sueur de l'agonie, la plaie saignante, l'ulcère hideux, tous les aspects du dénuement, de la souffrance et de la misère, l'odeur nauséabonde, le grabat d'où s'exhale le gémissement et souvent le blasphème, les pleurs de l'orpheline en haillons, le poignant contraste de l'énormité des besoins avec l'exiguité des ressources, voilà son domaine, son milieu, son champ de bataille... — Et voyez-vous la malice humaine ! Ceux-là surtout qui ne se privent de rien, que nul scrupule n'arrête dans le choix de leurs plaisirs, qu'exaspèrent des plis de rose, dont l'oisive et honteuse existence se passe dans les lieux de plaisir et de débauche, ceux-là sont les premiers à jeter la pierre au prêtre ! — Est-ce tout ? Pas encore. Que de peines morales, de sujets de trouble, d'appréhensions, d'angoisses, se joignent à ces immolations matérielles ! que de difficultés invincibles ! que de précautions nécessaires !

Dans notre siècle d'examen, de scepticisme et de contraste, le prêtre aurait besoin de rivaliser de prudence et de finesse avec les plus célèbres diplomates. Lui, le maître et le modèle de la vie intérieure, il est forcé de s'inquiéter du dehors encore plus que du dedans; il ne suffit pas que sa conscience l'approuve, si les apparences l'accusent. — Ministre d'une religion de confiance et de douceur, il est réduit à se méfier tout ensemble du riche et du pauvre, du riche dont il doit redouter les politesses ironiques, les familiarités compromettantes, les hauteurs dédaigneuses, l'envie de le trouver en faute et jusqu'à l'hospitalité trompeuse; du pauvre toujours soupçonneux, toujours en garde contre son autorité, enclin à le traiter en ennemi, à discuter le chiffre de ses aumônes, à croire, s'il lui prêche la résignation et la patience, qu'il ne veut que le maintenir sous son joug, à voir du calcul, du métier, du salaire dans la plus sublime des missions, à lui cacher tout un fond de rancune et de haine, à défigurer ses meilleures intentions, à lui attribuer les plus viles passions des hommes s'il cesse un moment d'être l'égal des anges.

Eh! n'avons-nous pas vu, dans les paroisses les plus paisibles, lors des désastres de la dernière guerre, des pères furieux, des mères affolées de douleur interrompre le prône et murmurer les mots odieux de complot et de trahison, au moment même où le curé les exhortait à prier avec lui pour leurs enfants et pour le salut de la France? (1)

Tel est bien, de nos jours surtout, le ministre de Jésus-Christ et il appartenait à un prêtre de laisser parler du prêtre un homme du monde. Toutefois, hâtons-nous d'ajouter qu'il ne faut pas trop s'étonner de cette guerre acharnée contre l'Église et contre ses ministres. Le prêtre a des ennemis et il doit en avoir. Ce sont les ennemis mêmes de Jésus-Christ qui, après avoir été la victime innocente de la malice et de l'ingratitude des Juifs, a dit

_____

1. A. de Pontmartin. — *Les Invalides du Sanctuaire.* — (*Nouveaux Samedis, 12e série*).

que le serviteur ne devait pas être mieux traité que le Maître. — Et puis, le prêtre, suivant la belle pensée du P. Lacordaire, est un homme jeté au milieu du monde pour servir de barrière à la corruption. Dans un courant rapide, la barrière qui retient les eaux se voit frappée par les vagues furieuses et souillée par leur écume. Ainsi, le prêtre est en butte à la fureur des hommes qu'entraîne le torrent des passions et des vices. Sa vue toute seule leur fait mal, car elle est pour eux un reproche *sanglant.*

Entourons toujours le prêtre de notre vénération et de notre amour. En lui voyons toujours le représentant et le ministre de Celui qui a dit à ses prêtres cette étonnante parole : *Qui vous écoute, m'écoute, qui vous méprise, me méprise,* et à tous les fidèles : — *Gardez-vous de toucher à mes prêtres : celui qui les touche, me touche à la prunelle de l'œil.* — Dans nos peines surtout, dans nos épreuves, dans nos maladies, dans le délaissement et l'angoisse, ne craignons pas de frapper à la porte de son cœur. Lors même que nos meilleurs amis nous abandonneraient, le prêtre de Jésus-Christ ne nous abandonnera pas; en lui toujours nous trouverons un ami trop heureux de nous faire un peu de bien.

PRATIQUE.

Avoir un grand respect pour l'Eglise, son Chef auguste et infaillible, ses Evêques et ses Prêtres. — Fermer l'oreille aux discours des impies et se rappeler toujours les grands bienfaits reçus de Dieu par le ministère de ses prêtres.

———

Souvenez-vous, etc. (page 21.)

INVOCATION.

O Notre-Dame d'Espérance de Pontmain, priez pour nous, pour la France et l'Église!

CINQUIEME JOUR.

LECTURE.

Les détails que nous venons de donner sur le bon curé de Pontmain ne seraient pas suffisants pour bien nous le faire connaître, si nous ne parlions encore de sa grande dévotion pour la très-sainte Vierge.

Le nom seul de Marie faisait battre le cœur de ce saint prêtre ; il ne parlait de cette divine Mère qu'avec des larmes dans les yeux et dans la voix, et de bonne heure au sein de cette population chrétienne on se redit avec joie et espérance : — Oh ! que notre curé aime la sainte Vierge !

Il voulait voir le nom de Marie sur toutes ses œuvres, son image chérie au-dessus de la porte principale de chaque maison, son amour dans toutes les âmes.

Rarement il adressait une instruction à son peuple sans y joindre quelques mots sur la sainte Vierge.

En son honneur il établit des exercices particuliers qui ont porté d'admirables fruits de bénédiction et de salut. Lorsque son église fut réparée, il fit mettre la statue de la sainte Vierge tout au haut du modeste clocher, afin, disait-il, dans sa foi naïve et profonde, que cette divine Mère pût de là veiller sur tout son peuple et le bénir toujours.

Dans sa modeste église, il établit à grands frais une belle chapelle dédiée à la Vierge Immaculée, et ce pieux sanctuaire, où il aimait à venir prier, devint dès lors le rendez-vous, chaque dimanche, après l'office des vêpres, d'un grand nombre d'âmes de sa paroisse et des environs, avides d'entendre redire les bontés de Marie, de chanter ses louanges et d'implorer sa protection maternelle.

La dévotion à l'égard de la sainte Vierge passa bien vite du cœur de ce bon prêtre dans le cœur de ses paroissiens, et bientôt Pontmain devient une des paroisses les plus édifiantes de la contrée tout entière.

Marie, en effet, conduit toujours à Jésus, et après avoir fait la douce conquête de ces âmes aimantes, elle les donna toutes à son divin fils.

Aussi, qu'ils sont édifiants les détails que nous ont laissés sur cette religieuse population les heureux témoins de sa foi vive et de sa douce piété! — Il était difficile, écrivait l'un d'eux dans un des premiers récits de l'événement de Pontmain, de rencontrer, au moment de nos malheurs, une communauté paroissiale plus digne que celle de l'humble Pontmain des tendresses de la divine miséricorde. Ce qu'on en raconte, et tout est certain, reporte le lecteur aux meilleurs âges de la foi.

Là, sur ce coin béni du diocèse de Laval, pas une des folies du jour n'avait trouvé ses dupes, pas une âme n'eût espéré se grandir en s'éloignant de Dieu et en le blasphémant; pas un père n'eût songé à demander pour ses enfants l'éducation athée après laquelle hennit ailleurs une foule intempérante, étiolée de cœur, aveuglée par des haines pleines d'insanité.

La jeunesse y est élevée dans l'obéissance respectueuse, le bon ordre intellectuel, la sérieuse observation du devoir, l'amour d'une condition laborieuse, sans ces instincts de désertion qui encombrent les villes de misères lamentables, de déceptions anxieuses, de corruptions précoces, profondes, immenses.

Le travailleur du Pontmain n'est point cet oisif raisonneur qui, les mains dans les poches, hurle des refrains patriotiques, sanguinaires ou orduriers; c'est cet homme aux bras actifs qui force péniblement, mais avec joie, la terre de fournir, suivant l'ordre de Dieu, le pain à sa famille, ou bien l'ouvrier consciencieux, penché sur son labeur, dans la paix, la régularité, le respect de lui-même. — Jamais un blasphème n'y contriste l'oreille du chrétien ; jamais on n'apercevra dans la paroisse un violateur du dimanche. Pendant de longues années, on ne connut pas dans la paroisse un adulte qui se fût abstenu du devoir pascal.

Ah ! c'est une belle chose qu'une vie éclairée, réchauffée, fécondée au soleil du christianisme ! Quelle harmonie ! quel calme, quelle sérénité sur les traits de ce visage ? Quelles bonnes paroles sur ces lèvres ! Le côté infirme de notre nature a ses moments, il est vrai : des défaillances apparaissent ici et là, car dans ce monde n'est point la perfection ; mais l'ensemble, qu'il est élevé au-dessus des utopies ampoulées de la morale de fabrique humaine !

Tous les habitants portent le scapulaire, grands et petits, et ne craignent pas de le laisser voir pendant le travail.

Le respect humain n'y peut rien. Chacun possède encore un chapelet dont il ne se sépare pas. Les offices sont fréquentés de tous, la réception des sacrements une pratique générale le dimanche et les fêtes principales. Modeste, peu riche, mais entretenue avec le luxe de la propreté, la petite église inspire au pèlerin je ne sais quel recueillement particulier, qui sans doute tient à la ferveur dont on est entouré, autant qu'à l'émotion de se trouver près du lieu où Marie a posé ses pieds sacrés. A tous ses égards, le voyage du Pontmain laisse de délicats et délicieux souvenirs (1).

Tel est le saint curé de Pontmain et tels sont les fruits de son ministère sacré dans cette paroisse que nous venons visiter ensemble. On raconte que ce digne prêtre, interrogé par plusieurs pèlerins des premiers jours sur la miraculeuse apparition de la Reine du Ciel dans l'humble bourgade, répondit avec une touchante simplicité.

— Oui, je crois que c'est vraiment la sainte Vierge qui nous est apparue... Ah ! c'est que nous l'aimons bien !... Nous n'avons jamais manqué de chanter chaque dimanche, depuis longues années, quelques cantiques en son honneur dans sa petite chapelle. — Comme nous n'étions pas riches, quatre bougies faisaient ordinairement les frais de l'illumination. Mais, ajoutait-il, j'ai lieu de croire que la simplicité de notre culte n'a pas déplu à cette bonne Mère, et c'est ainsi que j'explique la signification des quatre bougies qui entouraient l'apparition.

Oui, il semble que la Très-Sainte Vierge, en descendant du Ciel dans cette chrétienne paroisse, ait voulu récompenser en même temps et d'une manière visible le saint curé de son zèle à la faire connaître et aimer, et ses bons paroissiens de leur correspondance à la grâce.

1. L'abbé Postel dans son ouvrage très-intéressant : Notre-Dame de Pontmain.

Telle est, du moins, la pensée qui naît dans l'esprit de quiconque étudie l'histoire touchante de la régénération de cette paroisse par le pieux serviteur de Marie.

RÉFLEXIONS.

Tout par Marie ! telle était la devise du bon curé de Pontmain, telle doit être également la nôtre à tous.

Dieu, nous le savons bien, est le maître de sa grâce et il la distribue comme il lui plaît ; mais, suivant le langage de saint Bernard, il a voulu que Marie en fût le canal et que toutes les faveurs célestes nous fussent distribuées par ses mains augustes et maternelles.

Invoquer Marie, c'est donc s'adresser non pas seulement à la meilleure et à la plus tendre des mères, mais encore à la plus puissante des reines, puisqu'elle est la dispensatrice des grâces que Jésus-Christ, son divin Fils, nous a méritées par son sang précieux.

Ainsi, est-il inouï qu'une prière fervente ait jamais été rejetée par cette bonne Mère !

— Qu'il ne soit plus parlé de votre miséricorde, ô bienheureuse Vierge, s'écrie saint Bernard, s'il est seulement une âme qui, vous ayant invoquée dans un pressant besoin, vous puisse accuser de ne pas l'avoir secourue.

Si mon Rédempteur m'éloigne de lui à cause de mes péchés, dit saint Bonaventure, j'irai me jeter aux pieds de Marie ma mère, et je ne me relèverai pas qu'elle ne m'ait obtenu mon pardon, elle ne sait pas ne point compatir aux misères, et sa pitié fléchira à l'indulgence le cœur de son divin Fils.

Aussi, saint Basile compare-t-il Marie à un de ces asiles que la charité élève à l'indigence. Et saint Anselme ne craint pas de dire : Oh ! Allons à Marie sans crainte ! Eh ! du reste, quel sujet de frayeur pouvons-nous avoir en approchant de cette Reine de Miséricorde ! Son aspect n'a rien d'austère, rien de trouble ; loin de là, elle se montre pleine de douceur et de bonté pour nous.

L'amour des mères a des bornes, écrit, à ce sujet, un évêque de nos jours, celui de Marie n'en a pas ; il s'étend jusqu'au plus indigne et au plus misérable...

Qu'ils essaient de s'appuyer sur elle, la bonne Vierge ne se reculera point pour les faire tomber : cela ne s'est jamais vu, on ne l'a pas entendu dire. Elle ne condamne rien, elle ne brise rien de ce qu'on lui donne, mais le soutient doucement, le guérit, le console et puis le rend à Dieu.

Aussi Marie est comme le cœur de notre religion. Il y a sur son front tant de maternelles indulgences, que toutes les appréhensions fuient à son approche !

Et l'aimable saint François de Sales nous dit dans son gracieux langage : Honorez, révérez et respectez d'un amour spécial la sacrée et glorieuse Vierge Marie. Elle est Mère de notre souverain Père, et par conséquent notre grand'mère. Recourons donc à elle ; et, comme ses petits enfants, jetons-nous à son giron avec confiance parfaite, à tous moments, à toutes occurrences ; réclamons cette douce Mère, invoquons son amour maternel, et tâchons d'imiter ses vertus, ayons en son endroit un vrai cœur filial.

Nul n'aura Jésus-Christ pour frère, qui n'aura eu Marie pour mère ; et qui ne sera point frère de Jésus-Christ, n'héritera point avec lui.

Qu'ils sont beaux et touchants ces témoignages de reconnaissance et d'amour pour Marie ! Comme ils sont bien propres à nous encourager tous aux sentiments de la plus entière confiance à l'égard de cette Vierge si bonne et si douce !

Oui, nous aussi, aimons à nous rappeler en toute circonstance, que Marie est bonne et puissante et que par elle nous pouvons tout sur le cœur de son divin Fils.

Que le nom de Marie soit souvent sur nos lèvres, qu'il soit plus souvent encore dans notre cœur.

Lorsque nous entreprenons quelque travail, invoquons Marie ! Lorsque la peine, l'angoisse, le chagrin viennent frapper à notre porte, recourons à Marie. Dans nos tentations surtout aimons à appeler à notre secours celle qui est forte comme une armée rangée en bataille.

En toute circonstance, aimons à penser aux larmes que la douce main de Marie a essuyées, aux afflictions que sa bonté compatissante a consolées, aux nombreux malades qu'elle a guéris, aux pauvres qu'elle a soulagés, aux aveugles spirituels qu'elle a rendus à la vraie lumière, aux âmes égarées qu'elle a ramenées sur la route du ciel.

Rappelons-nous aussi les faveurs que nous avons déjà obtenues dans le cours de notre vie par l'intercession de Marie !

Bien souvent, sans doute, cette bonne Mère a veillé sur nous du haut du Ciel et peut-être lui sommes-nous redevables de grâces précieuses dont nous n'avons jamais songé à la remercier. Eh bien, ce soir, prosternons-nous à ses pieds, et tout en lui disant merci pour ses grands et nombreux bienfaits, promettons-lui de ne jamais l'oublier.

Jetons dans son sein maternel toute sollicitude, remettons-lui l'affaire de notre salut, de notre perfection, de notre persévérance ; ne cherchons même pas quelles sont les faveurs que nous désirons de sa libéralité, et disons à son divin Fils avec saint Alphonse de Liguori : Seigneur, je ne vous demande ni la consolation, ni l'affliction, ni la paix, ni l'épreuve, ni la santé, ni la maladie : aveugle que je suis, je pourrais me tromper dans mon choix ; mais ce que je veux, ce que je demande, ce que je vous prie de m'accorder, ce sont les grâces que Marie vous demande pour moi. — Et répétons avec son dévot serviteur saint Bonaventure : — A qui irais-je, si je n'allais à ma mère !... Ah ! quand même elle voudrait ma mort, j'espérerais encore en elle ; plein de confiance, je désire mourir au pied de son image et je serai sauvé !

PRATIQUE

Profiter des pieux exercices de ce mois pour ranimer nos sentiments de foi, de piété, de confiance et d'amour vis-à-vis de Marie. Nous rappeler ses bienfaits et lui demander humblement de nouvelles faveurs.

Souvenez-vous, etc. (page 21.)

INVOCATION.

O Notre-Dame d'Espérance de Pontmain, priez pour nous, pour la France et l'Eglise !

SIXIÈME JOUR.

LECTURE.

Nous connaissons déjà l'intéressante bourgade de Pontmain et dans son passé glorieux et dans son état présent plus modeste, il est vrai, mais sincèrement honnête et chrétien.

Le saint prêtre qui dirige avec tant de zèle et de succès cette pieuse paroisse n'est plus pour nous un étranger, et ensemble nous avons reçu avec plus de joie encore que de curiosité son touchant accueil et son sourire ami.

Il nous reste à faire la connaissance d'une des meilleures familles de ce tout petit bourg, celle des enfants qui furent les premiers témoins de la merveilleuse apparition que je viens vous raconter.

Au milieu du village, sur cette même place que nous allons traverser à notre sortie du presbytère, voyez-vous, au bord même de la route, sur votre droite, vis-à-vis l'église, cette maison d'assez belle apparence contre laquelle s'appuie cette vaste grange couverte en chaume et dont le grand portail vert attire nos regards?

C'est là qu'habite la famille Barbedette qu'il nous importe de connaître dès maintenant. — Frappons avec confiance à cette porte, elle s'ouvrira toute grande devant nous, car elle est connue dans tout le pays comme une demeure hospitalière. — Aussi bien, dans cette chrétienne population, l'hospitalité des anciens jours est encore en honneur ; là aussi, on peut bien dire qu'elle se donne plus qu'elle ne se vend.

Au foyer de cette maison, nous trouvons le père, la mère et deux jeunes garçons, leurs fils.

Le père Barbedette est un bon cultivateur connu dans toute la contrée pour sa probité et sa foi religieuse. C'est un type de ces dignes chefs de famille qui, sous les regards et les bénédictions de Dieu, travaillent avec courage et succès à l'éducation de leurs enfants qu'ils veulent voir honnêtes gens et bons chrétiens.

La mère est une femme vertueuse et craignant Dieu, tout entière adonnée aux soins de son ménage et de sa petite famille.

Tous les deux, le père et la mère comprennent parfaitement qu'une bonne et solide éducation est le plus précieux trésor que des parents puissent offrir à leurs chers enfants, et souvent ils s'encouragent mutuellement à leurs travaux et soucis quotidiens en se disant : — Espérons que nos enfants seront toujours notre consolation par leur bonne conduite et leur vie chrétienne.

L'aîné de ces deux fils que nous trouvons assis au foyer de la famille, s'appelle Eugène, il est âgé d'une douzaine d'années et sur ces traits amaigris et quelque peu souffreteux on lit la naïveté, la douceur et l'intelligence ; Joseph, le plus jeune, n'a pas encore ses dix ans; comme son frère Eugène, il est pâle, délicat, mais son œil qui brille, dénote un caractère remuant et un esprit des plus vifs.

Ces deux jeunes frères font la consolation de leurs bons parents par leur douce union et leur conduite édifiante. Malgré l'étourderie habituelle à la jeunesse, ils se montrent en toutes choses dignes des bons exemples et des précieux enseignements qu'ils reçoivent au foyer de la famille et volontiers on les donnerait comme modèles à grand nombre d'enfants de leur âge.

Telle est la famille Barbedette au jour où, pour la première fois, nous la voyons réunie dans son humble demeure.

La tristesse est assise avec eux au foyer domestique où nous avons trouvé place et un nom revient souvent sur leurs lèvres émues et presque toujours il amène des larmes, surtout aux yeux de la pauvre mère ; c'est le nom de leur fils aîné, soldat depuis quelques mois et exposé, comme tant de pauvres jeunes gens, aux mille dangers d'une guerre sans pitié et sans trève.

Nous sommes, en effet, à la mi-janvier 1871, c'est-à-dire au plus fort de la terrible lutte de notre chère et pauvre patrie contre les armées allemandes. Une partie de la France est déjà envahie par notre ennemi qui va de victoire en victoire.

Nos vaillants bataillons, déshabitués de leurs glorieux triomphes, disparaissent l'un après l'autre sous les balles et les obus, ou sont emmenés prisonniers loin de leur patrie en larmes.

Ce n'est point le courage qui leur fait défaut, — la bravoure du soldat français est toujours la même et jusqu'au sein de ses défaites, on sait reconnaître en lui le héros, — mais, la main de Dieu qui conduit tout ici-bas, semble nous avoir retiré son puissant secours, et notre pauvre France était destinée à subir les humiliations les plus profondes.

La capitale de la France en proie à la famine la plus affreuse est cernée par un cercle de fer et de feu. Les plus beaux monuments sont déjà atteints par les bombes incendiaires en attendant l'heure plus terrible encore où des mains mille fois plus sacriléges viendront les réduire en cendres après s'être plongées dans le sang de nobles et innocentes victimes.

Dans la France entière, partout le deuil, la honte, le désespoir, et il est peu de maisons où l'on n'ait à rappeler dans la plus poignante anxiété, comme au foyer des Barbedette, des noms bien chers qu'on ne prononce qu'avec des larmes et des sanglots.

A ces terreurs affreuses, joignons encore la rigueur exceptionnelle de l'hiver. La neige depuis longtemps couvre la terre comme d'un blanc linceul et le froid redouble d'intensité.

Tous les travaux sont arrêtés à l'atelier comme à la campagne, et l'on voit de nombreuses bandes de pauvres en haillons, parcourir, harcelés par la faim et la misère, les sentiers déserts de nos grands chemins.

La contrée que nous venons de parcourir pour visiter Pontmain est plus particulièrement en proie à l'anxiété et à ces terreurs que nous venons de décrire : à une douzaine de lieues seulement le canon gronde ; deux armées formidables sont en présence et chacun se demande si le lendemain ne sera point pour son pays et sa maison le jour de l'envahissement, du pillage et de la destruction.

Telles étaient bien, dans ces tristes circonstances, les sombres pensées, les angoisses poignantes des paisibles habitants de Pontmain, et au soir de ces jours longs comme des siècles, plus d'un père de famille, plus d'une pauvre mère en larmes, sortaient silencieux pour prêter une oreille inquiète au bruit lointain du canon et ils rentraient à leur triste demeure, le cœur brisé, la tête affaissée en se disant tout bas :

— Pauvres enfants ! où sont-ils à cette heure ? Les reverrons-nous un jour ?

Tel était le triste sort de la famille Barbedette.

Toutefois, hâtons-nous d'ajouter que ces angoisses si légitimes trouvaient chez ces cœurs fidèles un adoucissement bien nécessaire, dans l'espérance chrétienne qui n'abandonne jamais une âme humble et confiante. Sous les inspirations de son pieux curé, la paroisse entière, depuis bien des semaines déjà, implorait la miséricorde divine et unissait ses supplications à celles qui s'élevaient de toutes parts vers le Ciel dans notre malheureux pays.

— Faisons pénitence, disait le bon curé, et puis, prenons courage ; la miséricorde viendra et elle nous viendra par Marie !

RÉFLEXIONS.

Qu'il est beau et touchant le spectacle offert par une famille vraiment chrétienne, dans laquelle les parents comprennent leurs devoirs à l'égard des enfants que le Ciel leur a donnés, pendant que les enfants répondent par leur respect, leur amour, leur obéissance aux soins empressés de leur père et de leur mère !

Mais si un semblable spectacle est plein de charmes, il faut avouer qu'il est malheureusement bien rare de nos jours. Hélas ! nous ne sommes plus au temps où le père et la mère de famille avaient une haute idée de leur dignité. Autrefois, les parents se considéraient comme les représentants et les délégués de Dieu auprès de leurs enfants et ils comprenaient que toute autorité venant du Ciel, avant d'exiger et pour mieux obtenir l'obéissance de leurs fils et de leurs filles, ils devaient commencer par obéir eux-mêmes à leur Père qui est dans les Cieux. Aujourd'hui, malheureusement, le père et la mère ne savent plus envisager leurs devoirs sous ce point de vue, le seul véritable cependant, voilà pourquoi tant de chagrins amers viennent empoisonner leur vieillesse isolée.

L'enfant n'est plus pour eux cet ange descendu du Ciel et confié à leur garde comme un trésor précieux ; c'est une idole qu'on flatte sans cesse et qui ne sait point obéir.

Au lieu de lui exprimer une volonté ferme et douce à la fois, on se courbe sous la sienne. C'est l'oubli complet des grandes obligations imposées par Dieu lui-même aux pères et aux mères de famille.

— Avez-vous des enfants? dit l'Ecclésiastique, instruisez-les avec soin et courbez-les sous le joug dès leur enfance.

— Celui qui aime son fils, ne lui épargne pas les châtiments, dit également le Saint-Esprit, par la bouche du même auteur.

Et le grand saint Augustin, commentant ces paroles de nos saints Livres, adresse aux pères et aux mères de famille ces précieux conseils : — Reconnaissez l'ordre. Celui qui veut que son inférieur lui soit soumis, doit se soumettre lui-même à son supérieur. Qu'y a-t-il de plus juste et de plus raisonnable que d'obéir à Dieu, afin que vos enfants vous obéissent? Qu'y a-t-il de plus beau? Vous, soumis à Dieu, votre enfant vous sera soumis.

Servez celui qui vous a créé, afin que votre enfant, ce don de Dieu, vous serve...

Que si vous refusez de servir Dieu, jamais vous n'obtiendrez une parfaite soumission de votre famille. Vous vous insurgez contre Dieu, vos enfants s'insurgeront contre vous et feront votre tourment.

Oui, pères et mères de famille, ramenez à votre foyer l'amour de Jésus-Christ et vos enfants feront votre gloire et votre consolation.

Sous chaque toit domestique où l'on n'a pas répudié le ministère sacré de la maternité de l'Eglise, dit, dans son beau langage, le Révérend P. Félix, il y a, exposée aux regards toujours ouverts et à la vénération toujours prête, la douce et sublime image de Jésus-Christ.

Il est là non-seulement comme un dieu protecteur du foyer ; il est là comme un dieu modèle de la famille, montrant à tout ce qui a l'ambition de s'élever, le divin idéal. Avez-vous vu ce spectacle qu'offre chaque jour à la contemplation des anges et à l'édification des hommes, le foyer chrétien ? Le père, la mère, les enfants, toute la société domestique agenouillée devant ce Dieu du Calvaire devenu le Dieu du foyer, attirant sur elle, par la prière et l'amour, les influences de sa grâce et les inspirations de ses exemples !

Voyez le père, revêtu de l'autorité et de la majesté de celui que tous invoquent et adorent avec lui, couvrant de la bénédiction du Christ la famille prosternée dans la foi ! Voyez l'enfant si sensible à la parole qui se fait entendre aux yeux, découvrant dans le premier rayon que lui envoie, le matin, l'image du Christ suspendue sur sa tête ; le soir encore, saluant de son dernier regard le doux agneau qui va veiller sur son sommeil ; et le jour, venant baiser avec amour et respect son image adorée ! Voyez la mère, la mère surtout avec cette éloquence qui ne connaît pas de rivale, initiant l'enfant encore jeune au grand mystère chrétien ! Comme elle fait entrer tout à la fois, et par les oreilles et par les yeux, au fond de son âme ouverte, cette image du Christ qui doit y demeurer toujours, non-seulement comme un charme du cœur et une consolation de la vie, mais surtout comme un type de perfection et un exemplaire de la grandeur que lui-même doit atteindre.

Au contraire, la famille qui n'a pas été façonnée sur le modèle du Christ ou qui l'a répudié après l'avoir connu, presque toujours se déshonore elle-même et tombe au-dessous de l'humanité. Voulez-vous savoir à quoi tient aujourd'hui l'abaissement de tant de générations et la dégradation de tant de familles ?

Oserai-je le dire devant des chrétiens ? Il n'y a plus de Christ au foyer. Il n'y a plus de Christ suspendu à la muraille ; il n'y a plus de Christ posé sous vos regards ; il n'y a plus de Christ se révélant dans vos mœurs ; il n'y a plus de Christ régnant dans la famille. Pourquoi ? Parce qu'il n'y a plus de Christ imprimé dans les âmes et que ce Christ n'a pas été gravé dans les âmes par une éducation profondément chrétienne.

Ah ! chrétiens, voulez-vous relever l'humanité en relevant la famille ? Ramenez dans votre maison, replacez sous vos regards, restaurez dans vos âmes surtout l'image de votre Dieu disparu ; et que cette image passant de vos âmes et de vos fronts dans l'âme et sur le front de vos enfants, les marque devant la terre et le ciel du signe de leur vraie grandeur.

PRATIQUE.

Parents chrétiens, respectez l'autorité de Dieu, si vous

voulez que *votre* autorité qui en découle, soit respectée par vos enfants.

Enfants, quel que soit votre âge, voyez dans votre père et votre mère les dépositaires de l'autorité divine; ayez pour eux respect, obéissance, amour en vous rappelant ce grand commandement trop oublié de nos jours : *Honore ton père et ta mère afin de vivre heureux sur terre.*

Souvenez-vous, etc. (page 21.)

INVOCATION.

O Notre-Dame d'Espérance de Pontmain, priez pour nous, pour la France et l'Eglise !

SEPTIÈME JOUR.

LECTURE.

C'était un touchant spectacle de voir les pieux habitants de cette chrétienne paroisse répondre à l'appel du pasteur zélé : le matin, de bonne heure, l'église ouvrait ses portes comme aux grandes solennités et une foule nombreuse et recueillie venait, quelques-uns, de très-loin, entendre la sainte messe, faire l'exercice du chemin de la Croix et réciter de longues prières pour la France et nos chers soldats.

Le soir à la tombée de la nuit, la cloche appelait également au saint lieu pour la récitation du chapelet.

Les pieux fidèles se retrouvaient encore plus nombreux que le matin ; les travaux du jour étaient, en effet, terminés, et puis ils allaient recevoir de la bouche de leur pasteur dévoué des conseils et des encouragements dont ils avaient grand besoin.

Les enfants de Pontmain priaient plus encore peut-être que leurs pieux parents. — Le digne prêtre savait que c'est de la bouche et du cœur de l'enfance et de la jeunesse que Dieu tire sa louange ; il se disait que les vœux innocents de ces âmes pures pénétreraient plus facilement le Ciel irrité. Aussi comme avec joie et confiance il s'en allait au milieu d'eux, soit à l'église, soit à l'école, leur répétant les larmes aux yeux :

— Priez, mes enfants, vous obtiendrez miséricorde et surtout demandez par Marie ; et ce bon pasteur unissait sa voix chevrotante aux frais et purs accents de ces âmes candides et les vœux du saint vieillard montaient au ciel en même temps que les prières de son petit troupeau.

Ces beaux sentiments de foi et de confiance ne devaient pas demeurer stériles. Sans doute, notre chère patrie n'a point vu, en cette triste année, un seul beau jour luire pour elle au ciel toujours sombre et fermé, mais la contrée tout entière dont nous parlons est demeurée, comme par miracle, à l'abri de l'envahissement des bataillons ennemis et la petite paroisse de Pontmain fut assez privilégiée pour voir revenir, sains et saufs, dans son sein, les quarante jeunes gens qu'elle avait donnés à la patrie avec la crainte trop bien fondée de ne les plus revoir.

Une plaque de marbre blanc fixée au mur de l'église, tout près de l'autel de la sainte Vierge, rappelle cette préservation des jeunes soldats de

Pontmain et elle redira aux générations futures la miséricorde divine à l'égard de cette heureuse paroisse.

La famille Barbedette, dans ces tristes semaines, n'était pas la moins fidèle à ces prières publiques : le père et la mère étaient non-seulement de fervents chrétiens, mais aussi de bons français, et puis ils songeaient à leur cher fils tant exposé aux dangers de toute sorte. — Aussi, Dieu sait les vœux ardents qui s'échappaient chaque jour de leur cœur affligé mais chrétiennement résigné. Les deux jeunes frères, à l'exemple de leurs pieux parents, demandaient avec l'accent de la plus naïve confiance la protection de la sainte Vierge sur leur frère aîné et, non contents de prier à l'église, ils récitaient encore à la maison, au pied du vieux crucifix attaché à la muraille, de longues et ferventes prières. Ils s'appliquaient surtout à l'obéissance et au travail, afin, disaient-ils dans leur simplicité, que le bon Dieu écoutât mieux leurs supplications et que leurs chers parents eussent, dans leur amer chagrin, la consolation si douce de voir grandir leurs enfants en âge et en sagesse devant Dieu et devant les hommes.

Au soir d'une de ces journées froides, sombres et sanglantes dont nous venons de parler, Eugène Barbedette et son frère Joseph sortirent de l'école à la tombée de la nuit et vinrent sans retard, suivant leur habitude, retrouver leur père dans la grange au portail vert.

Le père Barbedette était alors occupé à piler des ajoncs pour donner à ses chevaux la ration du soir.

Dans toute cette contrée peu fertile en fourrages, en effet, on cultive assez communément dans certains champs et sur le talus des haies cette plante épineuse dédaignée presque partout ailleurs. On en coupe les jeunes pousses qui broyées avec soin, dans de grandes auges de bois, par de longs marteaux, procurent aux bestiaux, aux chevaux surtout, une nourriture saine et agréable. Les deux jeunes frères s'arment de leurs pilons et, sous les yeux de leur père que l'arrivée de ses fils arrache à ses sombres pensées, ils se mettent courageusement à l'ouvrage.

Et pendant ce temps, la bonne mère Barbedette vaquait aux soins de son ménage et à la préparation du modeste repas du soir.

Pauvre femme ! Elle avait le cœur bien gros et les minutes, dans ces jours affreux, lui paraissaient de longues heures !

Le père et les enfants travaillaient sans mot dire à la lueur pâle et vacillante d'une chandelle de résine ; ils songeaient au jeune soldat dont le souvenir ne les quittait guère et ceux qui passaient à cette heure devant la porte de la pauvre grange devaient se dire, en entendant le bruit monotone et cadencé des trois pilons :

— Heureux père, qui, dans ses graves inquiétudes, a cependant la grande consolation de posséder des enfants si sages et si laborieux !...

La mère de famille, plus agitée et plus anxieuse encore que Marthe dont nous parle le saint Évangile, ne pouvait, selon son expression, tenir en place ; sans cesse elle allait et revenait de la maison à la grange et de la grange à son triste foyer. — Les larmes coulaient bien brûlantes de ses yeux ; elle cherchait à les cacher, mais le père Barbedette qui les comprenait si bien, s'efforçait de calmer cette grande douleur et dans son cœur bouleversé, il trouvait encore des paroles de consolation.

— Femme, lui dit-il, dans un de ces moments où, à la vue de la pauvre mère en larmes, ses bras se refusaient au travail, n'as-tu donc plus confiance dans le bon Dieu?... nous prions et nous devons espérer... Il reviendra... tu verras !

Puis il reprenait, sinon avec courage, du moins avec résignation son travail pénible après avoir lui-même essuyé quelques larmes furtives.

RÉFLEXIONS.

Dans les célèbres apparitions de la Reine du Ciel en ces dernières années, il est remarquable que cette bonne Mère choisit toujours comme témoins de ses mystérieuses manifestations, des enfants occupés au travail.

Ce n'est point au sein de l'oisiveté ou dans leurs jeux innocents, qu'elle se présente à eux, mais bien au milieu d'occupations humbles et pénibles.

Les bergers de la Salette, au moment de la céleste apparition, gardaient leurs troupeaux sur le faîte d'une montagne escarpée.

Bernadette, au jour de la première vision, ramassait péniblement aux environs de la grotte de Lourdes, quelques branches de bois mort pour son foyer éteint; les premiers témoins de l'apparition de la vallée de Pontmain travaillaient courageusement en compagnie de leur père, — nous l'avons vu, — à un âge où tant d'autres enfants ne songent qu'à leurs jeux.

La Sainte Vierge a voulu par là nous donner à tous un grand enseignement, celui de l'amour du travail et de l'application à nos devoirs, dont elle nous avait déjà offert dans sa vie divine, de si beaux exemples. — Marie a aimé le travail, en effet, et on peut bien lui appliquer ces paroles du psaume : Je suis pauvre et dans le travail dès ma jeunesse.

L'illustre saint Bonaventure parle en ces termes touchants de la vie laborieuse de la très-sainte Vierge.

— Notre-Dame, la Reine du monde, filait sa quenouille et travaillait à l'aiguille pour subvenir à ses besoins et à ceux de son Fils. Quand elle allait par les maisons demander le lin qu'elle devait filer, ce divin Fils l'accompagnait et il entendait les refus pénibles, les dures paroles qui tombaient souvent des lèvres d'une opulente égyptienne, sur la pauvreté de sa Mère.

La loi du travail, — nous ne devons pas l'oublier, — nous a été donnée par Dieu lui-même.

Dès avant sa chute, le premier homme devait travailler non pas pour se procurer du pain à la sueur de son visage, mais pour exercer son intelligence et ses forces , dit saint Jean-Chrysostôme, de telle sorte qu'il ne se fatiguât pas, mais aussi qu'il ne restât point à ne rien faire.

Depuis le péché, la loi du travail est devenue une loi d'expiation et le Saint-Esprit, en cent endroits de nos livres saints, nous offre , pour nous y encourager , les plus salutaires conseils.

— *Le travail*, nous dit-il, *est le plus grand ennemi de l'oisiveté mère de tous les vices ; ..... il donne au corps la santé , à l'âme la vigueur..... il est une ressource dans l'ennui, une consolation dans la peine, une richesse dans la pauvreté, une source de mérites et pour le temps et pour l'éternité.*

La paresse, au contraire, verse sur l'homme des maux incalculables; elle blesse son enfance, elle flétrit sa jeunesse, elle brise sa virilité, elle attache à toutes ses puissances le déshonneur de la stérilité.

Sans le travail, l'homme n'est rien; Dieu et les hommes méprisent le paresseux et le repoussent comme un serviteur inutile. Ce n'est point la naissance, ni la fortune, ni les emplois qui élèvent l'homme ici-bas, c'est la capacité à faire le bien autour de lui par ses vertus et ses services.

Or, sans le travail, l'homme s'enchaîne les pieds et les mains; il met un bandeau devant les yeux de son intelligence, il ferme la porte de son cœur, il devient un être inutile.

Aussi voyons-nous saint Paul jeter à la paresse ces méprisantes paroles : *Que celui-là qui ne veut pas travailler, ne mange point.*

Mais pour que cette grande loi du travail nous soit une source de mérites aux yeux de Dieu, il le faut sanctifier et rendre chrétien. *Travailler, c'est prier*, répétons-nous souvent sans trop y réfléchir et comme pour s'excuser de ne pas se livrer à la prière sous le faux prétexte que le travail y supplée suffisamment. Mais en redisant cette parole, combien de personnes ignorent qu'elle est sortie de la bouche même de saint Augustin qui nous dit expressément que le travail n'est une prière que lorsqu'on le fait pour Dieu et dans sa grâce.

Nous sommes dans un siècle où, pour un très-grand nombre, la paresse n'est pas le vice capital. On travaille beaucoup, en effet, on travaille quelquefois trop, et malheureusement le travail auquel on se livre, bien que très-avantageux sous le rapport temporel, est souvent très-préjudiciable aux intérêts spirituels et éternels. — On travaille beaucoup pour le corps, peu ou point pour l'âme; on travaille jusqu'à s'épuiser pour la terre, presque jamais pour le Ciel.

On travaille pour les hommes, et le service de Dieu est négligé. En un mot le travail, dit un pieux auteur, n'est ni saint, ni sanctifié, ni sanctifiant. — On se donne beaucoup de peine, beaucoup de fatigue, pour tout perdre; car que sert à l'homme de gagner l'univers, s'il vient à perdre son âme?

N'oublions donc jamais que si la loi du travail est la peine d'une première faute, c'est une peine qui répare, qui mérite, qui réhabilite et glorifie, mais à la condition qu'elle soit portée en union avec la croix du divin Rédempteur.

Travaillons en Dieu, pour Dieu et avec Dieu, et notre travail ici-bas, loin d'être une occasion sans cesse renaissante d'ennuis, de murmures, de blasphèmes et de malédictions, deviendra pour nous une source féconde de joie, de consolation, et la couronne du Ciel sera notre récompense pour l'Éternité.

PRATIQUE.

Offrir chaque jour son travail à Dieu par les mains de Marie. — Éviter de le souiller par le murmure, le blasphème ou la profanation du jour réservé au Seigneur.

Travailler toujours en union avec Jésus-Christ, notre divin modèle.

Souvenez-vous, etc. (page 21).

INVOCATION.

O Notre-Dame d'Espérance de Pontmain, priez pour nous, pour la France et l'Église!

HUITIÈME JOUR.

LECTURE.

Pendant que cette famille chrétienne dont nous venons de parler vaquait ainsi au travail tout en se livrant à ses pénibles réflexions, la petite porte pratiquée dans le grand portail de la grange s'ouvrit tout-à-coup, et une femme entra. C'était une bonne voisine qui de temps en temps venait visiter les Barbedette et les distraire par le récit des nouvelles du pays. — Elle s'appelait Jeanne Détais.

— Ah ! vous voilà, Jeannette, dit le père Barbedette !... Nous parlions de notre pauvre gars et nous disions qu'il nous reviendra bien un jour... la bonne Vierge aura pitié de nous !...

— Ah ! répond la voisine, la sainte Vierge n'oublie point les siens... mais c'est égal, c'est une bien triste chose que cette guerre et par le temps qu'il fait !... Ah ! quel malheur que les hommes se battent ainsi pour le bon plaisir de se faire du mal !...

Et la conversation continuait ainsi, apportant un moment de repos et de distraction à ces pauvres gens dont le cœur était si malade !

Eugène trouvait sans doute l'entretien trop sérieux ; il profite de ce moment de répit pour sortir un instant, par la porte entr'ouverte. — J'allais tout seulement, dit-il, pour voir le temps.

, La neige couvrait la terre , le ciel était pur, et il faisait très-froid.

Il semble à l'enfant qu'il n'avait jamais vu autant d'étoiles surtout au-dessus du chemin. Toutefois en portant ses regards au-delà des toits qui faisaient face à la grange, de l'autre côté de la rue, il vit moins d'étoiles et elles lui paraissaient moins brillantes. Tout-à-coup, au-dessus d'une de ces maisons, habitée par un bon voisin du nom d'Augustin Guidecoq, il aperçut, à cinq ou six mètres dans les airs, une belle et grande Dame qui semblait lui sourire.

Cette Dame portait une robe bleue parsemée d'étoiles d'or , et cette robe sans ceinture et sans taille, ressemblait à un *sarrau* d'enfant. Les manches étaient larges et pendantes. Un voile noir couvrait sa tête et retombait gracieusement sur ses épaules. Une couronne d'or en forme de diadème, d'une hauteur de vingt centimètres environ, sans autre ornement qu'un petit liseré d'un rouge sang , ceignait son beau front.

La figure de la Dame était petite , très-blanche, d'une incomparable beauté. — Jamais, disent les enfants, on n'a vu rien de semblable ni en personne, ni en image. — Elle avait les mains nues et abaissées, comme on a coutume de représenter Marie Immaculée.

Les pieds que la longue robe couvrait en partie, étaient chaussés d'une sorte de pantoufles bleues comme la robe et, au milieu, un ruban d'or formait un nœud en forme de rosette. Et cette belle Dame regardait l'enfant et elle souriait.

Eugène pensa que c'était l'annonce de la mort de son frère qui était au service et dont ses parents n'avaient pas reçu de nouvelles depuis trois semaines. — Il n'était pas effrayé néanmoins, parce que la Dame *riait* (1).

Il y avait environ un quart d'heure que l'enfant contemplait ce spectacle, dans un mélange de sentiments qui tenaient à la fois de la surprise, de la crainte et d'un véritable ravissement, lorsque Jeanne Détais quittant la famille Barbedette sortit de la grange.

— Jeannette, dit l'enfant, regardez, regardez donc au-dessus du toit à Augustin Guidecoq, si vous ne voyez pas quelque chose?

Et jetant les yeux vers le point indiqué, la vieille femme ne vit rien.

— Ma foi! mon pauvre Eugène, je ne vois rien du tout.

[1] Les enfants ont toujours exprimé par ce mot le doux sourire de la céleste vision ; ils ne connaissaient pas d'autre terme qui pût mieux rendre leur idée.

Le père Barbedette et le jeune Joseph avaient entendu cette conversation. Ils sortent aussitôt de la grange et viennent trouver Eugène en portant leurs regards sur le toit voisin.

Le père ne vit rien.

— Et toi Joseph, vois-tu bien, dit Eugène?

— Oui, reprend immédiatement l'enfant, je vois une belle grande Dame !

— Comment qu'elle est habillée ?

— Ah ! reprend Joseph, je vois une belle grande Dame qui a une robe bleue, des étoiles dorées sur sa robe, des chaussons bleus avec des boucles d'or.

— Dis donc, Joseph, continua Eugène, regarde donc bien si elle a une couronne?

— Je vois bien une couronne dorée qui va en s'élargissant, et un petit fil rouge au milieu de la couronne et puis un voile noir.

Le père, entendant ses enfants parler de la sorte, ouvrait de grands yeux et ne voyait rien.

— Mes pauvres petits gars, dit-il, je ne vois absolument que le ciel et les étoiles et vous, vous ne voyez rien, j'en suis sûr; si vous voyiez quelque chose, nous le verrions bien aussi nous... Tenez, venez piler les ajoncs au plus vite ; je crois que la soupe est bientôt prête et puis il fait bien froid.

Habitués à obéir à la voix paternelle, les enfants, contrariés peut-être , mais sans se permettre aucune réflexion , rentrent aussitôt dans la grange.

Resté derrière eux, sur le seuil, le père dit à Jeanne Détais :

— Il faut rien en dire, Jeannette, aussi bien le monde ne croirait point ça, et ça ferait peut-être bien du scandale.

— Soyez tranquille, dit-elle.

Elle s'éloigna, et le père Barbedette retourna bien vite auprès de ses enfants pour reprendre le travail interrompu.

Le bruit des marteaux frappant en cadence sur l'ajonc entassé dans les auges, retentit de nouveau, et pendant ce temps Jeannette Détais regagnait promptement sa modeste et solitaire demeure.

Le père Barbedette, — on le comprend facilement, — avait l'esprit tout préoccupé et ses bras se refusaient à la besogne.

— Eh quoi ! se disait-il tout en jetant un regard anxieux sur ses fils qui travaillaient avec courage : ces enfants sont pieux, je les crois incapables de mentir... Comment et pourquoi auraient-ils inventé une pareille chose ? Et puis, continuait le brave homme en se parlant à lui-même : J'ai entendu leurs paroles... j'ai vu sur leurs traits l'expression de l'admiration et de la joie... Evidemment il y a là quelque mystère !...

Il laisse alors tomber à ses pieds son long marteau de bois et ne pouvant maîtriser son émotion, il se tourne vers l'aîné des deux frères.

— Eugène, dit-il, d'une voix tremblante, va voir si tu vois encore.

L'enfant qui brûlait du désir de revoir la belle Dame ne se le fit pas dire une seconde fois, il court à la porte, la franchit d'un bond et revenant aussitôt, il s'écrit tout joyeux :

— Oh! papa, tout pareil, tout pareil!...

— Eh bien! dit le père, va chercher ta mère pour voir si elle verra quelque chose et ne dis pas à Louise de venir.

C'était là servante.

— Dis à ta mère tout seulement que j'ai affaire à elle.

Eugène enchanté court vers sa mère qui était occupée à dresser sa modeste table pour le souper.

— Maman, dit-il, voulez-vous, s'il vous plaît, venir dans la grange, papa à affaire à vous.

Elle vint aussitôt.

Comme elle franchissait la porte, son jeune fils Joseph qui avait profité de l'interruption du travail, pour sortir et voir de nouveau la belle Dame, frappait ses mains l'une contre l'autre dans un sentiment de joie extraordinaire.

— Ah! que c'est beau! que c'est beau! s'écriat-il, tout en trépignant d'allégresse!...

5.

Sa mère lui donna un coup sur le bras en disant :

— Mais vas-tu te taire, Joseph ! que fais-tu comme cela !... voilà déjà le monde qui nous regarde...

— Maman, dit Eugène, regardez donc sur la maison d'Augustin Guidecoq, si vous ne voyez rien.

— Mais non, reprend la mère, après avoir en vain porté ses regards vers l'endroit indiqué, non il n'y a rien, je ne vois que le toit et les cheminées et la neige qui est dessus...

Mais les deux enfants, tout rayonnants de joie, s'écriaient ensemble :

— Eh quoi ! maman, vous ne voyez pas cette belle Dame toute en bleu, avec des souliers bleus, une couronne sur la tête et qui sourit ?... Vous ne voyez pas comment elle se tient dans l'air, sans s'asseoir sur rien ?...

Mais tout était inutile, la sainte Vierge, en ce moment, ne voulait se montrer qu'aux regards de ces deux enfants privilégiés.

RÉFLEXIONS.

Parmi les vertus que nous voyons briller au foyer chrétien que nous sommes venus visiter ensemble, il en est une qu'il nous sera utile de remarquer et de méditer d'une manière toute spéciale ; je veux dire la résignation admirable, au sein de ses épreuves, de cette famille affligée.

La peine et l'inquiétude n'arrachent point à ces cœurs chrétiens des impatiences et des murmures; pleins de confiance dans la bonne Providence qui gouverne tout avec sagesse et amour, tous inclinent humblement la tête sous les coups qui les frappent, ils baisent en l'adorant la main qui les châtie et ils attendent dans la résignation et la prière des jours plus heureux sinon sur cette terre, du moins dans une vie meilleure.

Le Ciel ne devait pas tarder à récompenser ces belles vertus, et, dès ici-bas, la joie allait bientôt chez eux succéder à l'angoisse et à l'épreuve.

La vie de tout homme sur la terre est un combat; c'est l'Esprit-Saint lui-même qui nous l'enseigne et l'expérience de chaque jour vient trop souvent nous l'apprendre en jetant dans notre âme, qui refuse de s'y accoutumer, l'amertume et le trouble. — Après un chagrin, un autre se présente et une douleur est à peine finie qu'il en survient bien vite une nouvelle. L'homme sans foi s'aigrit contre l'épreuve; il cherche à se roidir contre elle, il y parvient quelquefois, mais le plus souvent il y succombe misérablement. Le chrétien courbe humblement la tête en adorant la volonté de Dieu et comme le Sauveur, son maître et son modèle, il laisse échapper de son cœur meurtri et de ses lèvres tremblantes ces paroles divines devenues la grande prière chrétienne :

O mon Dieu! que votre volonté soit faite et non la mienne.

Malheureusement, la grande et belle science de la résignation chrétienne est bien peu connue de nos jours et saint Augustin pourrait, à bon droit, nous redire les paroles qu'il faisait entendre autrefois à son peuple : — Oh! mes frères, vous souffrez, vous êtes malheureux; c'est trop vrai, puisque j'entends vos plaintes et que je compte vos douleurs; mais c'est à la perversion de votre volonté que

vous devez vos malheurs ; si vous saviez les accepter, oh !
comme bientôt ces souffrances et ces peines seraient singulièrement adoucies !

Et bien, ce soir, aux pieds de Celle que l'Église appelle
la Mère des Douleurs, rappelons-nous les grands principes
de la résignation chrétienne. — Il suffit, du reste, de se
les redire pour y trouver lumière, force et courage.

Et d'abord, il ne peut rien arriver jamais sans l'ordre
ou la permission de Dieu. Du haut de son trône de gloire,
Dieu regarde la terre et les hommes qu'il a créés à son
image. Il y a au Ciel un œil qui voit tout, une oreille qui
entend tout, une main qui dirige tout, et il ne tombe pas
un seul cheveu de notre tête sans la permission de ce grand
Dieu.

Donc, il n'est pour nous rien de plus sage que d'acquies-
cer à cette volonté suprême et de se soumettre entièrement
à tous les événements heureux ou malheureux, en disant
avec Jésus-Christ : O Père, que votre volonté soit faite !

En second lieu, tout ce qui nous arrive est pour notre
bien et notre salut éternel, si nous cherchons à plaire à
Dieu et à le servir fidèlement.

Nous avons des fautes à expier, des habitudes mauvaises
à corriger, des scandales peut-être à réparer ; aimons à
considérer nos peines et nos épreuves comme autant de
moyens excellents de satisfaire à la justice de Dieu et à la
réparation de nos fautes vis-à-vis de nos frères. Nous
cherchons à acquérir telle vertu qui nous manque, nous
désirons attirer sur nos familles, nos travaux, les bénédictions du Ciel, acceptons les épreuves avec une résignation
chrétienne, et regardons les peines de chaque jour comme
la monnaie courante avec laquelle on achète le royaume
du Ciel et les grâces qui font les élus.

Une âme qui ferait sur la terre la volonté de Dieu comme
Jésus-Christ s'est plu à la faire lui-même pendant les jours

de sa vie mortelle et comme elle se fait dans le Ciel, commencerait à goûter dès ici-bas les délices du séjour des Bienheureux ; rien ne pourrait jamais altérer la paix et la sérénité de ses jours. Les consolations divines inondant son cœur, y tariraient à tout jamais la source amère de ses larmes.

Je surabonde de joie au sein de mes tribulations, disait saint Paul ; et saint François Xavier s'écriait dans des circonstances dont la seule pensée nous fait frémir : Assez, assez, mon Dieu, je ne puis porter tant de consolation et de bonheur !

Aimons à nous rappeler ces grands principes de soumission chrétienne à la volonté de Dieu et ce souvenir nous consolera dans toutes nos épreuves.

Saint Ambroise appelle cette résignation une invention merveilleuse et un remède souverainement efficace ; gardons-en le secret admirable et redisons souvent au milieu des combats de la vie, avec un saint religieux : — Une journée de souffrances bien supportées est mille fois préférable à tous les travaux des conquérants. Quand je pense à cette grande éternité où il n'y aura plus rien à souffrir, où je ne pourrai plus rien donner à Dieu et où Dieu n'aura plus qu'à me combler de ses dons, toutes les misères de cette vie me paraissent aimables. Puis avec saint Augustin : — Coupez, brûlez dans ce monde, ô mon Dieu, pourvu que vous m'épargniez dans l'éternité.

PRATIQUE.

Éviter dans les épreuves tout murmure et toute impatience. Considérer toutes peines comme des moyens de sanctification et de salut, pourvu qu'elles soient acceptées avec une résignation chrétienne, et s'habituer à dire en toute circonstance : Mon Dieu ! que votre volonté soit faite et non la mienne.

———

Souvenez-vous, etc. (page 21).

INVOCATION.

O Notre-Dame d'Espérance de Pontmain, priez pour nous, pour la France et l'Eglise !

NEUVIÈME JOUR.

LECTURE.

Le père Barbedette ne cherchait plus de ses yeux en larmes la céleste vision. Il regardait ses deux fils dans une sorte de contemplation mêlée de surprise et de joie et il laissait à sa vertueuse femme le soin d'approfondir cette mystérieuse affaire.

— Mais, dit la mère Barbedette dans son émotion rémuante, c'est *vantié* bien la sainte Vierge qui vous apparaît, mes enfants. Puisque vous dites que vous la voyez, disons cinq *Pater* et cinq *Ave* en son honneur.

Cependant, les cris de joie et d'admiration des enfants avaient été entendus dans le voisinage, et déjà quelques portes s'étaient entr'ouvertes, et du seuil de ces demeures des voix bien connues demandaient ce que tout ce tapage signifiait.

— Quoi donc vous voyez? — Qu'est-ce qu'il y a par chez vous?

— Holà rien, dit le père Barbedette.

Et sa femme ajouta :

— Ce sont les enfants qui affolent ; ils disent-ils pas qu'ils voient quelque chose et nous autres, on ne voit rien !

A ces mots la porte de la grange fut verrouillée ; les autres demeures se fermèrent également et, d'après le conseil de la mère Barbedette, toute la famille réunie récita pieusement cinq *Pater* et cinq *Ave*.

Mais la pauvre femme ne pouvait se résoudre à demeurer dans la maison ; elle se demandait ce que signifiait cette vision et surtout elle y voyait quelque malheur pour son cher fils aîné dont elle pleurait l'absence.

Ainsi est fait le cœur de toutes les mères, qu'à la moindre apparence de danger, elles oublient tout le reste pour ne penser qu'à leur enfant.

— Allons, regardez si vous voyez encore, dit-elle en ouvrant la porte.

— Oh ! maman, répondent les enfants, c'est toujours la même Dame, avec la même beauté... Elle sourit !

— Eh ! bien, dit-elle, je vais chercher mes lunettes, peut-être bien qu'avec, je verrai quelque chose.

Elle revint bientôt après, amenant Louise sa servante.

Ce fut en vain qu'elle mit ses lunettes ; elle eut

beau les nettoyer, elle ne distingua que les étoiles du firmament.

Louise, non plus, ne put rien apercevoir.

Alors la mère prenant un ton rude qui ne lui était pas ordinaire, dit à ses enfants :

— Définitivement, vous ne voyez rien ; faut finir de piler vos ajoncs ; vous êtes des petits menteurs et des petits visionnaires.

Tous rentrèrent dans la grange. — Au bout de cinq minutes, la besogne était finie et ils s'en allèrent souper.

Mais dans le trajet, les enfants ne détournaient pas les yeux de la merveilleuse vision.

La belle Dame était à la même place, les regardant avec un doux sourire.

— Oh ! si vous me laissiez libre, dit Eugène, je ne bougerais pas d'ici.....

Mais le père les appelait et ils durent le suivre, quoiqu'il leur en coûtât beaucoup d'obéir cette fois.

Ils s'en allaient lentement, presque à reculons, regardant la belle Dame et répétant avec admiration : Que c'est beau, mon Dieu ! Que c'est beau ! Six heures venaient de sonner au clocher de l'église paroissiale.

Les deux frères Barbedette auraient volontiers sacrifié leur repas du soir, pour demeurer dans la contemplation de la belle Dame dont le doux sourire avait pénétré leur âme innocente et pure, mais l'obéissance les retenait à la maison.

— Soupez bien vite, avait dit leur père et nous verrons ensuite.....

Et les deux jeunes frères, dans leur impatience bien facile à comprendre, ne voulurent même pas s'asseoir pour manger leur soupe.

— Pressons-nous bien vite, Joseph, dit Eugène, pour aller voir si on voit encore.

Et les parents n'avaient pas le courage de blâmer cette légitime curiosité qu'ils ne pouvaient s'empêcher de partager eux-mêmes.

— Puisque vous retournez voir, reprit la pieuse mère, récitez encore cinq *Pater* et cinq *Ave*, mais debout, parce qu'il fait grand froid.

Les enfants sortent bien vite et, fidèles à la recommandation de leur bonne mère, ils récitent aussitôt leur prière.

La belle Dame était encore là, accueillant avec son doux sourire leurs vœux innocents.

Au bout de quelques minutes, ils viennent ensemble en disant à leurs parents :

Ça continue !... ça continue !... c'est toujours pareil !... Ah ! si vous saviez comme c'est beau à voir ! La Dame est grande au moins comme sœur Vitaline de l'école et avec une si belle robe ! une couronne si éclatante !... puis elle nous sourit !...

— Eh bien, dit la mère, puisque vous parlez

de la sœur Vitaline, il faut l'aller quérir. — Les Sœurs valent mieux que vous ; si vous voyez, elles verront bien aussi..... J'y vais avec toi, Eugène...

L'établissement des Sœurs est à une très-petite distance de la grange de Barbedette, de l'autre côté de la rue, à cent mètres au plus du lieu de l'Apparition.

— Vers six heures vingt minutes du soir, dit elle-même la sœur Vitaline, je me trouvais dans la classe où je récitais mon office, quand la mère Barbedette et son fils Eugène sont venus me trouver, me priant d'aller chez eux.

— Nos petits gars, dit la mère, disent qu'ils voient une belle Dame sur la maison de Gustin Lecoq et ni le père, ni moi, nous ne voyons rien.

La Louise est venue aussi, elle n'a pas plus vu que nous.

C'est peut-être bien parce qu'elle n'a pas la vue bonne.

— Je vais bien voir, moi, si c'est ça, car je l'ai très-bonne.

En disant cela, continue la Sœur, je me levai et les suivis en toute hâte.

Rendu à la porte de la grange, Eugène me montra la place où était la vision. J'eus beau ouvrir les yeux, je ne vis rien.

L'enfant insista d'un air contrarié en me disant :

— Comment, ma Sœur, vous ne voyez rien.—

Voyez donc ces trois étoiles qui sont comme un *trépied*. Eh bien! ma Sœur, la grande Dame est au milieu, sa tête touche presque à celle du haut!

— Je vois bien les étoiles, reprit-elle, mais je t'assure, mon pauvre gars, que je ne vois rien.

Et cependant, les enfants l'un après l'autre, quelquefois tous les deux à la fois, décrivaient de leur mieux la merveilleuse apparition.

Un petit quart d'heure environ s'était écoulé. La bonne Sœur prit le parti de retourner à sa maison et la mère Barbedette, en accompagnant la religieuse, dit à ses garçons :

— Voyez-vous bien que vous n'êtes que de petits menteurs; puisque ma sœur Vitaline ne voit pas, vous ne voyez pas non plus, vous alourdez, rentrez à la maison et que je ne vous voie pas sortir... Et vous, ma Sœur, n'en dites mot, je vous prie, car si les gens savaient ça, ils riraient de nous et de nos petits gars : faut seulement pas le dire à vos petites filles de l'école, ça leur ferait encore bien peur (1).

---

(1) Tous ces détails que les enfants de Pontmain aiment à redire à qui les interroge, ont été publiés dès les premiers mois qui suivirent l'Apparition dans une remarquable brochure, que le regrettable abbé Richard, de pieuse mémoire, fit paraître avec l'*Imprimatur* de l'Evêque diocésain.

RÉFLEXIONS.

A la vue de la céleste Apparition, les petits privilégiés de la Sainte Vierge, tout plongés dans une sorte de ravissement, ne savent que répéter ces paroles : Que c'est beau ! que c'est beau !... Tel est également le cri qui s'échappe de toute âme chrétienne à la vue de la vertu, lorsque Dieu lui fait la grâce insigne de la lui montrer dans sa grandeur et sa beauté.

La beauté de la vertu !... hélas ! combien peu d'âmes la connaissent et la comprennent ? Et cependant, il est de notre devoir à tous de vivre vertueusement et l'homme ici-bas ne trouve que dans la vertu son bonheur.

La vertu que saint Bernard appelle la fille de la raison, mais surtout de la grâce, n'est pas autre chose que le consentement volontaire à tout ce qui est bien ; et saint Augustin nous dit que la vertu est l'art de bien vivre.

Telle est bien, en effet, l'idée que nous nous formons de la vertu et, lorsque nous disons d'une personne qu'elle est vertueuse, nous comprenons qu'elle aime le bien, la vérité, la justice et qu'elle met ses efforts à plaire à Dieu par l'accomplissement de sa loi sainte.

L'amour et la pratique de la vertu sont pour toute âme chrétienne d'une nécessité absolue, si elle veut sa sanctification et son salut.

Les païens eux-mêmes avaient compris sa nécessité pour l'honneur de la vie et un de leurs plus fameux philosophes n'a pas craint de dire que celui qui ne cherche pas la vertu avec zèle, est indigne de porter le nom d'homme. Le nom de chrétien demande évidemment un zèle plus grand encore et notre divin Sauveur a résumé tous ses conseils relatifs à la vertu par ces seuls mots : *Cherchez premièrement le règne de Dieu et sa justice :* or ce règne de Dieu,

—, nous le comprenons bien, — ne se cherche et ne se trouve que dans la vertu.

L'excellence de la vertu brille d'un éclat merveilleux et ceux-là même qui la combattent ne peuvent s'empêcher de l'admirer.

La sainte Écriture et les saints Pères ne tarissent pas d'éloges quand ils parlent de cette grandeur de la vertu.

— Ne craignez point, mon fils, disait Tobie : il est vrai que nous menons une vie pauvre, mais nous aurons de grandes richesses, si nous craignons Dieu, si nous nous éloignons de tout péché et que nous fassions le bien.

— La vertu est l'arbre de vie, disent les Proverbes... Celui qui pèche contre la vertu est le meurtrier de son âme, celui qui la hait, aime la mort.

Saint Bernard la compare à un astre brillant et l'homme vertueux à un beau Ciel. — Les vraies richesses, dit-il, ne sont pas l'or et l'argent, mais les vertus ; et saint Ambroise nous donne ce sage conseil : — Si vous cherchez des trésors, prenez ceux que vous trouverez dans la vertu, et non dans les veines de la terre. Les richesses de l'homme, sa vraie vie, c'est la vertu. Avec elle, tout le reste manquât-il, on a tout ; sans la vertu, eût-on toute autre chose en abondance, on n'a rien.

Quant à la beauté de la vertu, il n'y a que ceux qui la connaissent véritablement pour l'avoir héroïquement pratiquée, qui la puissent décrire. Le Saint-Esprit, il est vrai, en a dit lui-même des choses merveilleuses et les saints n'ont fait que répéter ces paroles après les avoir comprises et goûtées. — O vertu ! lisons-nous dans les Proverbes, tes sentiers sont des sentiers ravissants de beauté, toutes tes voies sont remplies de douceur et de tranquillité.

Et les âmes admirables qui ont parcouru ces sentiers en ont été tellement ravies qu'elles n'ont pu se défendre d'en proclamer bien haut les charmes. — Elles l'ont appelée la merveille des merveilles, la beauté des beautés, la fleur des fleurs. Elles ont comparé sa pureté à celle du lis, son éclat à celui de la rose, son parfum à celui de la violette.

Ils ont mieux fait que de chanter ses grandeurs et ses gloires, ils l'ont regardée comme leur seul bien véritable, et la vertu, après avoir été pendant leur vie tout entière leur aimable et douce compagne, les a conduits jusqu'au séjour des bienheureux dont elle est la porte dorée.

D'où vient que nous aimons si peu la vertu dont les charmes sont cependant si pleins d'attraits et de séductions?

Nous l'admirons volontiers dans les autres, et nous ne la recherchons point pour nous-mêmes.

Demandons, ce soir, à la Très-Sainte Vierge, la grâce de mieux comprendre la nécessité, la grandeur et la beauté de là vertu. Le chemin de la vertu, c'est vrai, est à son entrée, rude, escarpé, couvert de rochers et de cailloux, hérissé d'épines, bordé de précipices et de torrents.

Il faut pour y avancer de continuels efforts. Mais quand on a le courage de franchir ces premières difficultés on s'aperçoit de bonne heure que la route s'aplanit; la scène change, ce n'est plus bientôt qu'une délicieuse avenue, éclairée par une douce lumière où l'on ne rencontre plus ni obstacles, ni dangers, mais d'inaltérables jouissances.

Interrogeons, du reste, les âmes qui sont passées du service du monde à celui de Dieu, elles nous diront tous qu'il leur en coûte bien moins pour pratiquer la vertu, qu'il ne leur en coûtait pour vivre dans l'habitude du péché et qu'ils sont mille fois plus heureux en réprimant leurs passions qu'ils ne l'étaient en se laissant entraîner par elles.

PRATIQUE.

Travailler avec zèle à la destruction de nos défauts et de nos vices et à l'acquisition des vertus qui nous manquent.

Nous dire souvent avec saint Augustin que Dieu nous a faits pour lui et que notre cœur sera dans l'inquiétude tant qu'il ne se reposera pas entièrement en lui par la pratique et l'amour de nos devoirs.

Souvenez-vous, etc. (page 21.)

INVOCATION.

O Notre-Dame d'Espérance de Pontmain, priez pour nous, pour la France et l'Église !

DIXIÈME JOUR.

LECTURE.

Sœur Vitaline rentra chez elle par la cuisine.— En ouvrant la porte, sans aucune réflexion et comme pressée par une idée dont elle ne se rendait pas bien compte, elle dit à plusieurs petites pensionnaires qui se chauffaient avant de se mettre au lit :

— Petites, venez par ici ; Victoire, — c'était de ce nom qu'on appelait toujours la mère Barbedette, — Victoire va vous montrer quelque chose.

Les petites pensionnaires se regardaient entre elles et ne répondaient point. — Il était nuit et il faisait un froid très-vif, aucune d'elles n'avait grande envie de sortir. — Françoise Richer, âgée de onze ans, née au Louroux, diocèse de Rennes, faisait surtout beaucoup de difficulté.

— J'ai trop peur, disait-elle.

Elles se décidèrent enfin et suivirent la mère Victoire.

Chemin faisant, elles questionnaient la bonne voisine.

6

— Qu'est-ce qu'il y a? Qu'allons-nous donc voir?

— Venez, mes enfants, leur dit-elle, vous allez voir ; pour moi, je ne sais pas ce que c'est , je n'ai rien vu.

Et ensemble elles se hâtaient vers le lieu de l'Apparition en ouvrant de grands yeux.

La compagne de sœur Vitaline était intriguée de tout ce tapage inaccoutumé, elle s'appelait sœur Marie-Edouard.

Mais, sœur Vitaline, dit-elle , que faites-vous donc, vous et les enfants ?

— Les petits garçons Barbedette , répondit la bonne Sœur, disent qu'ils voient une belle grande Dame. Je viens d'envoyer les petites filles avec la mère Victoire, pour voir si elles verront quelque chose, elles aussi.

La sœur Marie-Edouard supplia sa compagne de revenir avec elle et toutes les deux se hâtèrent vers le petit groupe d'enfants réunis devant la grange.

Les petites écolières les précédaient, conduites par la mère Victoire.

A quelques pas de l'école, Françoise Richer s'écria :

— Je vois quelque chose sur la maison de Guidecoq, mais je ne sais pas ce que c'est.

Eugène avait entendu les pas et la voix de sa mère et de ses petites voisines.

— Accourez donc, accourez donc, criait-il !

Françoise Richer et sa compagne Jeanne-Marie Lebossé, de Gosné, du diocèse de Rennes, joignirent bientôt les enfants Barbedette.

— Oh! la belle Dame ! la belle Dame ! s'écrièrent à leur tour les enfants ; oh ! la belle robe bleue, les belles étoiles d'or !...

La troisième pensionnaire ne vit rien de toute la soirée.

— Mais, que voyez-vous, mes enfants ? dit la sœur Marie-Edouard.

Et tous les quatre à la fois, c'est-à-dire, les deux enfants Barbedette et les deux petites écolières que nous avons nommées, répondirent :

— Oh ! ma Sœur, nous voyons une belle Dame qui a une robe bleue, des étoiles dorées sur sa robe, des chaussons bleus avec des boucles d'or, une couronne dorée qui va en s'élargissant, et un petit fil rouge au milieu, sous la couronne un voile noir qui lui cache presque la moitié du front, et lui tombe par derrière jusqu'à la ceinture.

— Décidément, dit le père Barbedette, qui était resté rêveur pendant tout ce temps, décidément, il y a quelque chose ; puisque petites filles et garçons disent tous seulement pareil !

— Eh bien, dit la sœur Marie-Edouard qui était gagnée par l'émotion, quoiqu'elle ne vît rien, pas plus que sa compagne, puisque ces enfants voient, il faut aller chercher M. le curé.

Le digne prêtre que je vous ai fait connaître, mon enfant, était à réciter ses dernières prières du soir avant de prendre son repos de la nuit.

— Monsieur le curé, dit la Sœur en abordant le digne pasteur, venez donc chez Barbedette, il y a un prodige, une apparition..... Les enfants voient la sainte Vierge...

— Un prodige! — Une apparition!..... La sainte Vierge!...., répétait le bon vieillard tout bouleversé, ma Sœur, vous me faites peur!.....

Et il restait immobile. Mais la vieille Jeannette, la servante du curé, qui avait entendu le rapide récit de la Sœur et qui voyait l'émotion de son bon maître, reprit sur-le-champ :

— Oh! mon Dieu! Quoi! la sainte Vierge dans le pays!

Quelle bénédiction!... Faut aller voir!... Et tout en parlant, la vieille et fidèle servante cherchait son chapelet, sa mante et sa lanterne.

— Dépêchons-nous, monsieur le curé, il faut voir ça.

La porte du presbytère se ferma et le bon curé, accompagné de sa vieille Jeannette et de la religieuse, hâta le pas vers la grange de Barbedette.

Pendant ce temps, sœur Vitaline, entourée des enfants et d'autres personnes, qui étaient accourues de tous côtés, récitait debout au milieu du chemin, le chapelet des martyrs japonais, et tout ce monde répondait pieusement dans les sentiments de la plus grande piété.

— La voyez-vous encore? criait de loin aux enfants, la sœur Marie-Edouard.

— Holà oui ! ma Sœur, répondirent-ils.

Le bon curé arrivait tout ému au milieu de ce groupe émerveillé.

La céleste vision ne parut point aux yeux du vénérable vieillard, qui loin de s'en plaindre reconnut, en toute humilité, qu'il était peut-être bon qu'il ne fût point favorisé de ce grand privilége.

— Si Dieu m'avait fait cette grâce, a-t-il dit mainte fois depuis ce jour, il n'aurait pas manqué de personnes qui m'eussent accusé d'avoir fait la leçon aux enfants et qu'il y avait entente entre nous.

A ce moment-là même, une femme du voisinage nommée Boitin, attirée par le bruit, accourt elle aussi, portant dans ses bras sa petite fille âgée de deux ans et un mois.

Elle n'était pas plutôt arrivée, que la petite Augustine, — c'était le nom de l'enfant, — se prit à battre des mains et à sourire de joie , en regardant elle aussi au-dessus de la maison d'Augustin Guidecoq.

— Le Jésus ! Le Jésus ! s'écria-t-elle, en agitant ses petits bras.

6.

Sa mère, dit-on, cherchait inutilement à la distraire et à lui montrer d'autres objets ; toujours ses regards et ses petites mains se tournaient vers l'apparition et ses traits innocents étaient empreints de la plus douce allégresse.

— Voyez-vous la petiote, dit une voix ! Ah ! oui, c'est bien la bonne Vierge !

La belle Dame était toujours là, en effet, invisible à toute cette foule assemblée, mais souriant aux jeunes enfants qui ne cessaient de manifester leur joie et leur bonheur en s'écriant :

— Ah ! que c'est beau ! — Comme elle est belle !

La présence de leur bon curé ne fit qu'encourager la ferveur de ces heureux témoins de la merveilleuse apparition.

Ils continuaient donc à prier et le vieux prêtre mêlait sa voix grave à celles de ses chers paroissiens.

Tout-à-coup, les enfants, qui ne quittaient pas de leurs regards émerveillés la belle Dame, s'écrient tous ensemble :

— Oh ! voilà quelque chose qui se fait !

— Que voyez-vous ? demande le bon curé.

— Oh ! monsieur le curé, répondent les enfants d'un commun accord, il y a un grand cercle ; il est bleu comme la robe, en long, large comme la main et il entoure, dans toute son étendue, la

Dame comme dans un cadre très-beau. Oh! que c'est donc beau!...

— Mais, continuent-ils, il y a encore autre chose, sur le cadre il y a quatre bougies à l'intérieur ; elles sont placées deux à la hauteur de ses épaules, à droite et à gauche, et deux à la hauteur des genoux de la Dame comme celles qui sont dans l'église, autour du cercle qui encadre la statue de la sainte Vierge.

Les assistants étaient tous singulièrement impressionnés. En entendant le récit de ces quatre enfants, dont ils voyaient les traits rayonnants de franchise et de bonheur, ils se rappelèrent que le vénéré pasteur avait pour habitude de faire allumer quatre bougies à l'autel de la sainte Vierge dans les pieux exercices du dimanche soir. Et puis la robe bleue semée d'étoiles d'or de la belle Dame leur rappelait encore la voûte de leur modeste église que le digne prêtre avait ornée avec tant de bonheur et au prix de grands sacrifices.

A ce même instant, sur la poitrine de la belle Dame, à l'endroit du cœur, se dessine une petite croix rouge de la longueur du doigt; les *quatre enfants* l'aperçoivent en même temps et la signalent dans les mêmes termes.

Le nombre des curieux allait toujours croissant. Près de cinquante personnes entouraient les enfants, leur adressant mille questions auxquelles ils répondaient de la manière la plus assurée, et sans se contredire un seul instant.

La plupart étaient fortement émus et se demandaient dans le plus grand silence ce que signifiait ce mystère.

Quelques-uns voulurent en rire et l'un des assistants dit même à Eugène :

— Tu vois, toi, mon garçon, pourquoi ne verrais-je pas moi aussi? Va, si j'avais des lunettes ou un mouchoir de soie, je verrais aussi bien que toi.

— Ah ! répondit la mère d'Eugène, rien de plus facile ; tu demandes un mouchoir de soie, j'en ai justement un chez nous.

Elle revint au bout de quelques minutes apportant un foulard.

— Allons, essayez, dit-elle, en le remettant au mauvais plaisant.

Celui-ci prend alors ce mouchoir et se met à regarder en travers.

Il le lève, l'abaisse, le retourne, mais c'est en vain.

— Il regarda à travers son mouchoir, dit Jeanne-Marie, mais il ne vit rien en tout. — Il était encore plus bouché.

Les assistants ne purent s'empêcher de rire et de le plaisanter.

— Ah ! dit Eugène qui se trouvait alors au mi-

lieu de la foule, voilà qu'elle tombe dans la tristesse.

Les autres enfants virent également que le sourire si doux de la belle Dame avait fait place à un
air de grande peine.

Le visage de la céleste vision reprit sa bonté, sa
douceur et sa sérénité, lorsque le silence se fit
dans ces âmes un instant distraites par cet incident
que nous venons de raconter.

C'est alors que le bon curé qui venait d'entrer
dans la grange dit à ses paroissiens :

— Les enfants sont les seuls à voir, mes bons
amis, c'est qu'ils en sont plus dignes que nous.

— Mais, monsieur le curé, dit alors la sœur
Marie-Edouard, si vous parliez à la sainte Vierge?

— Hélas ! reprit le bon vieillard, d'une voix
émue et dans un sentiment de profonde humilité :
je ne la vois pas, que pourrais-je lui dire ?

RÉFLEXIONS.

Dans ses mystérieuses apparitions, ce n'est point à des
puissants de la terre, à des riches, à des savants que la
Sainte Vierge daigne se montrer ; elle ne choisit même pas
pour ses témoins ici-bas, les hommes que leur caractère
sacré et leurs vertus rendent plus vénérables et plus dignes
des regards du Ciel et de la terre... Non ! Elle va trouver,
au milieu de leurs humbles travaux, le plus souvent, de
pauvres enfants qui n'ont de remarquable que leur simplicité, leur candeur et leur faiblesse parfois.

Ainsi — nous le savons —, faisait le divin Sauveur pendant les jours de sa vie mortelle. Il aimait les enfants, il les appelait à lui pour les caresser et les bénir ; il les montrait avec complaisance à ses disciples en leur disant :

Si vous ne ressemblez à ces enfants, vous n'aurez point de part au royaume du Ciel.

D'où viennent ces divines préférences du divin Sauveur et de sa Sainte Mère, pour l'enfance et la jeunesse ? Ah ! c'est que Jésus et Marie aiment l'innocence, apanage sacré de cet heureux âge, trésor incomparable que trop souvent on dédaigne dans le reste de la vie au grand détriment de notre bonheur du temps et de l'éternité.

Tous nous sommes appelés à vivre dans la pureté du cœur, parce que tous nous sommes les temples du Saint-Esprit. — Ne savez-vous pas, dit le grand Apôtre, que vous êtes les temples de Dieu et que l'Esprit-Saint habite en chacun de vous ? — Si donc quelqu'un profane le temple de Dieu, Dieu le perdra, car le temple de Dieu est saint et vous êtes ce temple. — Et ailleurs : — Ne savez-vous pas que vos membres sont les membres du Christ, que vos corps sont les temples de l'Esprit-Saint qui est en vous et que vous n'êtes point à vous ? Car vous avez été rachetés à un grand prix... Glorifiez donc et portez Dieu dans vos corps.

Cette pureté du cœur que nous recommande saint Paul, fait de l'homme un Ange, selon l'expression de saint Ambroise. Ce que ces esprits célestes sont par nature et par grâce, l'homme au cœur pur le devient par la vertu et les triomphes qu'elle lui procure chaque jour sur les penchants de sa nature. Et Dieu se plaît à contempler cette pureté du cœur conservée ou acquise au prix quelquefois de grands sacrifices et d'héroïques efforts.

La pureté, dit saint Anselme, fait que l'homme s'approche de Dieu avec une religieuse familiarité et que Dieu s'approche de l'homme avec une admirable condescendance.

Aussi, qu'ils sont beaux les accents des Pères de l'Eglise quand ils ont voulu célébrer le bonheur et la sublimité de la pureté de l'âme !

L'innocence, ont-ils dit, c'est la joie, la tranquillité, le repos !... Elle efface la blancheur du lis et la douce clarté de l'aurore ; elle l'emporte sur la sérénité d'un ciel pur et sans nuage et sur l'éclat de l'émeraude. L'innocence ! c'est plus que le sourire des anges, plus que le regard immaculé de Marie ; c'est un rayon des beautés de Dieu qui tombe sur l'âme, l'illumine et en fait l'égale des anges.

— Qui pourrait dire la beauté d'un cœur pur, s'écrie Bossuet ! Une glace parfaitement nette, un or parfaitement affiné, un diamant sans aucune tache, une fontaine parfaitement claire, n'égalent pas la beauté, la netteté d'un cœur pur ! Qu'elle est belle, qu'elle est ravissante, cette fontaine incorruptible d'une âme innocente ! Dieu se plaît à s'y voir lui-même, comme dans un beau miroir : il s'y exprime lui-même dans toute sa beauté.

Pour l'âme chaste, se vérifie, dès ici-bas, la promesse du saint Évangile : Heureux ceux qui ont le cœur pur, car ils verront Dieu. Oui, l'âme pure est, pour ainsi dire, douée d'un sens divin qui n'existe pas chez l'âme ensevelie dans la matière et disgraciée par le vice impur. Cette âme voit Dieu, ou plutôt elle le goûte, elle le sent dans la prière, dans la fréquentation des sacrements, dans tous ses rapports avec lui, par l'abondance et la suavité des divines consolations dont il se plaît à l'enivrer.

Le vice opposé à la vertu de pureté, au contraire, dégrade l'homme et l'assimile à la brute ; il souille son âme, l'avilit et la rend un objet de dégoût et d'horreur pour Dieu. Rappelons-nous donc toujours que tous les trésors de la terre ne sont pas dignes d'être mis en parallèle avec une âme pure et innocente ; aimons cette pureté du cœur qui nous rend si agréables à Dieu et qui dès ici-bas procure des joies si douces !

N'oublions pas, non plus, les moyens que Jésus-Christ lui-même nous a donnés pour la conservation de ce trésor que nous portons dans des vases fragiles : la vigilance et la prière ! Et puis demandons souvent à Marie, la Reine des Vierges, qu'elle nous garde bien purs et bien chastes.

PRATIQUE.

Éviter avec un grand soin tout ce qui peut porter atteinte à la pureté de notre âme. Veiller et prier pour ne pas tomber dans la tentation et demander souvent à la Sainte Vierge qu'elle daigne garder bien pur notre esprit, notre cœur et notre corps.

Souvenez-vous, etc. (page 21.)

INVOCATION.

O Notre-Dame de Pontmain, priez pour nous, pour la France et l'Église !

ONZIEME JOUR.

LECTURE.

Le bon curé de Pontmain n'avait pas osé, dans sa touchante humilité, parler à la sainte Vierge, comme on le lui demandait, mais il s'était mis en prière et il invitait tous les assistants à redoubler de ferveur.

Ce saint prêtre comprenait bien que prier Marie, c'est lui parler et que la plus humble demande de sa part, en cette touchante circonstance, n'eût [pas valu un bon *Ave Maria*.

Tout ce monde priait donc, les larmes aux yeux et la confiance au cœur.

A genoux sur le seuil de la petite porte verte de la grange, sœur Marie-Edouard récitait le chapelet :

— Je vous salue, Marie, pleine de grâce, le Seigneur est avec vous, vous êtes bénie entre toutes les femmes et Jésus le fruit de votre sein est béni.

Et les pieux assistants répondaient tous d'une voix émue :

— Sainte Marie, Mère de Dieu, priez pour nous !...

Quelle scène sublime dans sa simplicité ! dit un écrivain :

Au premier plan, près du seuil de la grange, étaient les enfants, les mains jointes, les yeux tout grands ouverts, et recevant de plein cœur la mystérieuse lumière qui jaillissait de l'apparition et que réverbéraient leurs naïves figures.

Sur le second plan, dans l'intérieur de la grange ouverte, était le groupe des hommes, des femmes et des religieuses, et au milieu de ce groupe le vénérable pasteur de Pontmain prosterné jusqu'à terre.

Et plus loin, dans la pénombre, les bestiaux de Barbedette ruminant en silence.

Ne se croirait-on pas transporté à cette nuit mémorable où les bergers de la Judée avertis par des anges environnés d'une lumière divine, vinrent adorer Jésus dans l'étable de Bethléem ! (1)

Pendant la récitation du chapelet, la belle Dame sembla monter et grandir d'une manière très-sensible aux yeux des petits Voyants.

— Elle est, dirent tous les enfants, elle est maintenant deux fois grande comme sœur Vitaline.

_____

(1) N. B. Chauvelot. *(Revue du Monde catholique.)*

Le cercle bleu qui lui servait de cadre s'élargit également dans les mêmes proportions.

Les étoiles *du temps*, dirent les enfants, viennent se ranger sur le passage de la belle Dame et deux à deux se placent sous ses pieds !...

— C'est comme une foule nombreuse qui se range dans une rue, quand une voiture vient à passer...

Et pendant ce temps, les étoiles se multiplient sur la robe bleue de la belle Dame.

— C'est comme une fourmilière, crient les heureux Voyants, en témoignant leur joie naïve...

En voilà-t-il ! en voilà-t-il !... ça se tape sur sa robe comme des grains de sable... Elle est bientôt toute dorée...

Sœur Marie-Edouard, pour rendre hommage à l'auguste Vierge Marie qui se manifestait de plus en plus, entonna le *Magnificat*, en témoignage de reconnaissance et d'amour.

Elle avait pris le grand ton de Bretagne, disent les petits Voyants.

A peine avait-elle chanté le premier verset que les quatre enfants s'écrièrent tous ensemble :

— Voilà encore quelque chose qui se fait. — Voilà un bâton... c'est comme un jambage d'M comme dans les livres.

Un grand écriteau blanc, large d'environ un mètre et demi, long de près de dix mètres, avait au même instant apparu au-dessous des pieds de la belle Dame et du cercle bleu. Il s'étendait sur toute la maison d'Augustin Guidecoq, d'une cheminée à l'autre.

Il semblait aux enfants qu'une main invisible, traçait lentement, sur ce fonds d'une éclatante blancheur, de beaux caractères d'or.

Le chant du *Magnificat* fut interrompu quelques minutes.

Pendant ce silence la première lettre était formée :

— C'est un M, dirent les enfants ;

Puis :

— Voilà une autre lettre qui commence... C'est un A...

Ils ne quittaient pas des yeux le point du ciel où ils voyaient ces merveilles, et c'était à qui nommerait, le premier, la belle lettre d'or.

— Ils épelèrent ensuite un I et un S.

Le mot MAIS était écrit en grosses lettres d'or semblables, dirent les petits Voyants, aux majuscules qui sont dans les livres.

Il est à remarquer que les enfants n'étaient pas en ce moment les uns près des autres ; les sœurs et d'autres personnes séparaient les petits garçons des deux petites filles (1).

(1) *L'Evénement de Pontmain*, par M. l'abbé Richard. Notes de M. l'abbé Guérin.

L'émotion la plus vive — on le conçoit facilement — avait gagné tous les cœurs; les plus indifférents jusque-là se sentaient bouleversés.

En ce moment vint à passer un habitant du bourg qui revenait d'un voyage dans les environs de Laval. Tout surpris de ce rassemblement à pareille heure et des chants qu'il venait d'entendre, il s'approche.

— Ah! vous n'avez qu'à prier, dit-il, les Prussiens sont à Laval!

La nouvelle était fausse, il est vrai ; mais cette annonce, qui eût fait trembler en un autre instant, ne fit pas grande impression sur ces cœurs tout entiers à la joie et à la confiance.

— Eh bien! répondit une des assistantes, quand les Prussiens seraient à la porte du village, nous n'aurions pas peur maintenant; la Sainte-Vierge n'est-elle pas avec nous !

Le nouveau venu entre dans la grange ; on lui raconta en quelques mots la merveilleuse histoire, et tout ému d'un semblable événement, il se mit à genoux et pria de grand cœur.

Et pendant ce temps les fidèles continuaient à chanter le beau cantique de Marie.

RÉFLEXIONS.

Pendant que la belle Dame au gracieux sourire se montre aux yeux ravis de ses petits privilégiés la foule émue qui les entoure et les admire ne cesse de prier dans un saint recueillement et avec une ferveur angélique ; et la sainte Vierge accueille avec une complaisance maternelle qui n'échappe point aux regards des heureux enfants, les pieux accents de foi, d'humilité, de confiance et d'amour de ce bon peuple.

Et nous aussi, nous devons en toute circonstance, recourir à la prière si nous voulons que le Ciel daigne sourire à notre âme au milieu de ses peines, de ses angoisses et de ses tentations. La prière, — nous le savons bien, — est un de nos plus importants devoirs, on peut même dire qu'il les résume tous en nous les rendant non-seulement possibles, mais encore faciles et doux.

Notre divin Sauveur nous a dit à ce sujet toute sa pensée, et il a même tenu à nous la répéter en maintes circonstances.

Ces divines recommandations sont assez présentes à notre esprit pour qu'il ne soit pas nécessaire de les rappeler ce soir ; mais ce que nous oublions plus facilement c'est la manière dont nous devons nous acquitter de cette grande et sainte obligation.

Bon nombre d'âmes prient chaque jour, quelques-unes même adressent au Ciel de longues prières ; nous tous, enfants de Marie, nous regarderions comme une faute grave et humiliante toute négligence sérieuse dans cet important devoir, mais il faut l'avouer à notre confusion, nous prions trop souvent bien mal. Nous n'ignorons pas que la prière est une élévation de notre esprit et de notre cœur vers Dieu, que nos lèvres ne doivent être que l'écho de nos pensées et de nos sentiments et que c'est à cette seule prière que notre divin Sauveur a fait de si merveilleuses promesses ; et cependant, que de fois ce pieux exercice n'est chez nous que le mouvement de notre bouche

sans que l'esprit et le cœur y prennent la plus petite part !
Notre imagination erre sur mille objets divers, notre âme
froide et insensible ne dit rien à Dieu et nous sommes tout
étonnés de ne trouver dans nos demandes ni consolation
ni succès. — Bien vite nous serions tentés de reprocher au
Ciel de rester sourd à nos vœux, et nous ne voulons pas
comprendre que c'est bien plutôt à Dieu de blâmer notre
légèreté et notre insouciance !...

Efforçons-nous donc de bien comprendre que la prière
est un cri d'humilité, de confiance et d'amour. — Prier,
c'est se séparer des créatures et quitter la terre pour s'approcher de Dieu et contempler le Ciel ; c'est faire trêve
avec toutes les vaines préoccupations de la vie présente
pour se souvenir de Dieu seul et s'entretenir cœur à cœur
avec lui. — Prier, c'est implorer son pardon, c'est rendre
grâce à Dieu pour tous ces grands bienfaits, c'est lui
demander de nouvelles faveurs.

Oh ! si telle était notre prière, quelle lumière, quelle
consolation, quelle force nous puiserions dans ce saint
exercice !

Au lieu d'être pour nous trop souvent pleine de dégoût
et d'ennui, l'heure que nous passons à prier serait de
toutes les heures de notre journée la plus douce et la plus
agréable.

Nous comprendrions alors la joie des saints, quand ils
pouvaient dérober à leurs occupations et à leurs travaux,
quelques instants de recueillement et de prière, et leur
langage quand ils parlent de ce pieux exercice nous paraî-
trait moins étrange.

Appliquons-nous à bien prier et nous puiserons dans ce
saint exercice des consolations ineffables. La prière, en
effet, n'est pas seulement une nécessité de précepte divin,
elle est encore un besoin de notre cœur. Elle est l'instinct

qui porte la souveraine misère à s'approcher de la souveraine bonté, l'indigence à recourir à l'immense richesse.

Vis-à-vis de Dieu telle doit être notre prière, c'est-à-dire le cri d'une âme qui remercie, qui invoque, qui demande grâce, qui adore, qui aime, qui se confie et qui se donne...

Oh ! que la prière est douce quand elle est ainsi comprise. Elle devient dès lors une conversation intime de l'âme avec son Dieu, un épanchement du cœur dans le cœur du Père qui est dans les Cieux, une confidence d'un ami à son ami céleste et c'est bien là cette prière dont parle le Seigneur au prophète Jérémie quand il lui dit : *Vous m'appellerez et vous reviendrez, et moi je vous exaucerai. Vous me chercherez et vous me trouverez, parce que vous m'avez cherché de tout votre cœur.*

Puissions-nous tous demeurer convaincus de cette puissance de la prière humble, attentive, confiante et persévérante !

O Marie, vous dont toute la vie fut une oraison continuelle, une aspiration incessante vers Dieu, obtenez-nous cet esprit de prière dont nous avons un si pressant besoin et que nous comprenons à peine. — Au cénacle vous avez daigné unir votre voix à celle des Apôtres pour demander à votre divin Fils l'accomplissement de ses promesses; ce soir, ô bonne Mère, daignez encore prier pour nous et avec nous, et puissions-nous obtenir par votre puissante et maternelle intercession, que toutes nos prières montent vers le Ciel comme un encens d'agréable odeur.

PRATIQUE.

Suivre toujours le conseil du Saint-Esprit qui nous dit de préparer notre âme avant de nous mettre en prière. Eviter avec un grand soin toutes les distractions qui viennent nous troubler dans ce saint exercice. — Ne jamais oublier que la prière n'est pas seulement un mouvement des lèvres, mais le cri du cœur.

Souvenez-vous, etc. (page 21.)

INVOCATION.

O Notre-Dame d'Espérance de Pontmain, priez pour nous, pour la France et l'Eglise !

DOUZIÈME JOUR.

LECTURE.

— A la fin du *Magnificat*, a raconté la sœur Vitaline, les enfants lisaient sur le grand écriteau blanc placé sous les pieds de la belle Dame, en dehors du cercle, ces mots :

MAIS PRIEZ, MES ENFANTS.

Je les interrogeai, continue la bonne Sœur, les fis épeler et assembler les mots plusieurs fois devant tout le monde, il n'y eut jamais d'hésitation, encore moins de contradiction. Quand chaque lettre finissait, tous les quatre d'une même voix nommaient cette lettre.

Ces lettres dorées, dit la même religieuse, étaient toutes à peu près de vingt-cinq centimètres et se formaient l'une après l'autre, aussi promptement qu'une main humaine aurait pu le faire. Seul le mot MAIS fut plus long à se former.

Tout le monde ressentait une émotion profonde. Il n'y avait plus d'incrédules, la plupart de ces gens pleuraient de joie.

La belle Dame souriait toujours.

Il était environ sept heures et demie.

Le froid devenait de plus en plus piquant et puis bon nombre des pieux assistants commençaient à se fatiguer, car depuis longtemps déjà, ils se tenaient debout, quelques-uns les pieds dans la neige, et cependant aucun d'eux ne voulait quitter la place et rentrer dans sa demeure.

Seule, une femme avant la formation des lettres d'or sur l'écriteau blanc avait voulu se séparer du groupe tout en cherchant, dit-on, à entraîner quelques personnes à sa suite.

— Bah ! disait-elle, en ricanant, ces enfants ont la berlue ; moi je ne vois rien et je verrais aussi bien qu'eux. Je m'en vais chez moi, d'autant qu'il y fait meilleur qu'ici. Bien sûr, que ces enfants affolent ou que la vue leur belluette.

A peine avait-elle fait quelques pas qu'elle sentit ses jambes fléchir sous elle, elle tomba dans la neige, et ne se releva qu'avec difficulté.

Elle crut voir, dans cette chute, une sorte de punition et, honteuse de son incrédulité, elle revint auprès des enfants, priant avec ferveur et humilité (1).

On ouvrit enfin le grand portail de la grange, dans laquelle soixante personnes environ trou-

_____

(1) Vie de M. Michel Guérin

vèrent un abri, et à l'entrée on mit des chaises sur lesquelles les enfants prirent place.

Ils se levaient souvent pour manifester par des gestes animés et expressifs les sentiments d'admiration que leur inspirait le spectacle de la vision qu'ils avaient seuls le privilége de contempler.

— Il faut, dit alors le vénérable curé, chanter les litanies de la sainte Vierge et la prier de manifester sa volonté.

Sœur Marie-Edouard entonna le *Kyrie* et un certain nombre des assistants répétait ces invocations. Au moment où elle prononçait ces mots : *Sancta Maria*, elle est interrompue par la voix des enfants qui, debout près de leurs chaises, criaient tous ensemble :

— Ça change encore, Monsieur le Curé ! Voici de nouvelles lettres : un D, puis un I, un E, un U.

Et la main qui écrivait restait invisible.

Les quatre Voyants épelèrent de nouveau les lettres et tous à la fois. Et cependant on continua le chant des litanies et à mesure qu'on avançait vers la fin des invocations à la Reine du Ciel, des lettres nouvelles s'ajoutaient aux précédentes. A l'*Agnus Dei* la phrase était complète. Un gros point terminait la ligne — il ressemblait à un soleil, dirent les enfants.

DIEU VOUS EXAUCERA EN PEU DE TEMPS.

Plusieurs fois, à la prière du curé et des nombreux témoins de cette scène merveilleuse les petits enfants relurent l'inscription entière et ils ne se contredirent en aucune façon.

On devine aisément la joie des assistants à la pensée que la belle Dame qu'ils saluaient tous déjà du nom de Vierge Marie leur adressait une semblable promesse de miséricorde.

Pauvres gens! ils avaient si grand besoin d'espérer dans ces tristes jours! Aussi, des acclamations joyeuses se firent entendre.

Les uns pleuraient de joie, d'autres priaient à haute voix. Tous étaient au comble de l'allégresse. Et la belle Dame regardait les enfants et souriait de son plus doux sourire.

— Voilà qu'elle rit, s'écriaient-ils, en souriant eux-mêmes avec bonheur, voilà qu'elle rit.

On chante alors l'*Inviolata*, cette belle prière que saint Bonaventure a composée en l'honneur de la Sainte Vierge qu'il aimait d'un si tendre amour.

Pendant ce chant, de nouvelles lettres se formèrent sur le même écriteau blanc, mais sur une seconde ligne.

Dans sa naïve simplicité, Jeanne-Marie Lebossé, se tournant vers les sœurs, dit :

— Un M! la bonne Vierge va bien sûr écrire encore : Mais priez, mes enfants. — Elle croit peut-être qu'on n'a pas pu la lire.

Au moment où l'assistance chantait ces paroles : *O Mater alma Christi charissima*, les petits Voyants épelèrent, lettre par lettre, ces mots : MON FILS.

Il y eut dans cette foule une émotion indicible.

— C'est bien la sainte Vierge, disent les enfants.

— C'est elle ! répéta la foule.

La belle Dame indiquait elle-même, en effet, qu'elle était vraiment la Mère de Dieu, la Reine du Ciel et de la terre.

Le *Salve Regina* fut entonné après le chant de l'*Inviolata ;* de nouvelles lettres se formèrent et les enfants lurent :

MON FILS SE LAIS.

Sœur Vitaline qui était assise au milieu d'eux, leur dit alors :

— Mon fils se lais !... Mais cela n'a pas de sens.
— Regardez donc bien, il ne doit pas y avoir d'I, Il y a *las...* Regardez donc bien.

— Non, ma Sœur, il y a *lais*, c'est bien un I.
— Mais, continuent-ils, attendez, voilà encore un autre S et un E.

— Eh bien ! c'est ça, voyez-vous, mes enfants,

il ne doit pas y avoir d'I et ça doit être : Mon fils se *lasse*.

— Mais, ma Sœur, reprennent les enfants, ce n'est pas tout encore, voilà des lettres.

Avant la fin du *Salve Regina*, ils lurent :

MON FILS SE LAISSE TOUCHER.

Un grand trait doré comme les lettres, se forma lentement au-dessous de cette seconde ligne.

— Tous les assistants étaient si joyeux, rapporte la bonne sœur Vitaline, qu'à peu près tous pleuraient d'émotion.

Nous allons donc avoir la paix, disaient-ils. Les Prussiens vont partir... Nos fils seront sauvés...

Les chants avaient cessé, continue-t-elle. Les assistants émus et recueillis écoutaient attentivement les quatre enfants qui lisaient, relisaient l'inscription complète :

— Après l'avoir fait lire plus de cinquante fois, dit encore la sœur Vitaline, M. le curé nous dit de chanter le cantique :

Mère de l'espérance!

Pendant ce chant, la sainte Vierge qui avait eu les mains tendues et baissées comme dans la médaille miraculeuse, éleva les bras à la hauteur des épaules, en agitant un peu les doigts et souriant aux enfants.

— Voilà qu'elle rit... voilà qu'elle rit, s'écriaient les quatre Voyants.

Et, continue la bonne religieuse, ils sautaient joyeusement, battaient des mains en répétant cent fois avec une expression qu'on ne peut rendre :
— Oh ! qu'elle est belle !... Oh ! qu'elle est belle !..

— On aurait voulu sauter jusqu'à elle, dit une des petites filles.

Et Eugène ajouta :

— Oh ! si j'avais eu des ailes comme un petit oiseau !...

Les assistants riaient et pleuraient tout à la fois. Ils voyaient sur ces visages d'enfants si expressifs et si sincères, comme un reflet du sourire céleste qui leur causait ces transports de joie.

Vers la fin du cantique qui a huit strophes, l'inscription restée complète environ dix minutes disparut. Il sembla aux enfants qu'un rouleau *couleur du temps*, comme ils le disaient, passant rapidement sur les lettres, les dérobait successivement à leurs yeux :

On chanta alors le pieux cantique :

Mon doux Jésus ! enfin voici le temps, etc.

La figure des enfants prit, dans le cours de ce cantique, une expression de peine profonde.

— Voilà, s'écrièrent-ils, sans détacher les yeux de la céleste vision, voilà qu'elle retombe dans la tristesse !. .

Puis tout-à-coup :

— Ah ! voilà encore quelque chose qui se fait !...

RÉFLEXIONS.

Parmi les apôtres, — nous le savons, — il s'en est trouvé un qui pendant quelques jours fut incrédule ; je ne croirai pas, avait-il dit, si je ne vois de mes yeux. Après avoir vu suivant son désir, il ajouta foi comme les autres et Notre-Seigneur lui adressa cette parole : *Parce que tu as vu , tu as cru : Bienheureux ceux qui n'ont point vu et qui ont cru.*

Dans la foule qui entoure les heureux enfants de Pontmain, une femme se trouve également qui, tandis que tous les autres assistants se prosternent dans le recueillement et la prière, proclame à haute voix son incrédulité à l'endroit du fait merveilleux de l'apparition et se rit même de leur foi touchante. Nous avons vu comment elle revint de son erreur.

La foi, cette vertu surnaturelle par laquelle nous croyons à Dieu et à tout ce que l'Eglise nous propose de croire, est encore, grâce au Ciel, vivante au fond de bien des cœurs, malgré toutes les attaques qu'elle subit à notre triste époque, et il n'est personne parmi nous qui ne regarde comme son plus précieux trésor ce grand don de la Foi. Mais l'Esprit de foi nous fait malheureusement trop défaut et il est bon de nous redire, ce soir, aux pieds de notre bonne Mère du Ciel, en quoi consiste cette vertu et quels sont ses précieux avantages.

L'esprit de foi consiste dans une conviction assez profonde et assez vive des vérités de notre sainte religion, pour que l'on en porte partout avec soi l'impression salutaire. Cet esprit de foi doit être la vie de l'âme et la règle de toute sa conduite, comme l'âme elle-même est la vie du corps et le principe de tous ses mouvements.

Voilà ce que saint Paul appelle vivre de la foi ; voilà ce qui fait le véritable juste. Dans un cœur animé de cet esprit, la foi ne doit pas se manifester seulement par quelques actes passagers, mais elle doit diriger tout l'ensemble de notre vie. Elle doit circuler, comme le sang dans nos veines, dans toutes nos pensées, toutes nos paroles, toutes nos œuvres ; elle doit pénétrer, vivifier, transformer toute notre vie. C'est en nous laissant ainsi diriger et soutenir par l'esprit de Dieu que nous serons ses enfants et des enfants dignes de lui, selon le langage de saint Paul (1).

Quand le fidèle est ainsi pénétré de l'esprit divin, ce n'est plus lui qui vit, c'est Jésus-Christ qui vit en lui et qui devient véritablement son roi : roi de son intelligence, il règne sur ses pensées ; roi de sa volonté, il en règle tous les mouvements ; roi de son cœur, il en dirige les affections et ces affections il les tourne vers lui centre de tout amour véritable.

Quant aux avantages de l'esprit de foi, ils sont tellement précieux, que l'âme qui le possède acquiert sur elle-même d'abord, puis sur Dieu ensuite, une puissance vraiment étonnante.

L'esprit de foi nous rend tout puissants sur nous-mêmes en éclairant notre esprit et en fortifiant notre cœur. Et quel temps fut jamais plus que le nôtre une époque de ténèbres affreuses et de défaillances terribles !

Que d'erreurs funestes sont aujourd'hui répandues jusqu'au fond de nos campagnes les plus tranquilles et les plus chrétiennes ? Que de préjugés insensés viennent ébranler les convictions les mieux enracinées, semblait-il,

____

(1) Le R. P. Chaignon dans son bel ouvrage : *Méditations Sacerdotales.*

et détruire ainsi peu-à-peu le christianisme du fond des cœurs ? Et dans cette confusion déplorable du vrai et du faux, du juste et de l'injuste, du bien et du mal, que de naufrages pour une foule de pauvres âmes qui se perdent à tout jamais ?

Quant à l'abaissement des caractères et à l'affaiblissement de la moralité, notre siècle en est arrivé à un tel point que le scandale règne partout en maître et que l'on trouve aujourd'hui des excuses pour les iniquités les plus monstrueuses et la licence la plus éhontée.

Quel peut donc être au sein de ces profondes ténèbres, le flambeau assez brillant pour éclairer notre marche à travers le monde ?

Quelle sera la voix assez puissante pour se faire entendre à nos oreilles au milieu de cet affreux déchaînement des passions et des vices ? L'esprit de foi est en même temps et tout à la fois pour le chrétien, ce flambeau divin qui ne s'éteint jamais même au sein des plus horribles tempêtes, et cette voix puissante dont le cri perçant ne lui permet guère de s'endormir dans le péché.

Ce qu'est le phare au bord de la mer pour le vaisseau ballotté par les vagues furieuses, au sein d'une nuit profonde, l'esprit de foi l'est pour l'âme au milieu des affreuses ténèbres, des erreurs et des préjugés.

Ce qu'est le cri de la sentinelle vigilante qui, du haut de sa forteresse, reconnaît au loin l'ennemi, et appelle au secours contre ces forces que seul elle ne peut combattre, l'esprit de foi l'est pour le cœur dont il éloigne les passions violentes, en appelant à son secours les grandes et salutaires pensées d'espérance et de crainte qui font les grands chrétiens et les élus de Dieu.

L'esprit de foi nous obtient de Dieu les grâces les plus précieuses et nous rend tout-puissants sur son cœur de Père. Ouvrons le Saint Évangile et nous verrons presque à toute page les récompenses accordées à toute prière animée d'une foi vive.

Les promesses de notre divin Sauveur, il est vrai, sont formelles à ce sujet. — Tout ce que vous demandez en croyant fermement, vous l'obtiendrez. — Ayez la foi en Dieu ; et je vous le dis en vérité : quiconque dira à cette montagne de se soulever de terre et d'aller se jeter dans la mer, sera exaucé. — Et quand Jésus-Christ accorde ses faveurs de prédilection, c'est toujours la foi et une foi vive qu'il exige de ceux qui invoquent sa miséricordieuse bonté ; et cela est si vrai que ce divin Sauveur a soin de dire à ceux qu'il comble de ses bienfaits : *C'est la foi qui vous sauve !*

Et par contre, nous voyons notre Seigneur reprocher vivement à ses apôtres la faiblesse et la timidité de leur foi. — *Hommes de peu de foi*, leur dit-il, *que craignez-vous*. Telle est la puissance de l'esprit de foi sur nous-mêmes et sur le cœur de Dieu.

Demandons, ce soir, à la Très-Sainte Vierge qu'elle daigne nous obtenir de son divin Fils cet esprit de foi qui nous est si nécessaire.

PRATIQUE.

Regarder la foi comme le plus précieux trésor que nous ayons reçu de Dieu. Se laisser conduire par l'esprit de foi en toutes circonstances et repousser avec une grande énergie toutes les attaques qui pourraient venir détruire ou même diminuer en nous ce grand et précieux don.

Souvenez-vous, etc. (page 21.)

INVOCATION.

O Notre-Dame d'Espérance de Pontmain, priez pour nous, pour la France et l'Église !

TREIZIÈME JOUR.

LECTURE.

Le moment le plus solennel et le plus émouvant de ce grand acte de plusieurs heures était arrivé. Tout-à-coup, une croix rouge, haute d'environ deux pieds, avec un Christ également rouge, parut au devant de la divine Vierge, comme suspendu en l'air. Les mains de Marie étaient restées à la hauteur de ses épaules pendant le cantique *Mère de l'Espérance* : elle les abaisse, saisit le crucifix, l'incline vers les enfants, à qui elle semble l'offrir, et ils peuvent lire cette inscription : — Jésus-Christ — en lettres rouges aussi, au sommet de la croix, c'est-à-dire au-dessus du croisillon principal, sur un écriteau blanc, très-long. Elle présente Jésus à ceux qui sollicitent sa miséricorde; elle veut disparaître derrière lui !

Voilà ce Fils qui se laisse toucher, qui se réjouit d'entendre dire au pécheur :

> Nous n'offenserons jamais plus
> Un père qui nous aime !

— Priez-le donc de tout cœur, semble-t-elle dire, c'est pour vous qu'il est mort, c'est pour vous qu'a coulé tout ce sang dont sa croix est rougie, et c'est grâce à cette croix que vous obtiendrez tout.

Et j'unirai mes prières aux vôtres, et, le tenant dans mes bras, je ne le laisserai point aller qu'il ne vous ait bénis.....

Après chaque couplet du cantique, on chanta le *Parce Domine*. La Très-Sainte Vierge, triste et recueillie, semblait prier avec les assistants.

Tout-à-coup, une étoile partit de sous ses pieds, et, montant vers la gauche, traversa le cercle bleu et alluma la bougie qui était à la hauteur de ses genoux, puis la seconde, située vis-à-vis de ses épaules. La même étoile, s'élevant au-dessus de la tête de la sainte Vierge, passa au côté droit et alluma les deux autres bougies. Ensuite, elle remonta, franchit de nouveau l'auréole, et alla se placer au-dessus de la tête de la Dame, où elle demeura suspendue.

La foule silencieuse et émue priait toujours. Sœur Marie-Édouard chanta l'hymne : *Ave Maris stella*. Pendant ce chant, le crucifix rouge disparut. La Dame, étendant les bras, reprit la pose de l'Immaculée - Conception. Sur chacune de ses épaules, apparut une petite croix blanche, haute de vingt centimètres environ.

— Ces croix, dirent les enfants, étaient *piquées sûbout* sur les épaules de la sainte Vierge.

La Mère de Dieu souriait de nouveau aux Voyants, qui s'écriaient tout joyeux :

— Voilà qu'elle rit !... Voilà qu'elle rit !

Il était environ huit heures et demie.

— Mes bons amis, dit le vénérable curé, nous allons faire tous ensemble la prière du soir.

Tous se mirent à genoux.

Vers l'examen de conscience, les enfants qui ne quittaient pas des yeux la céleste *vision*, annoncèrent qu'un grand voile blanc partant de sous les pieds de la sainte Vierge, et, montant lentement, la couvrait jusqu'à la ceinture. S'élevant ensuite peu à peu, il l'enveloppa jusqu'au cou.

Les enfants ne voyaient plus que la figure d'une beauté toute céleste de la Dame qui leur souriait encore.

Bientôt elle voila son visage; la couronne resta seule visible avec l'étoile qui la surmontait, puis tout disparut avec le grand cercle bleu et les quatre bougies qui étaient restées allumées jusqu'à la fin.

M. le curé, du fond de la grange, où il était assis, appela les enfants...

— Voyez-vous encore, leur dit-il?

Et tous ensemble :

— Non, monsieur le curé, tout a disparu. C'est tout fini.

Il était un quart avant neuf heures (1).

La foule se retira lentement, s'entretenant, dans les sentiments d'une admiration bien facile à comprendre, de l'Evénement prodigieux qui venait de s'opérer sous ses yeux étonnés et ravis.

Ainsi durent se retirer des pieds de l'Enfant-Dieu, couché dans son humble crèche, les bergers adorateurs.

Les deux frères Barbedette s'arrachèrent à regret du seuil de la pauvre grange d'où ils avaient contemplé, pendant plusieurs heures, dans le ravissement de leur âme, celle que l'Eglise appelle la Mère du bel amour.

Le sommeil vint de bonne heure, sans doute, s'emparer de leur corps fatigué, mais leur âme innocente et pure dut, pendant ces heures de la nuit, s'envoler plus d'une fois vers le Ciel, sur les ailes de leur ange gardien.

Les bonnes religieuses emmenèrent dans leur chère solitude leurs petites filles privilégiées, et ce toit béni fut aussi l'asile heureux, dans cette nuit solennelle, de beaux rêves d'or et de douces visions célestes.

Le vieux curé revint à pas lents vers sa modeste demeure.

Courbé sous le poids de ses années et de ses

____

(1) L'abbé Postel. — L'Evénement de Pontmain, par M. Richard. Vie de M. Michel Guérin.

graves réflexions, il se préparait sans doute à chanter, au fond de son âme émue, avant de prendre son repos de la nuit, un cantique de reconnaissance à la douce Vierge Marie qui venait de visiter son petit troupeau.

Comme le saint vieillard Siméon, il pouvait bien dire en versant des larmes de joie : Oh ! mon Dieu, laissez mourir en paix, maintenant, votre prêtre à cheveux blancs, car si mes yeux n'ont pas aperçu la Mère de mon Sauveur, mon cœur, du moins, l'a vue dans cette heure de son ineffable miséricorde à l'égard de son vieux serviteur et du troupeau confié à ses soins.

On raconte aussi que la vieille servante suivait à distance son bon maître.

Elle ne pouvait garder dans son âme l'expression de son étonnement et de son allégresse ; elle parlait seule, tout en essuyant quelques larmes et elle disait :

— Ah le saint homme ! le bon Pasteur, c'est lui qui par sa grande dévotion à la sainte Vierge a attiré cette bénédiction sur la paroisse !

RÉFLEXIONS.

Pendant que la foule recueillie redit, dans un sentiment de profonde componction, le cantique du repentir, l'auguste Vierge Marie abaisse ses mains et saisissant le crucifix rouge qui est mystérieusement apparu, elle l'incline vers les enfants et semble le leur présenter avec amour. Scène touchante et bien capable d'émouvoir nos cœurs !

Marie, la mère des Douleurs, la co-rédemptrice de nos âmes daigne descendre du Ciel pour nous rappeler le souvenir de la passion et de la mort de son divin Fils ! Elle ne prononce pas une seule parole, il est vrai ; elle sait que la vue du crucifix est plus que suffisante pour toucher nos âmes si nous savons le contempler, mais elle-même, suivant le langage des enfants, elle porte son regard voilé de tristesse sur l'auguste image de son Fils en croix, et une prière qui n'est entendue de personne semble s'échapper de ses lèvres émues.

Dans notre siècle de scepticisme et d'indifférence religieuse, combien de chrétiens poussent l'ingratitude jusqu'à mettre en oubli les souffrances que Jésus-Christ a bien voulu endurer par amour pour nos âmes et à fouler même aux pieds le sang de cette divine victime, en méprisant les grâces qu'il nous a méritées sur la croix ?

Nous-mêmes, enfants et serviteurs de Marie, ne nous montrons-nous point trop souvent des ingrats à l'égard du divin crucifié par une négligence coupable quand il s'agit de travailler à notre salut et de profiter des grands enseignements du Calvaire ?

Nous savons que le Fils de Dieu nous a aimés jusqu'à la mort et à la mort de la croix ; nous nous disons bien parfois que son amour pour nous a été poussé au-delà de toutes les limites de la générosité et du sacrifice ; que pouvant nous sauver par une seule larme, un seul soupir, une seule prière, il n'a pas reculé devant les souffrances les plus terribles, l'agonie la plus affreuse, le trépas le plus cruel ; mais trop souvent à ces vagues souvenirs mêlés de quelques faibles sentiments de reconnaissance, se bornent nos réflexions sur ce grand et salutaire enseignement du Calvaire.

Autrefois, dans des âges meilleurs, la méditation des souffrances de Jésus-Christ, était un des exercices les plus chers à toute âme chrétienne ; au foyer de la famille, en présence du vieux crucifix attaché à la muraille, les parents racontaient à leurs enfants ces grandes scènes de notre Rédemption ; on relisait avec émotion les pages sacrées qui redisent les ignominies et les souffrances de la douloureuse Passion, on les commentait avec un sentiment de profonde reconnaissance, et dans ces pieux et touchants souvenirs, l'âme chrétienne puisait des lumières, des consolations et une force divine ; elle comprenait mieux surtout le prix de son salut, la malice du péché, et l'amour de son Rédempteur.

La vue des plaies de Jésus-Christ, dit saint Bonaventure, est capable de blesser des cœurs de pierre, d'enflammer des âmes de glace, de faire fondre d'amour les entrailles plus dures que le diamant. Tels sont, en effet, les fruits de la réflexion sur les souffrances de notre divin Sauveur.

Efforçons-nous donc de rester moins étrangers à cette méditation si salutaire de la Passion de Jésus-Christ et appliquons-nous à cette étude, par la contemplation fréquente et attentive de l'image de notre Sauveur en Croix. Oh ! si nous savions lire dans ce grand livre du crucifix, comme en peu de temps, la science de Jésus-Christ que saint Paul mettait au-dessus de toutes les autres, pénétrerait bientôt nos âmes de ses chauds et purs rayons. Et comme alors avec le même apôtre nous serions heureux de répéter dans un doux sentiment d'amour, le nom de notre divin Sauveur !

Recevons donc aujourd'hui des mains de notre bonne Mère le crucifix qu'elle nous présente et serrons-le avec foi et amour sur notre cœur trop froid et trop insensible.

Saint François d'Assise, menacé de perdre la vue, n'en voulait conserver l'usage que pour lire continuellement son crucifix qu'il appelait son beau et grand livre ; — l'Eternité, disait-il, sera trop courte pour en découvrir toutes les richesses. — Soyons donc assez reconnaissants à notre divin Maître pour dérober au moins à nos occupations, à nos lectures parfois si frivoles quand elles ne sont pas dangereuses, quelques instants *pour* découvrir, nous aussi, les trésors renfermés dans la méditation de Jésus en Croix. — Avec sainte Madeleine de Pazzi, écrions-nous quelquefois en regardant notre Crucifix : — O amour, ô amour, que vous êtes peu connu ! que vous êtes peu aimé ! O mon âme, toi, créée par l'amour et pour l'amour, pourquoi n'aimes-tu pas l'amour ?

Dans nos peines et nos souffrances surtout, n'oublions pas que le seul véritable Consolateur, c'est le divin Crucifié.

PRATIQUE.

Avoir toujours dans sa demeure, à une place de choix, l'image de Jésus en croix, afin de pouvoir souvent le contempler au milieu de ses travaux et de ses peines.

Saluer avec respect et amour la Croix partout où nous la trouvons et méditer de temps en temps la grande scène du Calvaire.

Souvenez-vous, etc. (page 21.)

INVOCATION.

O Notre-Dame d'Espérance de Pontmain, priez pour nous, pour la France et l'Eglise !

QUATORZIÈME JOUR.

LECTURE.

Au lendemain matin de cette mémorable soirée de l'apparition le digne curé de Pontmain quittait de bonne heure son presbytère et venait prier dans sa chère église. — Il avait grand besoin d'épancher, devant le saint tabernacle, dans le cœur de son divin Maître, le trop plein de son âme reconnaissante et Dieu seul et les anges du modeste sanctuaire savent avec quels transports d'humilité, de joie et d'amour, le vénéré vieillard monta au saint autel sous les regards édifiés d'un grand nombre d'assistants.

— Que pense notre bon curé de cette mystérieuse visite, se demandèrent tout d'abord ces pieux fidèles?.... et la vue seule de son visage comme transfiguré par la reconnaissance et la joie, leur dit suffisamment que le vénérable pasteur était bien convaincu de l'Apparition de la Reine des Anges, dans sa chère paroisse.

Dès ce premier jour, tout ce bon peuple connut,

8.

dans ses plus petits détails, le prodigieux événenement de la veille.

— C'est la sainte Vierge qui nous a visités, disait-on de tous côtés, dans les sentiments de la plus vive allégresse. — Oh ! qu'elle est bonne de nous apporter ainsi l'espérance et la consolation !...

Il n'y eut pas une voix discordante dans ce beau concert de louanges et d'actions de grâce.

— Nous connaissons les enfants qui ont vu la sainte Vierge, disait-on, et nous savons qu'ils sont incapables de mentir ; à plus forte raison d'inventer un récit si merveilleux.

Le pays tout entier apprit bientôt la grande nouvelle et dès ces premiers jours on vit accourir de tous les côtés des foules considérables, avides de voir les heureux témoins de la céleste vision, de les entendre et surtout d'invoquer Celle que tous appelaient déjà du nom de Notre-Dame d'Espérance de Pontmain. Quelques jours après l'apparition, plusieurs ecclésiastiques des paroisses voisines se présentent à Pontmain pour visiter le lieu du prodige et interroger les enfants ; ils étaient accompagnés de deux aumôniers militaires des braves légions bretonnes disséminées dans le pays. Tous examinent les enfants, les interrogent, cherchent à les surprendre en provoquant des contradictions dans les réponses. — Après plusieurs heures pendant lesquelles mille questions furent posées et résolues de la manière la plus convaincante, ces prêtres se retirèrent, en laissant aux mains du bon curé un témoignage écrit de leur admiration et de leur croyance à la céleste visite de la Reine des Anges. La veille, déjà, le vénérable Doyen de Landivy, mandé par le bon curé de Pontmain, avait soumis — nous le verrons dans la suite avec plus de détail, — à un interrogatoire des plus sérieux, les petits voyants ; et il avait été très-ému des témoignages de ces jeunes enfants.

Les jours suivants, bon nombre de visiteurs ecclésiastiques et laïques vinrent de toutes les paroisses voisines, quelques-uns même de distances très-éloignées et des diocèses limitrophes. Tous sont singulièrement frappés de la clarté, de la précision, de la simplicité avec lesquelles les petits Voyants répondent aux mille questions qui leur sont adressées.

— Pour nous, écrivent-ils, sur le registre de la paroisse, pour nous, tout en nous soumettant par avance, au jugement de l'autorité diocésaine, nous ne pouvons nous empêcher de dire que le doute nous paraît impossible et que nous croyons fermement à l'Apparition miraculeuse de la Très-Sainte Vierge.

— Une pareille invention de la part de ces enfants, écrivent d'autres pèlerins, serait plus extraordinaire que l'Apparition elle-même.

Et ces dépositions de chaque jour sont signées des noms les plus recommandables du pays tout entier. Un certain nombre de ces premiers visiteurs arrivaient à Pontmain avec des dispositions plutôt hostiles que favorables ; plusieurs même avaient dressé leur plan de campagne pour découvrir quelque trace de supercherie ; mais après avoir interrogé les enfants et entendu leurs réponses, ils s'avouaient vaincus et se jetaient à genoux.

— Il suffit de voir les enfants et de les interroger un peu, écrivait l'un d'eux, pour demeurer parfaitement convaincu qu'ils n'ont pas été trompés. Il y a tant de candeur sur ces visages, tant de sincérité sur ces lèvres qu'on a honte de poursuivre l'interrogatoire ; la vérité s'impose et le doute n'est plus possible.

— Oui, disait un autre pèlerin, homme sérieux, instruit, mais lent à croire et qui comme autrefois saint Thomas désirait voir avant d'ajouter foi ; oui, je suis frappé, plus que je ne le puis dire, de la sincérité de ces enfants, de la précision et de l'accord de leurs réponses , mais, ajoutait-il, ce qui m'a surtout singulièrement ému et touché, c'est la spontanéité, la vivacité de ces réponses en même temps que le rayonnement de franchise qui brillait dans leur regard, dans leur geste et dans leur voix.

On comprend, après ces témoignages, comment en peu de temps, la contrée tout entière, dans un grand rayon, donna l'assentiment de sa croyance à la merveilleuse Apparition. On peut dire, sans exagération, que deux semaines après l'Evénement, le pays était ébranlé ; on ne parlait plus que du fait de Pontmain, et c'était à qui viendrait dans cette humble vallée satisfaire sa curiosité ou sa dévotion et tous revenaient de ce pèlerinage, heureux, ravis, et ils disaient bien haut : Nous y retournerons.

Plusieurs événements qui semblent tenir du prodige, vinrent encore aider et affermir ces convictions profondes dans ces âmes chrétiennes.

— Un meunier d'une paroisse voisine, affectait vis-à-vis de l'Evénement de Pontmain des airs d'insolence et de mépris. Un matin, il rencontre, dès la première heure du jour, un grand nombre de pèlerins de son bourg, qui cheminaient en priant vers le lieu de l'Apparition.

La vue de ces pieux fidèles le met en rage ; non content de hausser les épaules et de ricaner en les voyant prier, il leur adresse des injures grossières.

— Oh! dit-il, vous voilà bien partis!... vous ne reviendrez pas tous ce soir!...

Il voulait faire comprendre qu'un grand nombre

n'allait à Pontmain que pour le plaisir de courir les auberges.

Au soir de ce jour, les pieux pèlerins revenaient tous chez eux enchantés de leur voyage. Un seul homme de leur localité ne devait pas rentrer à sa maison, c'était l'insulteur de la Vierge de Pontmain.

Parti lui-même, dans le cour de la journée, pour une course aux environs avec sa voiture, il ne revint qu'à l'état de cadavre. Le soir, en effet, le cheval ramenait seul la voiture, le pauvre meunier était étendu dedans sans vie.

Une attaque d'apoplexie l'avait foudroyé pendant le trajet et il était mort sans aucune assistance. Il n'avait que 32 ans.

Un autre incrédule avait rencontré sur sa route quelques pèlerins qui avaient hâte d'arriver au lieu de l'Apparition.

— Pourquoi tant vous presser, leur dit-il ?... Cela n'en vaut pas la peine, pauvres aveugles que vous êtes !...

Il achevait de prononcer ces paroles, lorsque tout-à-coup il porte la main à son œil droit, il venait d'en perdre subitement l'usage.

Ces faits qui se redisent encore dans toute la contrée firent une grande impression sur tous les esprits. — On vit dans ces deux événements une punition du Ciel ; la foi des croyants fut affermie et l'incrédulité se sentit un peu découragée.

RÉFLEXIONS.

A ce concert de louanges qui s'élève déjà vers le trône de Notre-Dame de la Sainte-Espérance, quelques voix discordantes mêlent des paroles de blasphème et d'impiété. Un châtiment terrible, — nous l'avons vu, — vient soudainement punir ces moqueries sacriléges et affermir la foi des vrais serviteurs de Marie.

Ce qui se passe dans l'humble vallon de Pontmain au sujet de l'apparition de la Très-Sainte Vierge, est l'image malheureusement trop fidèle de la lutte acharnée du mal contre le bien, de l'erreur contre la vérité, dont nous sommes de nos jours plus que jamais les témoins attristés au milieu de la scène de ce monde. Dans tous les temps, — il est vrai, — l'impiété est venue troubler de sa haine et de ses sarcasmes la foi des bons chrétiens, mais à aucune époque, peut-être, elle ne s'était montrée plus effrontément audacieuse que dans nos tristes jours. Elle parle haut et fort aujourd'hui, comme si déjà le triomphe complet lui appartenait sans conteste, et il faut avouer que ses triomphes sont malheureusement bien nombreux et bien éclatants.

Le nombre des victimes de cette impiété systématique s'accroît, chaque jour, dans des proportions effrayantes et s'il est vrai de dire que la foi des bons chrétiens, bien loin de faire naufrage dans ce déchaînement de la tempête, y trouve, au contraire, un affermissement plein de consolation pour le présent et d'espérance pour l'avenir, il est malheureusement trop certain aussi que des milliers et des milliers d'âmes y succombent sans espoir de retour.

Ainsi, au milieu de la tourmente des éléments déchaînés, on voit des arbres s'incliner et s'abattre lourdement, tandis que d'autres s'enracinent fortement dans la profondeur du sol.

Quelle doit être notre conduite au milieu de cette lutte acharnée de l'erreur contre la vérité, du vice contre la vertu, du mal contre le bien.

Le Saint-Esprit lui même s'est chargé de nous donner à ce sujet des conseils qu'il est bon de rappeler dans nos malheureux temps.

Dans cent endroits de nos saints livres en effet, il nous parle de l'impie en nous invitant à fuir sa présence et ses discours mensongers comme on fuirait une bête féroce, et pour nous encourager à nous détourner de cette voie de l'iniquité, il nous la dépeint sous des couleurs les plus sombres et les plus effrayantes. — L'impie, — lisons-nous dans la sainte Écriture, — se réjouit dans son iniquité, mais il se précipite vers sa tombe.... Maudit de Dieu, il court à sa perte éternelle.

Il a dit au Seigneur : Retire-toi de moi, je ne veux point connaître tes voies ! Qui est, du reste, le Tout-Puissant pour m'obliger à le servir ? Et quel est ce bien qui me viendra quand je le prierai ?...

L'insensé ! son iniquité l'enveloppe... Ses péchés deviennent ses chaînes et dans ces affreux liens, il mourra !...

Ne portez pas envie à celui qui se flatte d'être heureux dans sa mauvaise foi, ne trouvez pas bon le sort de celui qui commet avec joie et réussite l'injustice et le mensonge ....

Encore un peu de temps et ce pécheur ne sera plus et vous chercherez le lieu où il était, et vous ne le trouverez pas.

L'impie observe le juste, il grince des dents contre lui, mais le Seigneur se moquera de lui dans le jour qui est proche... Objet de dégoût et d'horreur, l'impie a vu son nom retranché à tout jamais pour les siècles des siècles... Le regard de la colère de Dieu le poursuit de telle sorte que son souvenir même sera effacé de la terre. Son nom sera détruit, anéanti ; sa race même sera livrée à la perdition. Et pour lui, dès ici-bas, point de paix ! Il prononce bien parfois ce mot si doux, mais il ne peut être pour lui le vrai bonheur... Son cœur est comme une mer en courroux qui ne peut s'apaiser et dont les flots ne rejettent que la fange et l'écume.

Oh ! gravons bien profondément dans notre mémoire ces sages conseils que le Saint-Esprit veut bien nous adresser lui-même ; mieux que tous les plus beaux discours, que toutes les plus puissantes considérations, ils nous diront ce que nous devons penser de l'impiété, et le soin qu'il nous faut apporter à nous en tenir éloignés.

Rappelons-nous toujours que la fréquentation des impies, que leurs discours et leurs livres et journaux sont pour nous d'un danger effrayant. Mentir effrontément pour qu'il en reste quelque chose, telle était, — vous le savez ; — la devise de leur chef ; telle est encore leur maxime de nos jours. Oui, dans la conversation de ces hommes ennemis de Dieu et de nos saintes croyances, nous avon tout à perdre et rien à gagner.

Lorsque notre main prend un charbon, elle se brûle ou bien elle se noircit ; lorsque notre pied foule une terre boueuse, il se souille ; lorsque notre habit se prend aux ronces du chemin, il se déchire ; ainsi en est-il de notre âme dans ses rapports avec l'impiété : elle y perd toujours un peu de sa blancheur et de sa force, heureux quand elle ne s'y souille pas, tout en compromettant sa vigueur.

Et puis, s'il nous est donné parfois d'être les témoins de quelqu'une de ces punitions frappantes qui viennent, de temps en temps, châtier, dès ici-bas, l'iniquité ; n'oublions pas que le Ciel permet ces coups terribles afin de nous rappeler sa haine pour l'impiété et le blasphème et le soin que nous devons apporter à fuir le sentier des pécheurs.

Redisons-nous donc, ce soir, aux pieds de la Vierge sans tache, avec le roi Psalmiste : — Heureux l'homme qui ne s'est pas laissé aller au conseil des impies, qui ne s'est point arrêté dans la voie des pécheurs, ni assis dans la chaire de pestilence, mais qui, au contraire, met toute son affection dans la loi du Seigneur, et qui médite jour et nuit cette loi sainte. Cet homme sera comme un arbre planté proche le courant des eaux, qui donnera son fruit en son temps. Et sa feuille ne tombera point ; et toutes les choses qu'il fera, auront un heureux succès.

PRATIQUE.

Fuir avec un soin extrême la compagnie des impies ; rejeter dédaigneusement leurs conversations, leurs livres et leurs journaux, comme on rejette un breuvage empoisonné. Se rappeler toujours qu'il n'y a point de paix pour l'impie et que son triomphe apparent finit bien vite et que son éternité sera affreuse.

Souvenez-vous, etc. (page 21.)

INVOCATION.

O Notre-Dame d'Espérance de Pontmain, priez pour nous, pour la France et l'Église !

QUINZIÈME JOUR.

LECTURE.

Joignons à ces faits le souvenir bien présent encore dans tous les esprits, de la coïncidence assez frappante, en cette même journée du 17 janvier 1871, et au lendemain de deux grands phénomènes de la nature, avec l'Événement qui émotionnait tout le pays.

Une magnifique aurore boréale attira, dans cette soirée, bien des regards anxieux.

Dans les paroisses voisines de Pontmain en particulier, on remasqua beaucoup ce phénomène qui, pour l'ordinaire, frappe encore davantage les esprits qu'il ne charme les regards. A Pontmain, personne ne vit rien ; la sainte Vierge, on l'a bien dit, devait seule, dans cette soirée, se montrer aux regards de plusieurs enfants de cette paroisse privilégiée.

Au lendemain même, un tremblement de terre se fit sentir dans toute la contrée. A Pontmain, en particulier, les secousses furent très-violentes.

Entre trois et quatre heures du soir, une compagnie de volontaires bretons qui fuyait vers Fougères, passait dans la petite bourgade. Au moment où sous la conduite de son capitaine, cette petite troupe longeait le mur du cimetière, un roulement souterrain se fit entendre, la terre trembla et le brave commandant, qui a lui-même raconté ce fait, sentit ses jambes fléchir, tant le mouvement était fort (1).

Chacun se rappelait ces faits extraordinaires ; on se les redisait, on les commentait et tous, d'un commun accord, répétaient dans un saint enthousiasme :

— Oui, c'est bien la sainte Vierge qui est venue, encore un fois, nous donner ses conseils, nous manifester sa miséricordieuse tendresse et ces phénomènes de la nature n'étaient que les signes précurseurs de la céleste vision.

Il ne nous appartient pas de nous prononcer sur cette coïncidence assez frappante de ces faits naturels, mais cependant extraordinaires, avec la miraculeuse apparition de la Reine du Ciel dans l'humble bourgade de Pontmain.

Mais il nous a paru intéressant de la faire remarquer ici, tout en redisant l'impression profonde qu'elle causa dès lors dans presque tous les esprits.

____

(1) Notes du R. P. Marais, curé de Pontmain, d'après le récit du commandant lui-même.

Bientôt, ce ne fut plus seulement par petits groupes détachés qu'on accourut à la vallée de Pontmain. Des processions entières se formèrent dans les paroisses voisines sous la direction des pasteurs et, dès l'aube du jour, plusieurs fois par semaine, on voyait ces pieux pèlerins descendre en chantant le vallon privilégié.

Tous venaient s'agenouiller avec un saint recueillement dans l'église trop étroite et après avoir entendu la sainte messe, pendant laquelle un grand nombre s'approchait de la Table sainte, ils allaient visiter la Grange, le lieu de l'Apparition et les heureux témoins du miraculeux événement. Leur dévotion satisfaite, ils revenaient chez eux processionnellement, bannière en tête, bénissant Dieu de la grande faveur accordée au pays tout entier et chantant les louanges de Notre-Dame de Pontmain.

Le 26 janvier fut un beau jour pour le bon curé de la sainte Vierge, comme on l'appelait souvent.

Ce jour heureux, le saint prêtre ne l'a point marqué d'une pierre blanche, comme le faisaient autrefois certains peuples de l'antiquité pour leurs jours de bonheur, mais il en a gardé le précieux souvenir dans ses notes et surtout dans sa belle âme reconnaissante.

Une messe en l'honneur de la sainte Vierge

avait été annoncée la veille et dans la paroisse et dans les bourgs voisins.

Cinq cents personnes au moins, en grande partie de Landivy, chef-lieu de canton peu éloigné , arrivent processionnellement à la modeste église où les attendait, les larmes aux yeux, le bon curé.

Après la messe , écrit le saint prêtre dont le cœur débordait de joie , des prières ont été dites, le chapelet fut récité , des cantiques en l'honneur de Marie ont été chantés et, pendant tout ce temps, le plus grand recueillement a régné dans toute cette foule pieusement émue.

D'autres paroisses succédèrent bientôt à celle de Landivy dans ces premières manifestations de foi et d'amour pour Notre-Dame de Pontmain, et chaque jour vit, dès lors , un nombreux concours de fidèles qui tous venaient, souvent de très-loin , avec joie et confiance et s'en retournaient enchantés et ravis, ne comptant pour rien la fatigue et les peines du voyage.

La sainte Vierge, il est vrai, semblait accueillir avec amour ces pieuses manifestations de foi et de piété. Parmi ces nombreux pèlerins des premiers mois , un certain nombre reçut , sur les lieux de l'Apparition , des faveurs précieuses. — Pour les uns , c'était une guérison ou le soulagement de grandes peines ; pour d'autres, ce fut le retour à Dieu et aux pratiques religieuses après de longues années d'indifférence et d'oubli. A tous, la sainte Vierge Marie que l'Eglise a si bien nommée le secours des chrétiens, la consolation des affligés, la santé des malades, le refuge des pécheurs, accorda des grâces de choix et, dans leur reconnaissance, tous ces pieux fidèles aimaient à proclamer bien haut sa miséricordieuse tendresse.

La paroisse de Pontmain, heureuse et fière de ces belles fêtes en l'honneur de la bonne Notre-Dame, comme ils l'appelaient, se montrait plus que toute autre reconnaissante du grand bienfait reçu. — C'était son devoir. Le matin, au son de la cloche qui annonçait la sainte messe, l'église se remplissait presque de nombreux fidèles ; on aurait dit une communauté religieuse, tant était beau le recueillement de la pieuse assistance. Mais c'était surtout le soir après les travaux de la journée, que se montrait dans tout son éclat et dans sa touchante sincérité, la gratitude de cette chrétienne paroisse.

A la tombée de la nuit, du bourg et de tous les villages environnants, on se rendait à l'église, trop petite pour contenir cette influence inaccoutumée. On y récitait le chapelet, on répétait quelques-uns des cantiques ou des hymnes chantés dans la grange le jour de l'Apparition. — La prière se faisait en commun et le bon pasteur adressait le plus souvent à ses chers paroissiens quelques paroles toujours écoutées avec recueillement et édification. En sortant de l'église, chacun interrogeait les cieux dans l'espoir de voir reparaître la céleste vision. — Vaine attente ! de semblables faveurs ne se renouvellent pas. Ce n'est que dans le ciel que Marie daignera nous rassasier de son auguste présence (1).

Et pendant ce temps-là, mon enfant, quels étaient la conduite et le langage des heureux témoins de la céleste Apparition ?

Déjà nous les avons vus à l'œuvre et nous savons que toutes leurs réponses étaient marquées au coin de la candeur et de la sincérité. Pauvres enfants, ce dut être pour eux un véritable supplice que cette continuelle obligation dans laquelle ils se sont trouvés, et dès le premier jour, de répondre à mille questions toujours répétées. Ils ne cherchaient point, il est vrai, l'occasion de se montrer et de raconter ce qu'ils avaient vu, mais aussi, ils ne se refusaient point à ces bien légitimes exigences des pieux visiteurs, malgré leur fatigue et leur ennui faciles à comprendre.

— Nous n'avons plus de vacances, disaient un jour les deux jeunes frères Barbedette en se plaignant un peu des longues séances qu'il leur fallait subir.

____

(1) Les Sanctuaires de la sainte Vierge, par de Gaulle. Ouvrage très-pieux et très-intéressant.

Et les petites pensionnaires des bonnes sœurs trouvaient bien également que c'était triste de rester enfermées ainsi pendant de longues heures en redisant toujours la même chose. Elles regrettaient surtout leurs récréations sur la cour de l'école avec leurs jeunes compagnes.

— Mais, disaient tous ces enfants, nous devons parler, c'est la sainte Vierge qui le veut !

Les parents de Joseph et d'Eugène se prêtaient, bien volontiers aussi, aux désirs des nombreux visiteurs. C'était souvent pour ces braves gens, une perte considérable de temps et une source de grands ennuis, mais ils regardaient comme une obligation, en quelque sorte sacrée, cette complaisance vis-à-vis des pèlerins avides de voir et d'entendre.

— Oh ! si c'était nos enfants, disaient quelques personnes à la mère Victoire, nous ne les laisserions pas ainsi pendant des heures entières à s'ennuyer et à se morfondre avec ce monde-là.

— Ils ont eu la faveur, répondait la bonne mère, il est juste qu'ils soient à la peine à présent.

Belle réponse, qui prouve toute la grandeur d'âme et la foi vive de cette pauvre femme de campagne !

Les promesses, les sarcasmes, les menaces de toutes sortes ne furent point épargnées à ces quatre petits Voyants.

9.

Il ne faut pas s'en plaindre, puisque toutes leurs réponses devant les offres les plus séduisantes, aussi bien que devant les plus terribles menaces, ont toujours été dictées par une sagesse au-dessus de leur âge qui a confondu les esprits les plus prévenus et les moins disposés à croire.

Ils refusaient modestement les cadeaux de toute sorte qu'on leur voulait faire, et ils dédaignaient surtout les sommes d'argent qui leur étaient offertes. En présence de personnes qui, pour les intimider et leur ravir des aveux compromettants, employaient de dures paroles et de sombres menaces, ils se mettaient quelquefois à trembler et à courber la tête en pleurant, mais la peur ne leur arracha jamais la plus petite parole qui pût donner prise à l'hostilité et à la mauvaise foi contre le fait de la céleste Apparition.

RÉFLEXIONS.

La conduite des heureux témoins de l'apparition est belle et édifiante.

A peine de retour à leur modeste foyer, ils comprennent tout de suite la mission qui leur est imposée par la grande faveur qu'ils viennent de recevoir, et ils se mettent, avec un zèle admirable, à redire les bontés de la Très-Sainte Vierge.

On ne les voit point, — il est vrai, — publier avec éclat le fait de l'Apparition ; il est même à remarquer que loin de se prodiguer, ils se tiennent dans une sage et humble réserve, mais les foules ne tardent pas à se présenter et on sait de quelle manière admirable ils répondirent dès lors aux mille questions qui leur furent adressées chaque jour et à tout heure.

La fatigue, l'ennui, la perte du temps, la répétition cent et cent fois renouvelée des mêmes demandes et des mêmes réponses, rien ne put les rebuter. Les promesses les plus insidieuses, les menaces même et les sarcasmes ne leur font aucune impression dans l'accomplissement de ce qu'ils appelaient leur devoir. Au milieu de tout ce monde qui se les dispute, ils restent les mêmes, simples, candides et francs, répétant, sans les connaître, sans doute, les paroles des apôtres : Ce que nous avons vu, ce que nous avons entendu, nous vous le répétons.

Telle doit être également notre conduite à tous, quand il s'agit de la gloire de Dieu, et du salut des âmes. Non-seulement notre titre de chrétien nous fait un devoir de ne pas rester indifférents et insensibles, mais encore nous devons regarder comme une de nos plus strictes obligations, celle de travailler à glorifier Dieu par notre zèle ardent à sauver des âmes en sauvant la nôtre. — A chacun de nous, — dit l'Esprit-Saint, — Dieu a enjoint de prendre soin de son frère.

La charité chrétienne, — suivant une belle pensée de l'aimable saint François de Sales, — est une belle plante née sur le Calvaire et qui, arrosée par les larmes et le sang de Jésus-Christ, a jeté de profondes racines, s'est couverte de fleurs et de fruits pour réjouir, abriter, embaumer et nourrir la pauvre humanité. Une des fleurs les plus précieuses de ce bel arbre c'est le zèle pour le salut de ses frères, c'est-à-dire l'ambition de communiquer à tous les trésors de vérité et d'amour que nous portons au dedans de nous-mêmes. C'est une erreur bien grande et trop commune que de regarder le zèle comme une vertu de simple conseil ou comme un devoir exclusivement réservé au Sacerdoce. Le zèle appartient à l'essence même du Christianisme et quiconque ne le possède pas ne peut se considérer comme un véritable disciple de Jésus-Christ mort pour nous tous sur la croix, après nous avoir laissé ces solennelles paroles :

— Aimez-vous les uns les autres comme je vous ai aimés !... Je suis venu apporter au milieu de vous le feu de la charité et mon plus grand désir est qu'il se répande.

Si réellement, du reste, la flamme brillante et pure de l'amour de Dieu brûle dans notre cœur, est-ce que nous ne devons pas éprouver le vif besoin de la communiquer à tous ? Nous est-il possible de voir la gloire de Dieu outragée et ne pas sentir en nous un sentiment d'énergique douleur qui nous pousse à la défendre ?

La vue de tant d'âmes qui se perdent pour l'éternité, doit-elle nous trouver insensible ? Et ne nous appartient-il pas de tenter tout effort possible pour leur tendre une main secourable ?

Oh ! demandons humblement ce soir, à Dieu, par l'intercession de notre bonne Mère, ce zèle ardent qui nous fera les apôtres de nos frères. Aussi bien, — nous le savons, — nous sommes à une époque où bon nombre d'âmes s'égarent et se perdent ; auprès de nous, dans notre maison, peut-être nous avons un père, un époux, un fils, un serviteur qui ne connaissent pas Dieu et ne le servent point, qui ne prononcent son nom sacré que pour le profaner, dont l'âme par conséquent est dans un immense danger de se perdre à tout jamais.

N'oublions point qu'il est de notre devoir de travailler avec prudence sans doute, mais aussi avec ardeur à sauver ces pauvres âmes. Une parole, une prière, le bon exemple de la patience, de la douceur, de la charité, ont suffi bien souvent, avec la grâce de Dieu, pour arracher des âmes enracinées dans le péché, à leur triste état de perdition.

Et pour nous encourager dans ce zèle ardent, rappelons-nous toujours le prix d'une âme. Une âme vaut tout le sang d'un Dieu !... Et le divin Sauveur lui-même n'a-t-il pas dit un jour à sainte Catherine de Sienne que si elle pouvait comprendre son amour pour une âme, ce serait la dernière chose qu'elle comprendrait ici-bas, car elle mourrait à l'instant même.

PRATIQUE.

Procurer, autant qu'il dépend de nous, la gloire de Dieu, par nos bonnes œuvres. Considérer notre âme et celle de chacun de nos frères comme le prix du sang de Jésus-Christ. Éviter avec un grand soin de scandaliser et de perdre cette âme. Travailler au contraire à la porter à Dieu par nos conseils et nos exemples.

Souvenez-vous, etc. (page 21.)

INVOCATION

O Notre-Dame d'Espérance de Pontmain, priez pour nous, pour la France et l'Église !

SEIZIÈME JOUR.

LECTURE.

Les ecclésiastiques étaient pour l'ordinaire les examinateurs les plus exigeants et les questionneurs les plus difficiles.

Il appartenait à ces pasteurs zélés de mettre tout en jeu pour découvrir la supercherie, si elle existait, afin de prémunir les pieux fidèles contre leur entraînement trop précipité ; comme aussi de faire briller de tout son éclat le surnaturel divin de cette merveilleuse Apparition, tout en se soumettant avec humilité et par avance au jugement de l'autorité compétente.

Les réponses des quatre petits Voyants étaient toujours les mêmes, simples, calmes, loyales et fermes, quelle que fût la personne qui les interrogeât et la manière dont elle s'y prît.

— C'est comme ça, disaient-ils...... Nous ne pouvons pas dire que c'est autrement, puisque nous avons vu ça comme ça.

Pauvres enfants ! ils répétaient, toujours avec la même naïveté, les belles paroles des Apôtres dans le saint Evangile : Ce que nous avons vu, ce que nous avons entendu, nous vous l'annonçons.

Un prêtre instruit et qui voulait voir clair, — c'était son expression, — arrive un jour à Pontmain; il demande à visiter les enfants et à les interroger. On les lui présente. Après les questions les plus subtiles auxquelles les enfants répondirent d'une manière étonnante, cet ecclésiastique cherche de plus en plus à les embarrasser et bientôt prenant un air sévère, tout en feignant un mécontentement qui n'était point dans son cœur :

— Tenez, mes enfants, il me semble que vous vous êtes concertés pour donner à qui vous interroge des réponses semblables !... Vous êtes de petits menteurs et je crains bien que si vous continuez, l'enfer ne soit votre partage un jour, car Dieu déteste le mensonge !...

— Oh ! Monsieur, répondent les enfants, nous n'avons point menti, nous avons dit ce que nous nous avons vu, rien de plus, rien de moins..... et le bon Dieu ne peut pas nous damner pour cela.....

Et ce prêtre les quittait convaincu et touché au-delà de toute expression.

Dans une autre circonstance, un curé du voisinage qui déjà s'était présenté plusieurs fois aux enfants et les avait poursuivis de nombreuses questions, revient encore à la charge.

— Mais, mon pauvre petit enfant, dit-il à un des jeunes Barbedette, on prétend que vous êtes des menteurs et je vais finir par le croire ; non, ce n'est point la sainte Vierge qui vous est apparue, cela n'est pas possible, pour moi je ne le puis croire !...

— Oh ! que si, Monsieur, vous *creyez* bien que c'est elle, vous êtes *trop* souvent revenu ici !...

L'enfant avait touché juste : ce bon ecclésiastique croyait fermement à la merveilleuse Apparition et ses convictions s'étaient de plus en plus fixées dans son âme, par l'examen approfondi qu'il avait fait des petits Voyants et de leur langage si naif et si sincère.

— Mon pauvre enfant ! disait un autre prêtre à Joseph Barbedette, vous êtes trop méchant ! je ne puis croire que vous ayez vu la Très-Sainte Vierge...

— Eh bien ! Monsieur, répond l'enfant, vous êtes comme saint Thomas !

— Mais, continua l'ecclésiastique, saint Thomas était un grand saint...

— Oui, Monsieur, mais pas quand *y n'creyait pas* !...

Un bon et vénérable religieux vient un jour visiter la vallée de Pontmain ; à son arrivée dans le bourg, il demande à une des personnes qu'il rencontre dans la rue devant l'église s'il peut voir

les enfants et en particulier les jeunes Barbedette.

— Mon Père, lui fut-il répondu, voyez-vous
ces petits garçons qui jouent aux quilles dans
l'aire que voilà, ces sont ces enfants qui ont vu la
sainte Vierge.

Le religieux aborde Joseph, qui, en ce moment,
était tout entier à son jeu.

— Tu es donc, mon cher ami, un des enfants
qui ont vu la sainte Vierge ?...

— Oui, Monsieur, répond Joseph en mettant
avec vivacité la main à son chapeau.

— Eh bien ! veux-tu me conter cela...

— Pardon, Monsieur, mais je n'ai pas le temps
et puis il y a déjà des livres chez les marchands !...
c'est la même chose.

Au même instant, sans détourner la tête, il lance
la boule qu'il avait à la main et s'écrie naïve-
ment :

— Cinq abattues, Monsieur !...

Le bon Père trouva, sans doute, un moment
plus favorable pour interroger les enfants, mais il
eut dès lors une idée assez juste sinon complète de
la candeur et de la bonne simplicité des petits privilégiés de la sainte Vierge...

Chez les petites filles, on trouvait même franchise et même naïveté avec une politesse peut-être
plus gracieuse, qui tenait non pas à un calcul, mais

bien à leur éducation et surtout à leur naturel plein de douceur.

Un jour la Mère Supérieure de la Congrégation de Rillé, à laquelle appartiennent les bonnes sœurs de Pontmain, interrogeait les petites filles qu'on lui avait conduites :

— Mes chers enfanss, leur dit cette vénérable religieuse, la sainte Vierge sait le français, elle n'a pas pu commencer une phrase par ce mot *Mais*.

— Sœur Vitaline sait pourtant bien le français, ma bonne Mère, repartit Jeanne-Marie Lebossé ; et bien ! quand elle est lassée de voir qu'on ne travaille pas, elle frappe un grand coup sur l'estrade, en disant : *Mais* travaillez donc, mes enfants !

Un bon nombre de personnes se sont demandé ce que signifiait ce mot *Mais* placé par Marie au commencement de sa phrase écrite ; quelques-unes en ont donné un explication plus ou moins acceptable, la petite Voyante a vraisemblablement laissé échapper, sans la chercher, la meilleure et la seule véritable, celle de l'expression, en la sainte Vierge, d'une maternelle impatience de nous voir nous relever de notre abaissement par la prière qui peut tout sur le cœur de son divin fils :

On demandait un jour à l'une de ces heureuses petites filles :

— Pourquoi donc la sainte Vierge vous a-t-elle choisies de préférence à tant d'autres ?

— Ah ! répond l'humble enfant, c'était sans doute pour nous rendre plus sages !

Ces quatre enfants se sont toujours fait remarquer également par leur fidélité à ne rien changer, à ne rien ajouter ni retrancher à leur déposition première.

Un bon missionnaire avait rappelé, dans une instruction aux fidèles de Pontmain, les paroles de l'Apparition. La cérémonie terminée, les enfants vont le trouver. — Mon Père, vous avez dit : Dieu vous exaucera dans peu de temps. — Il n'y avait pas *dans* mais *en* peu de temps.

Une autre fois, ils disaient au même missionnaire en lui montrant une belle statue qui représente Notre-Dame de Pontmain :

— Voyez, mon Père, on n'a pas fait comme nous avons dit. On voit un peu les oreilles ; dans l'apparition, on ne les voyait point, elles étaient cachées par le voile. — On a mis du rouge sur la figure, il n'y en avait pas, la figure était toute blanche. — On a mis un petit ourlet à la robe, autour du cou ; il n'y avait rien, c'était tout uni et la robe montait jusqu'au cou. — On représente les mains presque droites, devant les épaules, pendant le cantique de l'Espérance, elles étaient davantage penchées en arrière (1).

(1) *Les Impressions d'un Pèlerin*, par le R. P. Vandel.

Les enfants avaient dit que la robe de la belle Dame était bleue.

Quelques jours après l'apparition, plusieurs personnes, bien plus désireuses de trouver les petits Voyants en défaut, que de se rendre un compte exact de la couleur réelle du vêtement de la céleste Vision, leur présentent une dizaine de morceaux d'étoffe de nuances différentes.

On prend séparément chacun des enfants et on le prie de désigner le plus fidèlement possible la nuance de la robe de la sainte Vierge. — Sans hésiter, le premier enfant qu'on interroge, désigne une couleur ; les autres firent exactement ce même choix quelques minutes après.

Peut-on jamais, dans aucune affaire, trouver des témoins plus précis, plus sincères et plus véridiques. Et cette scrupuleuse et invariable précision de ces quatre jeunes enfants n'est-elle pas bien digne de remarque ?

RÉFLEXIONS.

Les réponses des heureux enfants de Pontmain aux mille questions qui leur sont adressées de tous côtés, sont toutes marquées, — nous venons de le voir, — au coin de la franchise et de la loyauté, et il est bien visible pour quiconque les écoute, que le mensonge et la duplicité sont complétement inconnus de ces âmes droites et naïves. Sans le connaître, sans doute, ces jeunes enfants suivaient le précepte du divin Maître qui nous a dit à tous : que votre discours soit ainsi : cela est, cela n'est pas. Et nous aussi, nous devons avoir au fond de notre cœur un grand amour pour la vérité et une vive horreur du mensonge.

Notre siècle, il est vrai, n'est guère celui de la franchise et de la loyauté, et que de fois peut-être, n'avons-nous pas eu à nous plaindre de la duplicité d'un trop grand nombre de personnes sur lesquelles nous pensions pouvoir compter. Au lieu de la bonne foi et de la sincérité, que trouve-t-on souvent dans le commerce du monde ? L'artifice, la dissimulation, les déguisements, les perfidies parfois.

Et bien, il est de notre devoir d'éviter avec un grand soin les défauts et les vices que nous déplorons dans les autres et que nous leur reprochons quelquefois d'une manière si sanglante ; le mensonge, en particulier, doit nous inspirer une vive horreur.

N'imitons point ces personnes qui tout en se disant honnêtes et proclamant bien haut leur loyauté, ne veulent pas comprendre cependant que de même qu'il ne peut y avoir accord entre la lumière et les ténèbres, la religion et l'impiété, la santé et la maladie, de même il n'y a pas de transaction possible et légitime entre le mensonge et la vérité.

Le voleur et le menteur, lisons-nous dans nos saints livres, auront tous les deux la ruine pour héritage et même le voleur est moins à redouter que celui qui se fait une habitude de la duplicité.

Quelle est cette ruine vers laquelle l'homme du mensonge se précipite infailliblement ? C'est la ruine de son honneur ici-bas, et la perte de son âme pour l'éternité.

Dieu et les hommes, en effet, méprisent le menteur.

Le monde qui permet ou excuse, sous le nom de faiblesse, tant de défauts et d'iniquités, ne pardonne pas facilement le mensonge et il sait toujours lui infliger une note infamante.

Il regarde encore ce vice, malgré sa grande indulgence à tout absoudre, comme l'apanage des âmes viles et basses, et il se tient sur ses gardes vis-à-vis du menteur.

Il ne faut pas s'en étonner, et l'Esprit-Saint lui-même n'a-t-il pas dit que la duplicité imprime à l'homme le sceau de l'ignominie et que la vie du menteur est une vie sans honneur, toujours accompagnée de confusion.

Les philosophes païens eux-mêmes ont stigmatisé le mensonge dans des termes qui sont bien faits pour nous en inspirer une vive horreur.

— Le mensonge, dit l'un d'eux, est un vice dégradant que tout le monde déteste et qui n'est même pas pardonnable au dernier des esclaves.

— La duplicité, dit un autre, décèle une âme faible, un esprit sans remords, un caractère vicieux. C'est un chemin bien court, continue-t-il, à quiconque s'y met en marche, mais la fosse est au bout et le menteur s'y précipite.

Qui ne connaît également cette parole de Cicéron devenue une sorte d'axiome tant elle renferme de sens et de vérité : — Le menteur n'est jamais cru, même quand il dit vrai.

L'homme du mensonge ne ruine pas seulement sa réputation et son honneur, il travaille en même temps à la perte éternelle de son âme.

Dieu, nous le savons, est la vérité même, et saint Augustin en conclut que tout ce qui blesse la vérité, offense par là Dieu lui-même.

Aussi quelles sont énergiques les paroles par lesquelles le Saint-Esprit nous invite à fuir le mensonge.

— Vous ne mentirez point, nous dit-il, et nul de vous ne trompera son frère par sa parole ; car tous les trompeurs sont en abomination devant le Seigneur... Celui qui s'appuie sur des mensonges, se repaît de vents et la bouche qui ment tue l'âme...

[illegible]... donc de commettre aucun mensonge, car
l'habitude de mentir n'est pas bonne, et ceux qui le commettent, périront.

Nous surtout, enfants et serviteurs de Marie, aimons la
franchise et la sincérité et pour ne point tomber dans ce
vil défaut de la dissimulation, faisons nous, tous les jours
de notre vie, une loi sévère de ne jamais parler contre
notre pensée.

L'homme digne d'être écouté, dit Fénelon, est celui qui
ne se sert de la parole que pour la pensée, et de la pensée
que pour la vérité et la vertu.

Evitons même l'exagération que M. de Maistre a si bien
nommée *le mensonge des honnêtes gens.*

Soyons animés de la plus grande franchise en toutes
circonstances, non-seulement parce que nous voulons vivre
d'une vie honnête et respectée, mais aussi, mais surtout
parce que nous voulons vivre en vrais disciples de Celui
qui s'est dit la vérité même et qui nous a appris que le
démon, son grand ennemi et le nôtre, s'appelle le père du
mensonge.

Soyons francs aussi dans l'accomplissement de nos devoirs religieux. Que l'hypocrisie, ce vice si bas qui répu-
gne invinciblement à tout cœur honnête, ne soit jamais
notre triste apanage. En tout temps, il s'est trouvé des
hommes qui non-contents d'être méchants comme le reste
des impies, veulent encore passer pour bons et font par
leur fausse vertu que les hommes n'osent plus se fier à la
véritable.

Montrons-nous chrétiens en grand jour ; c'est à notre
époque surtout, un devoir plus strict que jamais, mais que
ce soit toujours sans ostentation, comme sans timidité ; et
puis prenons pour nous ce soir, le sage conseil que saint
Jérôme donnait autrefois à sainte Paule :

— Ayez la simplicité de la colombe, n'usez de fraude,

ni de fourberie à l'égard de personne ; mais ayez aussi la prudence du serpent de peur que vous ne tombiez dans les piéges qu'on ne manquera pas de vous dresser : c'est un vice qui n'est guère différent dans un chrétien, que d'être trompé ou de tromper soi-même.

PRATIQUE.

Concevoir une grande horreur de la dissimulation et du mensonge. Se faire une loi sévère de ne jamais mentir ni exagérer, même quand il s'agirait de s'excuser ou de laisser tomber de ses lèvres une plaisanterie et un bon mot.

Souvenez-vous, etc. (page 21.)

INVOCATION.

O Notre-Dame d'Espérance de Pontmain, priez pour nous, pour la France et l'Eglise !

DIX-SEPTIEME JOUR.

LECTURE.

On questionne beaucoup les enfants sur le genre de couronne que portait la sainte Vierge dans son apparition.

— Mais, leur disait-on souvent, quelle singulière coiffure vous donnez à la Reine du Ciel?... Jamais on n'a vu la Sainte Vierge apparaître avec un tel costume et, sans doute, vous avez mal vu!

— Ah! reprenaient les enfants, c'est pourtant bien comme ça, — mais c'était bien brillant.

Sur la tête que recouvrait entièrement un voile noir qui cachait les cheveux et retombait sur les épaules, était posée, avons-nous dit déjà, une sorte de couronne d'or, haute de vingt centimètres environ, en forme de diadème, et cette couronne ne portait d'autre ornement qu'un petit liseré rouge.

Que signifie cette sorte de diadème dans cette forme inconnue et peu gracieuse, se sont demandé bon nombre de personnes?

Plusieurs narrateurs de l'Evénement ont essayé des explications plus ou moins heureuses et l'un

d'eux a voulu voir dans cette couronne la forme
d'un lys, symbole de la pureté de Marie.

Qu'il nous soit permis de donner ici, au sujet
de cette couronne de Notre-Dame de Pontmain,
l'extrait d'une intéressante lettre que nous écrivait
tout dernièrement le digne successeur du saint
curé de cette pieuse paroisse.

Le vingt-neuf février dernier, écrit le Révérend
Père Marais, avaient lieu, dans la paroisse de la
Bazouge-du-Désert, les pieux exercices de l'adora-
ration perpétuelle. — Un certain nombre d'ecclésiastiques étaient venus pour cette fête et j'étais
heureux de me trouver au milieu d'eux en cette
belle circonstance.

Tout naturellement, il fut question de notre
pèlerinage de Pontmain.

Le bon curé de la Bazouge nous fit part d'une
précieuse acquisition qu'il venait de faire les jours
précédents, celle d'une statue de la sainte Vierge
dont l'histoire est des plus curieuses.

C'était au moment de la révolution de 1793;
cette statue de la Vierge qui porte sur le bras
gauche son divin enfant, et qui ne mesure guère
qu'un demi-mètre, se trouvait, avant la fermeture
des églises, dans celle de la Bazouge où elle était
vénérée de toute cette religieuse population.

Dans un des tristes jours de la terreur, des misérables, comme on en trouvait alors jusque dans

les meilleures contrées, résolurent, après une orgie, dans laquelle ils avaient vomi mille blasphèmes et mille imprécations, de se livrer à la profanation du lieu saint.

— Voilà une bonne Vierge, s'écrient-ils, en apercevant la statue !... puisque à Paris on promène de belles dames — la déesse Raison — promenons-la, nous aussi, dans le bourg.

Ces malheureux s'emparent de la statue, lui passent une corde au cou et se mettent à la traîner dans les ruelles de la bourgade. Bien loin d'éviter les mares et les bourbiers, ils affectent d'y rouler la statue en s'écriant au milieu des plus horribles blasphèmes.

— Pêche, Marie ! Pêche, Marie !...

Dans ce pays-ci, on emploie le mot pêcher pour désigner une marche pénible dans la boue.

La statue profanée rencontre, dans une de ces mares profondes, une grosse pierre qui en la frappant à la joue détacha la tête du tronc. — La corde reste dans la main sacrilége qui la tenait dans ce moment et les misérables laissent là les débris de la statue en disant à celui qui gardait la corde : — Ah ! dame, mon gars, gare à toi, car qui casse les verres les paie.

Le vieillard qui remplissait les fonctions de sacristain avant qu'on ne chassât le pasteur de cette paroisse, suivait de loin, les larmes aux yeux, cette horrible profanation ; aussitôt qu'il vit ses misérables compatriotes abandonner la statue souillée et brisée , il alla recueillir pieusement les débris qu'il cacha dans son grenier en racontant à sa famille ce qu'il venait de voir et d'entendre.

Cette statue, que M. le curé de la Bazouge vient d'acquérir comme une précieuse relique, et qui était restée depuis le jour de cette horrible profanation entre les mains des enfants de ce brave sacristain , est en faïence de Rouen ; elle porte sur la tête une coiffure absolument semblable à celle que les petits Voyants de Pontmain ont remarquée sur le front de la belle Dame. Il n'est pas jusqu'au petit liseré décrit par les enfants qui ne s'y trouve parfaitement tracé ; sur le diadème jaune de la statue ce petit filet est tout noir, il est vrai, mais il produit à l'œil , et à une certaine distance , le même effet que celui de la représentation de Notre-Dame de Pontmain.

Sur la joue de cette statue antique , on aperçoit comme une tache de sang , c'est l'écorchure produite par le choc de la pierre qui détacha la tête du tronc.

Le bon vieillard qui vient de mettre ce précieux dépôt aux mains de son curé, est le fils du brave homme qui l'a tirée de la boue où l'avaient laissée les profanateurs. Il a connu lui-même ces misérables qui sont morts de la manière la plus affreuse, presque tous de mort violente ; la triste fin de celui d'entre eux qui traînait la statue au moment où elle se brisa, fut surtout remarquée par tout le monde. Les enfants de ces profanateurs semblent encore porter l'anathème, et il suffit dans le pays de répéter ces mots : Pêche, Marie ! pour se faire raconter cette histoire lamentable.

Le R. P. Marais ajoute qu'il a vu lui-même, dans la contrée , plusieurs autres statues dont le front était orné d'une couronne à peu près pareille à celle de Notre-Dame de Pontmain, moins ressemblante toutefois que celle de la Vierge profanée ; ne peut-on pas en conclure, sans trop grande exagération, que la Reine du Ciel a choisi de préférence pour ce motif et dans ce seul souvenir, cette sorte de diadème qui rappelle ces faits si frappants de nos sombres jours de la terreur ?

RÉFLEXIONS.

Nous avons tous une vive horreur pour le sacrilége ; ce seul mot nous fait frémir, et l'histoire effrayante que nous venons de lire , tout en rappelant à notre mémoire cent autres traits semblables, ne peut manquer d'accroître encore en nos âmes, ces sentiments de haine profonde pour ce crime de la profanation des choses saintes que Dieu châtie parfois, dès ici-bas, d'une manière si terrible.

Mais nous ne comprenons peut-être pas suffisamment tout le respect que nous devons en particulier à nos églises que Jésus-Christ veut bien habiter, par amour pour nos âmes.

Ah ! sans doute, nous savons que nos temples sont dignes de toute notre vénération; nous regarderions comme un crime d'y apporter le moindre scandale, et si nous ne tremblons pas toujours à l'approche du sanctuaire, nous faisons nos efforts, du moins, pour n'y pénétrer que dans un sentiment de véritable respect.

Mais, hélas ! que de fois, peut-être, l'œil du divin prisonnier d'amour ne nous a-t-il pas aperçu, du fond de son tabernacle, dans une attitude trop peu digne de sa majesté trois fois sainte ?

Que de fois son oreille qui ne doit entendre là que des prières ferventes et des chants de repentir, de reconnaissance et d'amour, n'a-t-elle pas saisi, sur nos lèvres, des paroles qui ne pouvaient que l'attrister ? Que de fois, son cœur si bon qui dans le sacrement adorable de l'Eucharistie, plus que partout ailleurs, ne demande qu'à nous bénir, nous consoler et nous rendre heureux, n'a-t-il point déploré notre froideur et notre indifférence ?

Ce soir au pied du trône de la Mère de ce divin Sauveur, tout en disant à ce bon Maître notre repentir pour toutes nos ingratitudes à son égard, rappelons-nous les motifs qui doivent nous exciter à un grand respect pour nos temples.

Bien souvent, — il est vrai, — on nous les a redits, ces motifs; mais nous sommes ainsi faits, que les pensées les plus salutaires, les considérations les plus frappantes, glissent sur notre âme indifférente comme la goutte d'eau sur un marbre froid. C'est un besoin pour nos âmes d'y revenir de temps en temps.

L'Église est la demeure de Dieu !... Lorsque nous avons le bonheur d'entrer dans cette maison que Jésus-Christ s'est choisie au milieu de nos habitations , pénétrons-nous bien de cette pensée que Dieu doit être là le seul objet de nos réflexions, de nos sentiments et de nos paroles. Voyons Jésus-Christ dans ces cérémonies saintes dont nous ne cherchons pas suffisamment à comprendre le sens mystérieux ; voyons-le dans le prêtre qui, soit à l'autel, soit dans la chaire de vérité, soit au confessionnal, parle et agit au nom de son divin Maître ; voyons-le surtout, ce bon Sauveur, derrière la petite porte dorée de cette étroite prison qui s'appelle le Tabernacle. Que notre œil soit fermée à tout autre spectacle, et surtout n'ayons jamais le malheur d'imiter ces chrétiens qui passent des instants considérables, des heures entières, au pied de l'autel où la divine victime s'immole comme sur un nouveau calvaire , sans donner à Jésus-Christ, une seule pensée , une seule parole , un seul acte de reconnaissance et d'amour. Pauvres âmes ! rien ne leur échappe , elles ont tout vu , tout entendu , si ce n'est Jésus-Christ, seul digne objet, dans ce saint lieu, et dans ces heures solennelles, de toute l'attention de leur esprit et de toute l'affection de leur cœur !

L'Eglise c'est la maison de Dieu !... Nous ne devons pas seulement chercher à le voir dans son temple, il est encore de notre devoir de prêter l'oreille à sa voix qui nous parle là plus haut et plus fort que partout ailleurs.

Ecoutons Jésus-Christ dans ces belles et touchantes prières que l'Eglise met sur nos lèvres pour qu'elles ne restent pas muettes devant Dieu, comme la bonne mère qui dicte à son petit enfant des paroles qu'il redira à son père, pour le saluer chaque jour, à son réveil. Ecoutons-le dans ces chants liturgiques qui renferment tant de beaux sentiments de reconnaissance , de repentir, de confiance et d'amour ! Ecoutons-le surtout dans ces instructions que le prêtre nous fait entendre du haut de la chaire ou dans le secret du saint Tribunal ; précieuse semence que le Père de famille a tirée des greniers célestes et qui ne doit pas tomber sur le rocher ni sur la terre dure.

L'Eglise, — nous le savons encore, — est une maison de prière. Dieu , sans doute , écoute en tout lieu , la voix qui l'implore et le cri qui monte vers le Ciel , mais c'est dans son temple surtout qu'il prête une oreille attentive à nos supplications. Là , nous dit-il lui-même, je suis plus proche de vous, et j'entends mieux votre voix...

Allons donc avec humilité et confiance , nous jeter au pied du saint autel ; ne craignons pas de redire au Dieu de l'Eucharistie, nos joies, nos travaux, nos difficultés, nos épreuves, nos peines surtout ; n'est-ce pas de son tabernacle, en effet, qu'il nous adresse cette belle et touchante invitation : Venez tous à moi, vous qui souffrez, et je vous soulagerai !

PRATIQUE.

Eviter avec un grand soin toute dissipation dans le saint lieu. S'appliquer à ne voir et à n'entendre que Jésus-Christ seul dans nos saints offices, au saint sacrifice de la messe surtout. Venir avec plus de fidélité visiter dans la solitude de son temple le divin Prisonnier d'amour.

Souvenez-vous, etc. (page 21.)

INVOCATION.

O Notre-Dame d'Espérance de Pontmain, priez pour nous, pour la France et l'Église!

DIX-HUITIEME JOUR.

LECTURE.

En présence de ces pieuses manifestations et des nombreux prodiges qu'on attribuait déjà à Notre-Dame de Pontmain, il appartenait à l'autorité ecclésiastique d'intervenir sans plus tarder, et elle le fit avec sa prudence et sa sagesse accoutumées. Dès les premiers jours, elle avait compris qu'elle ne devait pas, sans examen, étouffer, dans son germe, cette touchante expression de foi et d'amour pour Marie, mais aussi qu'il ne fallait point encourager la croyance à ce fait merveilleux avant de l'avoir suffisamment étudié. Nous avons vu déjà, c'est vrai, un certain nombre d'ecclésiastiques descendre le vallon de Pontmain, y prier avec ferveur, parler dans un saint enthousiasme de la céleste vision et encourager plus encore par leur exemple que par leurs conseils ces pieux pèlerinages.

Mais cette conduite particulière de quelques membres du clergé ne préjugeait rien dans cette grande question ; il appartenait à l'évêque diocésain d'examiner et de prononcer.

Le diocèse de Laval avait alors pour évêque un vieillard bien vénérable chargé d'années et de mérites, dont il pleure aujourd'hui la retraite, comme on pleure la perte d'un père dévoué.

Il s'appelait Monseigneur Casimir-Alexis-Joseph Wicart : nous allons voir avec quelle sage réserve, mais aussi dans quel admirable sentiment de zèle pour la gloire de Marie, le saint Prélat se mit à étudier ce prodigieux événement.

Au lendemain même du jour de l'apparition, le curé de Pontmain écrivait à son vénérable voisin et ami, le Doyen de Landivy, une lettre fort touchante, dans laquelle il lui racontait en quelques mots le prodige de la veille, l'invitant de la manière la plus pressante de venir le voir aussitôt que possible. Cette invitation trouva le curé de Landivy très-indifférent et tout-à-fait insensible. Ce sage ecclésiastique crut, tout de suite, à une illusion de la part des enfants, à une trop grande crédulité dans son vénérable confrère, et il se dit, que cette de cette circonstance, mieux valait, et pour la gloire de Dieu, et pour sa propre dignité, faire taire la voix de l'amitié, et il résolut de ne pas se rendre à l'appel du curé de Pontmain.

Cependant, malgré cette résolution bien arrêtée et fondée sur les motifs d'une sage prudence, le digne curé de Landivy se décide tout-à-coup, sans savoir comment, — telle est sa propre expression,

— à se rendre à Pontmain au lendemain du jour où cette nouvelle lui arriva. Disposé à ne point croire, ce digne ecclésiastique se livra, dès ce jour, à une enquête des plus sérieuses ; son but était d'étouffer, dans son germe, cette histoire qu'il regardait comme une fable, et il ne craignit même pas d'exagérer les moyens d'intimidation vis-à-vis des enfants qui déclarèrent dans la suite que jamais ils n'avaient trouvé d'interrogateur plus *méchant*.

Chacun de ces enfants fut interrogé séparément par le vénérable Doyen, en présence de leur pasteur et d'un prêtre du voisinage. Le curé de Landivy était venu incrédule, il s'en retourna profondément ému, se disant à lui-même qu'il était impossible de ne pas croire en présence de témoignages aussi frappants ; et deux jours après cette visite, il envoyait à Monseigneur l'évêque de Laval un rapport très-détaillé sur ce fait prodigieux.

Le vénérable Prélat répondit, qu'en cette grave affaire, il fallait agir avec la plus grande réserve, et il exprima le désir d'être renseigné de tous points, touchant cet événement extraordinaire. Quelques semaines après, le Doyen de Landivy adressait de nouveau à l'évêché un rapport plus complet, plus exact, mais tout-à-fait conforme, par le fond, à son premier écrit.

Un des premiers résultats de ce travail consciencieux fut l'autorisation accordée par Monsei-

gneur l'évêque à un de ces prêtres les plus recommandables d'aller visiter le lieu et de recueillir
précieusement tous les détails relatifs à cette apparition, et pendant ce temps, le vénérable Prélat
écrivait au bon curé de Pontmain :

« Le moment ne me paraît pas encore venu de
» me prononcer sur l'incomparable faveur accordée
» à votre très-heureuse paroisse, mais vous voyez
» que je m'y prépare peu à peu.

» Ce qui ce passe dans votre paroisse et ce que
» vous me racontez, ajoute encore à mes espérances
» et à ma joie. — Loués, aimés, glorifiés et bénis
» soient mille et mille fois et des millions de fois,
» le Père des miséricordes infinies et la Mère Im-
» maculée de toute grâce, qui traitent nos pauvres
» âmes avec cette ineffable indulgence et souve-
» raine bonté !...

» Exhortez bien votre bon peuple et ces enfants
» privilégiés de rester à jamais reconnaissants et
» pénétrés de pareils bienfaits. »

Cette lettre particulière, qui est datée du 13 février 1871, fut suivie quelque temps après d'une
lettre circulaire aux fidèles du diocèse :

« L'Église ne précipite pas ses jugements, sur-
» tout en matière si grave, disait le vénérable
» Prélat, et avant de Nous prononcer, Nous ferons
» ce qu'elle a toujours fait. Mais si le moment
» vient, comme nous croyons pouvoir l'espérer,

» où il sera possible et permis de déclarer qu'il n'y
» a point là un abominable concert de quatre
» jeunes enfants qui auraient inventé cette étrange
» histoire, mais que ces enfants dont le plus âgé
» n'a que douze ans, appartiennent à de très-
» honnêtes familles, bien sincèrement chrétiennes;
» qu'ils ne manquent pas d'intelligence, qu'ils
» sont vertueux et pieux et qu'il n'y a pas d'om-
» bre d'hallucination, ni de mensonge dans leurs
» dires, cela sera très-certainement déclaré. »

— Le deuxième jour du mois de mars suivant, lisons-nous dans les notes du bon curé de Pontmain, M. l'abbé Richard, aumônier des sœurs de l'Espérance de Laval, chargé par Monseigneur de publier tout ce qui concerne la céleste Apparition, se présenta dans la grange de Barbedette. En présence de cinq cents personnes environ, on a lu l'histoire des faits, et à chaque instant, les personnes étaient interrogées pour savoir s'il n'y avait pas d'erreur dans le récit. Tous ont déclaré que cette narration ne contenait que la vérité ; quelques petites corrections se firent séance tenante, elles furent approuvées par toute l'assistance.

Cet intéressant récit du regrettable abbé Richard fut publié bientôt après, avec l'autorisation de l'Evêché, sous ce titre : l'*Evénement de Pontmain*. Il produisit une véritable sensation dans toute la France catholique.

Le 27 mars, M. l'abbé Vincent, vicaire général de Monseigneur l'Evêque de Laval, accompagné de l'archiprêtre d'Ernée et du vénérable doyen de Landivy, vint à Pontmain pour ouvrir une enquête canonique sur le prodigieux Evénement.

Cette enquête ne fit que confirmer la véracité des récits antérieurs.

Et pendant ce temps, les visiteurs accouraient de plus en plus nombreux aux lieux bénis de l'Apparition. On attendait avec impatience le jugement de l'autorité épiscopale, car, aux yeux de tous, il paraissait évident que la Reine du Ciel était véritablement apparue dans la soirée du 17 janvier 1871 aux enfants privilégiés de Pontmain.

RÉFLEXIONS.

La lecture du remarquable mandement de l'Évêque de Laval va nous montrer, une fois de plus, la sagesse avec laquelle l'autorité ecclésiastique intervient dans toutes ces graves questions qui intéressent la gloire de Dieu et le salut des âmes. On est surpris, pour ainsi dire, des recherches de toute sorte auxquelles on la voit se livrer, et quelques personnes seraient tentées, parfois, d'appeler minutieuses toutes les précautions dont elle s'entoure.

Telle est cependant la règle de conduite que la sainte Église s'est tracée à elle-même, et nous la voyons en toutes ces circonstances ne parler et n'agir jamais que sous les inspirations de la réserve la plus sévère et de la prudence la plus admirable, tout en s'appuyant sur le secours de Celui qui lui a promis solennellement son assistance.

Ces quelques considérations nous amènent tout naturellement à parler de l'Église et à nous rappeler, dans ces jours, ce que cent fois on nous a redit de cette divine Épouse de Jésus-Christ. Mais de l'Église, comme de la sainte Vierge, ne peut-on pas dire qu'il est impossible d'en parler assez ? Aussi bien, nous sommes à une époque où l'Église trouve dans le monde, dont elle est cependant la grande bienfaitrice, d'affreux mépris et de monstrueuses ingratitudes. Elle semble arrivée, de nos jours surtout, à une de ces douloureuses stations qui, dans sa marche à travers les siècles, lui donnent une ressemblance plus parfaite et plus achevée avec son divin Fondateur gravissant péniblement la route ensanglantée du Calvaire.

Il est de notre devoir, à nous chrétiens, que l'Église a comblés de tant de bienfaits, de remplir à son égard le rôle consolateur des âmes courageuses et dévouées qui accompagnaient le divin crucifié sur le chemin douloureux du Golgotha, et nous devons bien comprendre que nous ne mériterons véritablement le titre d'enfants de cette divine épouse de Jésus-Christ qu'autant que nous nous appliquerons à la bien connaître et par là même à l'aimer davantage.

Dans ces quelques réflexions, sans doute, il n'est guère possible de redire tout ce que la doctrine catholique enseigne, touchant l'Église de Jésus-Christ, mais nous pouvons, au moins, rappeler certaines considérations bien propres à nous la faire chérir davantage.

Qu'est-ce donc que l'Église pour nous tous et pour chacun de nous ?...

Écoutons la grande voix de Bossuet : — L'Église, c'est l'assemblée des enfants de Dieu, c'est la société de tous ceux qui professent la véritable doctrine de Jésus-Christ ; c'est l'armée du Dieu vivant, son royaume, sa cité, son temple, son trône, son sanctuaire, son tabernacle; disons quelque chose de plus profond : L'Église, c'est Jésus-Christ, mais Jésus-Christ répandu et communiqué.

Comme cette belle définition toute seule ouvre devant nos yeux d'immenses horizons inconnus par un trop grand nombre d'âmes qui ne veulent pas voir !... L'Église dont nous sommes les enfants, n'est donc, pour ainsi dire, que Jésus-Christ lui-même parlant et enseignant sans relâche sous une forme humaine; c'est comme l'incarnation permanente du Fils de Dieu — Éclairer, consoler, diriger l'homme dans le chemin difficile de la vie, telle est la mission de l'Église, et à l'exemple de Jésus-Christ qui a passé sur la terre en faisant le bien, l'Église passe aussi en semant sur ses pas des bienfaits de toute sorte, et depuis dix-huit siècles, on l'a bien dit, elle ne cesse de retourner avec amour le lit de douleur où gémit l'humanité.

Née sur la Croix, fortifiée par le sang des martyrs, étendue par toute la terre, une, sainte, toujours visible au milieu des ténèbres amoncelées, inébranlable quoique souvent agitée, invincible malgré les attaques les plus violentes, elle poursuit sa marche calme et majestueuse au milieu des siècles, le front ceint des gloires des martyrs et de l'auréole des enfants qu'elle a conduits au ciel, offrant à tous sa main charitable et son sourire ami, semblable, suivant le langage d'un grand Évêque, à la bonne Sœur de Charité qui parcourt, humble mais rayonnante d'innocence et d'amour céleste, les longues salles d'un hopital.

Telle est pour nous l'Église de Jésus-Christ. Et nous, ses enfants, nous la méconnaissons trop souvent ou du moins, nous ne cherchons même pas à la bien connaître pour l'aimer davantage en la servant plus fidèlement. En elle, nous voyons une institution divine, sans doute, et nous ne pouvons nous empêcher d'admirer sa sublimité d'origine et de mission ; mais n'est-il pas vrai que nous nous contentons presque tous de cette admiration vague et sans fruit, semblables à cet homme qui, dans un bienfaiteur auquel il doit la vie, ne verrait que la force ou l'adresse, ou bien encore à cet enfant qui ne contemplerait dans sa mère que sa beauté ou sa noblesse.

Ah ! ne nous contentons pas d'admirer l'Église, sachons l'aimer et la servir. Nous verrons, dans les jours suivants, quels sont plus particulièrement les titres de l'Église à notre amour et à notre dévouement filial ; mais, dès ce soir, saluons en elle l'épouse de Jésus-Christ, la grande bienfaitrice du genre humain, la mère de nos âmes et répétons du fond de notre cœur, ces belles paroles de Bourdaloue :

, — Oh ! mon Dieu, quoique le plus indigne des enfants de votre Église, j'ose le dire, tout ce qui part d'elle m'est et me sera toujours respectable, toujours vénérable, toujours précieux et sacré ; tout ce qui s'attaque à elle, me blesse dans la prunelle de l'œil ou plutôt par l'endroit le plus vif de mon cœur, et, dans toutes ses épreuves et toutes ses douleurs, elle ne sent rien que je ne ressente.

Oui, Seigneur, je le dis encore une fois, et dans cette confession que je fais en votre présence et que je serais prêt de faire en présence du monde entier, je trouve une consolation que je ne puis exprimer, parce que j'y trouve un des gages les plus certains de mon salut.

PRATIQUE.

Remercier Dieu bien souvent de nous avoir accordé la grande grâce de faire partie de son Église. Nous appliquer à la mieux connaître, afin de l'aimer davantage et de la servir plu: fidèlement.

———

Souvenez-vous, etc. (page 21.)

INVOCATION.

O Notre-Dame d'Espérance de Pontmain, priez pour nous, pour la France et l'Eglise!

DIX-NEUVIÈME JOUR.

LECTURE.

Le vénérable Evêque de Laval , fidèle à la règle qu'il s'était inspirée de prime abord, de ne procéder dans cette grave affaire, qu'avec la plus grande maturité, voulut attendre encore, malgré l'évidence des faits. L'époque des visites pastorales était arrivée, et le digne Prélat résolut de profiter de ce voyage , pour aller interroger lui-même les enfants de Pontmain, sur les lieux de l'Apparition. Au matin même du jour où Monseigneur l'Evêque arrivait dans l'humble bourgade, les quatre petits Voyants avaient fait, les uns leur première , et les autres leur seconde communion ; une heure à peine les séparait du moment où ils allaient recevoir le Sacrement de Confirmation. Ce fut l'heure que le vénéré Prélat choisit pour les voir et les interroger, et il faut avouer qu'il était difficile de trouver une circonstance plus favorable pour obtenir les aveux les plus sincères.

Ecoutons le récit que fit de cet interrogatoire,

Eugène Barbedette, le plus âgé des deux petits garçons, celui qui le premier vit la belle Dame.

— Monseigneur, dit-il, m'a fait aller à la sacristie, et il m'a dit :

— Mon enfant, vous venez de faire votre communion, et tout à l'heure vous allez recevoir un second Sacrement : voudriez-vous vous rendre coupable de deux sacriléges ?

— Oh non ! Monseigneur !

— Eh bien ! si vous ne me dites pas la vérité, vous vous rendrez coupable d'horribles profanations.

— Monseigneur, je veux dire la vérité.

A la fin de l'examen, continue l'enfant, je me suis mis à genoux en disant :

— Monseigneur, ayez la bonté de me donner votre bénédiction ! Monseigneur s'est mis à pleurer et il m'a béni.

Chacun des enfants fut interrogé séparémènt de la même manière.

Le vénérable évêque était très-ému ; il monta en chaire, et, d'une voix animée, il fit aussitôt sa profession de foi à l'Apparition en répétant ces mots : Je crois ! je crois !...

Un nouvel élément de conviction , — suivant le langage même du vénérable Prélat, — était venu ainsi s'ajouter, en les confirmant, à ceux qu'il possédait déjà ; et néanmoins, quelques mois plus tard, poussant, ce semble, jusqu'à leurs dernières limites les précautions que peut suggérer la prudence la plus sévère, Mgr Wicart résolut d'instituer une nouvelle procédure.

Cette seconde enquête, comme la première, fut présidée par M. l'abbé Vincent, vicaire général, assisté cette fois de M. le Supérieur du Grand-Séminaire (1) et de M. le chanoine théologal de l'Eglise cathédrale (2), et elle s'ouvrit à Laval, le 5 décembre, à l'Evêché même. Là, pendant trois jours, les petits Voyants de Pontmain furent soumis à des interrogatoires longs et réitérés, et le résultat de cette enquête fut une conviction plus profonde encore chez tous ces hommes sérieux et instruits, de la sincérité parfaite des enfants, et de leur vive horreur pour le mensonge.

Une dernière épreuve plus rigoureuse encore et plus décisive devait succéder aux deux enquêtes canoniques. Une commission de théologiens fut chargée de soumettre à un examen approfondi les dépositions des enfants et des autres témoins, de discuter la valeur de leurs témoignages, d'assigner au fait lui-même son véritable caractère et sa cause ; de résoudre, en un mot, toutes les questions qu'il peut soulever, au triple point de vue

(1) Monseigneur Sebaux, évêque d'Angoulême.

(2) Mgr Sauvé, Prélat de la Maison de Sa Sainteté, Recteur de l'Université Catholique d'Angers.

11.

de formes juridiques, de la certitude philosophique et de la théologie.

Tous les moyens possibles de découvrir la
vérité, étaient épuisés.

Le 2 février 1872, jour de la fête de la Purification de la très-sainte Vierge, c'est-à-dire plus
d'une année après l'Apparition, l'évêque de Laval
envoyait au clergé et aux fidèles de son diocèse un
mandement relatif à l'Evénement de Pontmain.

Il est de notre devoir de donner en entier cette
lettre remarquable du vénérable et saint Prélat!
aussi bien, elle montre admirablement la sagesse
de l'autorité ecclésiastique en cette importante
affaire, tout en résumant le grand fait de l'Apparition de la manière la plus gracieuse et la plus
authentique.

CASIMIR ALEXIS-JOSEPH WICART, par la Mi-
séricorde divine et la Grâce du Saint-Siége Apos-
tolique, Evêque de Laval, Assistant au Trône
Pontifical, Au Clergé et aux Fidèles de notre
Diocèse, salut et Bénédiction en Notre-Seigneur
Jésus-Christ.

NOS TRÈS-CHERS FRÈRES,

L'année dernière, vers la fin du carême, Nous
vous adressâmes une première lettre sur le fait
extraordinaire qui s'était produit, le 17 janvier

précédent, dans la petite paroisse de Pontmain. En terminant cette lettre, Nous vous disions que « l'Eglise ne précipite pas ses jugements, surtout en matière grave, et qu'avant de Nous prononcer, Nous ferions ce qu'elle a toujours fait. Mais ajoutions-Nous, si le moment vient, comme Nous croyons pouvoir l'espérer, où il sera possible et permis de déclarer qu'il n'y a point là un abominable concert de quatre jeunes enfants qui auraient inventé cette étrange histoire, mais que ces enfants, dont le plus âgé n'a que douze ans, appartiennent à de très-honnêtes familles, bien sincèrement chrétiennes ; qu'ils ne manquent pas d'intelligence, qu'ils sont vertueux et pieux, et qu'il n'y a pas ombre d'hallucination ni de mensonge dans leurs dires, cela sera très-certainement déclaré. »

Grâces en soient rendues à Dieu, Nos Très-Chers Frères, Nous pouvons aujourd'hui tenir cette promesse. Mais avant tout examen et toute discussion, il Nous paraît nécessaire de dessiner, au moins à grands traits, la prodigieuse scène du 17 janvier, et d'en préciser les principales circonstances.

Un seul enfant d'abord, sorti de la grange où il travaillait avec son père, « rien que pour voir le temps, » dit-il, puis son jeune frère, et un peu plus tard deux petites filles, amenées là sans avoir été averties de ce qui s'y passait , pensionnaires l'une et l'autre de l'école des Sœurs , et , comme les jeunes garçons , âgées de dix à douze ans , prétendent apercevoir dans les airs , au-dessus de la maison placée en face de la grange , une grande et belle Dame , vêtue d'une longue robe bleue , parsemée d'étoiles d'or , et le front ceint d'une couronne également d'or.

Aux cris de joie et d'enthousiasme des enfants , on accourt de tous côtés , et bientôt plus d'un tiers de la population de la petite bourgade , ayant à sa tête son vénérable pasteur , se trouve réunie au lieu où se racontent ces merveilles.

Dans cette foule émue, attentive, les cœurs sont partagés.

S'il en est qui croient , la plupart doutent ou refusent toute croyance aux affirmations réitérées et constantes des enfants , lorsque tout-à-coup , pendant que se chantait le sublime cantique de l'humilité et de la foi de Marie , le *Magnificat*, une longue banderole blanche se développe sous les pieds de la belle Dame , et une invisible main y trace , en gros caractères d'or , ces mots : Mais priez , mes enfants. D'autres chants succèdent aux premiers , et aux regards ravis des enfants apparaissent de nouvelles lettres qu'ils épèlent et répètent vingt fois « à qui mieux et à qui plutôt ; » et se rangeant à la suite des autres , ces lettres achèvent la phrase commencée, en ajoutant : Dieu vous exaucera en peu de temps.

Un point resplendissant comme un soleil avait clos la ligne. Il semblait que tout fût fini. Mais non ; de nouveaux cris de joie éclatent parmi les enfants. C'est l'invisible main qui reprend son mystérieux travail ; et l'inscription, continuée sur une seconde ligne, se complète par ces émouvantes paroles : Mon fils se laisse toucher.

La foule étonnée, attendrie, priait en silence. Cependant une voix se fait entendre et entonne le cantique : *Mère de l'Espérance.*

Et soudain la belle Dame, en qui toute l'assistance avait déjà salué l'auguste Mère de Dieu, élève, à la hauteur de ses épaules, ses mains auparavant abaissées et étendues ; et remuant lentement les doigts, elle regardait les enfants avec un sourire d'une incomparable douceur.

Mais un peu plus tard, quel contraste inattendu ! On avait entonné le cantique :

> Mon doux Jésus, enfin voici le temps
> De pardonner à nos cœurs pénitents,

et un nuage de tristesse couvrait les traits de la belle Dame.

Elle tenait entre ses mains, en avant de sa poitrine, une croix rouge, portant un Christ également rouge, et surmontée d'un écriteau blanc sur lequel se détachait, en lettres rouges, le nom de Jésus-Christ. En même temps elle remuait les lèvres et semblait prier.

C'était la dernière grande phase de l'événement, et tandis que, sur la demande de M. le curé, on récitait la prière du soir, une sorte de linge blanc, partant des pieds de la Dame et montant lentement, finit par la couvrir tout entière. La couronne, restée seule un moment, disparut à son tour ; l'apparition était finie. Elle avait durée près de trois heures. Voilà, Nos Très-Chers Frères, le fait avec ses détails essentiels, tel qu'il a été raconté par les quatre enfants privilégiés de Portmain, tel aussi qu'il résulte des constatations juridiques que nous avons ordonnées et dirigées avec tout le soin et la sollicitude que réclamait l'importance de la cause.

RÉFLEXIONS.

L'Eglise a reçu de Jésus-Christ, son divin fondateur, la grande mission de nous instruire et de nous diriger dans les voies du salut. — Grâces à Dieu, nous ne sommes point du nombre de ces pauvres âmes, qui ne connaissent l'Eglise que de nom et qui la blasphèment, sans savoir ce qu'ils font. Nous avons le bonheur de lui appartenir de cœur et d'âme, et nous nous regarderions comme bien coupables, si nous osions méconnaître un seul instant son autorité divine. Fidèles disciples de Jésus-Christ, nous savons qu'en obéissant à l'Eglise, nous obéissons à ce divin

Sauveur lui-même, et cent fois nous nous sommes redit cette parole du saint Evangile : qui écoute mon Eglise, m'écoute moi-même, qui la méprise, me méprise.

Ce n'est donc point à nous qu'il est nécessaire de rappeler les preuves si nombreuses et si éclatantes de l'autorité divine de l'Eglise, mais il est bon de nous demander à nous-mêmes si cette souveraineté que nous aimons à reconnaître, nous trouve toujours fidèles et dévoués dans la pratique.

Parmi les chrétiens de nos jours, il s'en trouve un trop grand nombre qui tout en se disant enfants soumis de la sainte Eglise, tout en s'inclinant très-humblement, croient-ils, devant son autorité suprême, t rouvent cependant moyen d'échapper, par quelque endroit, à cette soumission simple et franche que nous devons tous à cette divine institutrice de nos âmes.

Devant les dogmes et les vérités que l'Eglise propose à leur croyance, ils disent volontiers : *Je crois ;* mais il est passé en une sorte d'habitude chez quelques-uns, de ne prononcer ce mot chrétien qu'après des réflexions et des considérations qui prouvent tout au moins que la simplicité et l'humilité ne sont guère leur partage.

D'autres, — et malheureusement ils sont bien nombreux, — tout en se faisant gloire de la soumission la plus entière à la sainte Eglise, tout en récitant chaque jour ses commandements avec une fidélité exemplaire, se mettent peu en peine de violer quelques-unes de ses lois qui ne leur paraissent guère faites pour l'époque actuelle, ou dont l'observance les pourrait gêner quelque peu.

L'Eglise, — par exemple, — nous ordonne de sanctifier le saint jour du dimanche par le repos et l'assistance aux saints offices, à la Messe surtout ; combien de chrétiens qui ne manquent pas d'une certaine bonne volonté et ont à cœur, — ce semble, — le salut de leur âme, et qui violent cependant sans scrupule cette sainte loi, sous les prétextes les plus futiles ? Ce sera pour un travail qu'ils pourraient parfaitement retarder de quelques jours, pour une promenade ou un voyage qu'aucune nécessité urgente ne justifie, pour une légère indisposition qui ne serait certainement pas un obstacle, s'il s'agissait d'une partie de plaisir.

D'autres croient avoir payé leur dette pleine et entière, peut-être pensent-ils même avoir fait un acte héroïque, en donnant à Dieu une demi-heure chaque dimanche ; et le reste du jour, ils le passent trop souvent dans des jeux, des lectures, des conversations et de prétendus délassements qui ne sont pour eux que des occasions de péché.

L'Eglise, dans un autre de ses commandements, nous fait un devoir de l'abstinence et du jeûne à certains jours de l'année. — *Faites pénitence*, nous a dit, en effet, le divin Sauveur, *si vous ne voulez pas tous périr*. — Et cependant combien de chrétiens foulent impudemment aux pieds cette grande loi de la pénitence devenue cependant si facile pour tous, grâce aux adoucissements apportés depuis quelques années surtout, pour ménager notre faiblesse.

Non-seulement la loi du jeûne est mise complétement de côté, même dans la plus florissante santé ; mais encore on se permet à soi-même et on permet aux autres cette violation de l'abstinence avec une facilité déplorable. Dans quelques familles mêmes, on profite, ce semble, de certaines circonstances qui réunissent à la table commune des personnes étrangères, de jeunes ouvrières, par exemple, pour préparer des aliments gras qu'on se refuse les autres jours.

En voyage, certaines personnes se croient également

tout permis sous ce rapport, et elles ne veulent pas comprendre que les motifs qui les poussent à cette transgression d'un commandement de l'Eglise, sont presque toujours dictés par de misérables considérations qui les rendent gravement coupables.

Un pieux auteur, méditant cette facilité étrange avec laquelle un si grand nombre de chrétiens enfreignent les lois de l'Eglise, l'attribue à l'une de ces deux causes : ou bien c'est l'ignorance la plus profonde, dit-il, ou bien le manque le plus complet de foi.

On pourrait, ce semble, ajouter un troisième motif qui pousse peut-être le plus grand nombre à cette sorte de mépris pour les commandements de l'Eglise, je veux dire la lâcheté.

Non, ce n'est pas toujours l'ignorance, ni le manque de foi qui entraînent à cette funeste transgression de ces saintes lois, c'est le plus souvent le respect humain, cet impitoyable tyran d'un trop grand nombre d'âmes, à notre époque surtout. On connaît parfaitement son devoir, la conscience fait entendre sa voix, mais on redoute le regard et la critique d'un homme qu'on méprise peut-être et l'on met de côté la crainte de Dieu et de ses justes jugements.

Sachons donc reconnaître l'autorité divine de l'Eglise sur nos âmes. Courbons avec amour notre tête sous son joug qui n'est autre que celui de Jésus-Christ lui-même, et nous trouverons une grande douceur et de précieuses consolations à cette soumission filiale.

PRATIQUE.

Ne jamais mettre en oubli cette parole de notre divin Sauveur à son Église : Qui vous écoute, m'écoute, qui vous méprise, me méprise !...

Considérer les commandements de l'Eglise comme nous venant de Dieu lui-même, et les observer en toutes circonstances avec une énergie toute chrétienne.

Souvenez-vous, etc. (page 21.)

INVOCATION.

O Notre-Dame d'Espérance de Pontmain, priez pour nous, pour la France et l'Eglise !

VINGTIÈME JOUR.

LECTURE.

Dès le mois de mars, une enquête s'ouvrit à Pontmain sous la présidence de l'un de nos vicaires généraux et avec le concours de M. l'archiprêtre d'Ernée et de M., le doyen de Landivy. Les résultats de cette enquête, dans laquelle furent interrogés avec le soin le plus minutieux, non-seulement les enfants eux-mêmes, mais les principaux témoins de tout ce qui s'était dit et fait dans la mémorable soirée du 17 janvier, ces résultats, disons-nous, sont consignés dans un long rapport où se trouve reproduit, dans toute son étendue, chacun des interrogatoires, et qui reste déposé dans nos archives. Ils auraient pu suffire pour établir la réalité du fait. Mais fidèles à la règle que Nous nous étions imposée, de ne procéder qu'avec la plus grande maturité, Nous nous décidâmes à surseoir. Quelques semaines plus tard, Nous nous trouvions Nous-mêmes à Pontmain, en cours de visites pastorales. Dans la matinée du jour de no-

tre arrivée, les quatre enfants avaient fait, les uns
leur première et les autres leur seconde communion ; et une heure à peine les séparait de l'instant
où ils devaient recevoir les dons de l'Esprit-Saint,
dans le sacrement de confirmation. Or, Vous ne
l'ignorez pas, nos Très-Chers Frères, ces grands
actes de la vie chrétienne ne s'accomplissent pas
dans nos religieuses campagnes comme on a parfois
la douleur de le voir dans les villes dissipées de
notre pauvre France. Nous pouvions compter avec
la plus entière assurance que ces chers enfants
étaient parfaitement soignés et préparés par leurs
bons parents, par leurs religieuses institutrices et
plus particulièrement encore par leur très-pieux
et très-dévoué pasteur. Nous saisîmes ce moment
si favorable pour les voir, les interroger et entendre séparément leurs réponses sur tout ce qu'ils
avaient dit et tout ce qu'ils prétendaient avoir vu
le soir du 17 janvier. Eh bien ! Nous pouvons
l'affirmer : rien de plus calme, de plus modeste
ne peut frapper les yeux ou les oreilles, rien de
plus net non plus et de plus ferme, que les décla-
rations successivement faites, sur ces grands souvenirs, par ces quatre enfants pleins de candeur,
en ce jour et dans ce moment les plus saints et les
plus solennels de la vie.

Un nouvel élément de conviction venait ainsi
s'ajouter, en les confirmant, à ceux que Nous pos-

sédions déjà , et néanmoins quelques mois plus tard, poussant, ce semble, jusqu'à leurs dernières limites les précautions que peut suggérer la prudence la plus sévère, Nous résolûmes d'instituer une nouvelle procédure.

Cette seconde enquête, comme la première, fut présidée par M. l'abbé Vincent, notre vicaire général, assisté cette fois de M. le supérieur de notre Grand-Séminaire et de M. le chanoine-théologal de notre église cathédrale, et elle s'ouvrit à Laval même, le 5 décembre, sinon sous nos yeux, au moins dans notre demeure. Là, pendant trois jours, les enfants de Pontmain furent soumis à des interrogatoires longs et réitérés, qui ne réussirent qu'à mettre dans une plus complète évidence leur sincérité, leur horreur pour le mensonge et la parfaite conformité de leurs réponses, non-seulement sur les phases principales et les incidents les plus notables de l'apparition, mais jusque sur le grand nombre de détails que leurs yeux avaient pu observer.

Vous n'auriez sans nul doute demandé rien de plus, Nos Très-Chers Frères , pour être assurés que Nous n'avons négligé aucun moyen d'éclairer notre jugement et notre conscience. Une dernière épreuve plus rigoureuse encore et plus décisive devait succéder aux deux enquêtes canoniques. Une commission de théologiens fut chargée de soumettre à un examen approfondi les dépositions des enfants et des autres témoins, de discuter la valeur de leurs témoignages, d'assigner au fait lui-même son véritable caractère et sa cause ; de résoudre, en un mot, toutes les questions qu'il peut soulever, au triple point de vue des formes juridiques, de la certitude philosophique et de la théologie.

Mais il peut n'être pas sans quelque importance, Nos Très-Chers Frères, de noter ici, au moins en passant, plusieurs circonstances qui n'ont pas trouvé place dans ce qui précède ou qui n'ont pu y être qu'indiquées. C'est d'abord le peu d'accueil que rencontrèrent dans la foule, malgré leur invincible persistance, les affirmations unanimes des enfants. Les uns répondaient par un rire d'incrédulité, les autres traitaient les enfants de visionnaires, les accusant d'illusion et d'erreur, sinon de mensonge. Mais lorsque d'une même voix ils eurent lu et relu vingt fois ces mots qui peuvent sembler prophétiques : Dieu vous exaucera en peu de temps, ces autres paroles non moins consolantes : Mon fils se laisse toucher, il n'y eut plus d'incrédules.

Un frémissement de joie agitait tous les cœurs : un sentiment profond de foi, d'admiration et d'espérance avait subjugué les âmes.

Notons en second lieu que le jour même où

toutes ces étonnantes choses se passaient à Pontmain, l'armée prussienne lançait ses avant-postes jusque dans le plus proche voisinage de Laval ; et le lendemain, à deux kilomètres de la ville, se faisaient entendre les derniers coups de canon (les derniers au moins pour nos contrées) de cette effroyable guerre qui a inondé de sang et couvert de tant de ruines le sol de notre infortunée patrie. Trois jours plus tard, les troupes ennemies, disséminées sur la zone comprise entre la Mayenne et la limite orientale du département, commençaient à se replier sur Maine-et-Loire et la Sarthe. Enfin, les parties belligérantes concluaient un armistice et signaient les préliminaires de la paix le 28 janvier. C'était, par conséquent, jour pour jour, le onzième après celui où sur la blanche banderole avaient resplendi, en lettres d'or, les paroles bénies : Dieu vous exaucera en peu de temps. Nous citons ces faits et ces dates, sans en déduire aucune conclusion. Mais il n'est personne qui, en les rapprochant de l'Événement de Pontmain, n'ait été frappé de l'exacte concordance des paroles que nous venons de rappeler, avec les circonstances décisives qui ont immédiatement suivi l'Événement lui-même.

Vous n'avez certainement pas oublié, Nos Très-Chers Frères, mais il est bon néanmoins de redire ici avec quelle ardeur et quelle allégresse furent recueillis et répétés les premiers récits qui circulèrent dans le public. Le nom de Pontmain était dans toutes les bouches.

RÉFLEXIONS.

L'Eglise n'est pas seulement une Reine à laquelle nous devons respect et obéissance, elle est également une Mère qu'il est de notre devoir d'aimer d'un ardent amour. Sa tendresse à notre égard nous est connue depuis longtemps déjà, et nous comprenons très-bien que méconnaître cette affection serait de notre part la preuve de la plus noire ingratitude.

Les bontés ineffables que nous admirons dans le cœur de nos mères, ne les avons-nous pas toujours trouvées dans le cœur de l'Eglise ?

Après nous avoir enfantés à la vie de la grâce et régénérés en Jésus-Christ par le baptême, que de soins ne nous a-t-elle pas prodigués dans notre petite enfance, et dans notre jeunesse ?

Lorsque personne encore ne songeait à nous, si ce n'est notre père et notre mère, l'Eglise s'occupait déjà de nos jeunes âmes pour les éclairer, les instruire et les préparer aux grands sacrements qui nous ont purifiés, nourris d'un aliment céleste qui n'est autre que Jésus-Christ lui-même, et marqués du sceau de Dieu et du caractère de la foi.

Arrivés à l'âge où les obstacles se sont rencontrés sous nos pas, pendant que les passions faisaient entendre, au fond de nos cœurs, leurs premiers cris de bêtes fauves, l'Eglise est venue à nous avec ses sages conseils, ses reproches pleins de douceur, ses pardons faciles comme une mère seule les sait donner.

Dans nos peines plus encore que dans nos joies, elle nous a fait entendre sa voix si douce et si bonne et nous l'avons trouvée, à toutes les heures solennelles de notre vie, pleine de tendresse et de sollicitude.

La pauvreté et la maladie sont-elles venues nous visiter, l'Eglise est accourue, en toute hâte, frapper à notre porte désertée sans doute par les heureux du monde, et elle ne nous a point abandonnés tant que sa main charitable nous a été nécessaire, tant que sa présence nous a pu être utile.

Et, — nous le savons bien, — après nous avoir dirigés et bénis dans les divers âges de la vie, elle redoublera de soins et de miséricordieuse tendresse lorsque pour nous sonnera l'heure dernière. Peut-être à ce moment redoutable, notre âme sera-t-elle plongée dans une profonde angoisse, l'Eglise nous fera entendre sa voix consolatrice, et lors même que nos meilleurs amis viendraient à fuir notre couche funèbre, à cet instant suprême, cette bonne Mère restera à nos côtés pour pleurer avec nous, prier pour nous et nous montrer le Ciel. Après notre trépas, elle ne nous abandonnera point encore. Car si les morts passent vite, suivant la parole trop vraie d'un de nos grands poètes, ce n'est pas pour l'Eglise qui bénira nos cendres et priera sur nos tombes, lorsque l'herbe et l'oubli qui les recouvrent si vite les auront cachées à tous les regards.

Telle est pour nous tous l'Eglise, c'est-à-dire une mère pleine de tendresse à laquelle nous devons respect, obéissance, amour surtout.

— N'espérez pas avoir Dieu pour Père, dit saint Augustin, si vous n'avez l'Eglise pour Mère. Qui aime Dieu, en effet, aime son Eglise : ces deux amours sont inséparables.

L'amour de l'Eglise est une extension, un écoulement de la charité pour Dieu, et une âme vraiment devouée à

Jésus-Christ vraiment, jalouse de sa gloire et de ses intérêts, est par là même une âme dévouée à son Eglise, zélée pour sa prospérité et toujours prête à se réjouir de ses succès ou à s'affliger de ses épreuves.

— Saint Bernard disait que la dévotion à Marie est un signe de prédestination. J'ose transformer sa parole, écrit un grand Evêque de nos jours, — Mgr Mermillod : — L'amour de la sainte Eglise est un signe de prédestination. Il faut l'aimer, et après l'avoir aimée, la défendre, la protéger, la servir par nos œuvres.

Aimons donc beaucoup notre sainte Mère l'Eglise : aimons-la dans ses triomphes et surtout dans ses peines, aimons-la dans son chef visible, dans ses pontifes et dans ses prêtres ; aimons-la d'autant plus qu'un grand nombre de ses enfants ne l'aiment point et font couler ses larmes. Et ce soir, redisons dans un pieux élan d'amour avec saint Augustin : — O mon Dieu, les hymnes, les cantiques, les chants de votre Eglise me remuent et me pénètrent; ce sont des voix qui viennent frapper doucement mon oreille et font couler la vérité dans mon cœur ; et quand je pense à cette divine Epouse de votre Christ, l'émotion me gagne et les larmes coulent de mes yeux et je me trouve heureux.

Puis avec Bossuet : — Si je t'oublie, ô Eglise romaine, puissé-je m'oublier moi-même ? Que ma langue se sèche et demeure immobile dans ma bouche, si tu n'es pas toujours la première dans mon souvenir ; si je ne te mets pas au commencement de tous mes cantiques de réjouissance !

PRATIQUE.

Avoir pour l'Eglise la vénération et l'amour que nous portons à nos mères et pour cela nous rappeler toujours les grands bienfaits que nous avons déjà reçus d'elle, et aussi ceux qu'elle nous prépare pour l'avenir dans sa miséricordieuse tendresse.

———

Souvenez-vous, etc. (page 21.)

INVOCATION.

O Notre-Dame d'Espérance de Pontmain, priez pour nous, pour la France et l'Eglise.

VINGT-UNIÈME JOUR.

LECTURE.

Une relation de l'Evénement, publiée avec notre permission, fut demandée et recherchée avec un empressement presque sans exemple, et en quelques mois plus de vingt mille exemplaires se trouvèrent répandus sur tous les points de la France; tandis que la presse étrangère en multipliait les traductions en Suisse, en Italie et en Angleterre.

Et, pendant ce temps, que se passait-il aux lieux mêmes où s'étaient accomplies ces grandes choses? On venait de près, on venait de loin visiter, prier, s'édifier. La foi des peuples et la confiance croissaient et s'étendaient de plus en plus. Des paroisses presque tout entières, leurs pasteurs en tête, venaient solliciter des bénédictions et des grâces de tout genre, et s'en retournaient presque toujours touchés, consolés, réjouis. Il y avait jusqu'à vingt, jusqu'à trente, et parfois jusque près de cinquante messes par jour, et, à la plupart de ces messes, des communions souvent en grand nombre. Des visiteurs de toute condition, des familles considérables écrivaient leur nom sur le registre du pèlerinage, demandant avec instance qu'il fût donné suite au projet déjà conçu d'élever en ce lieu béni un monument à la sainte Mère de Dieu, et laissaient en partant, ou bien de retour dans leurs foyers, envoyaient, en signe de reconnaissance pour des bienfaits obtenus, des offrandes destinées à concourir à l'érection du monument désiré.

Nous pourrions ajouter ici plus d'un fait particulier digne de toute attention. Mais ce n'est pas croyons nous, le moment d'en parler.

Ce moment viendra à son tour, et Nous aimons mieux aujourd'hui ne chercher les preuves de l'Apparition, que dans l'Apparition elle-même, c'est-à-dire dans le témoignage des quatre jeunes enfants, admirablement corroboré par les témoignages que leur rendent à eux-mêmes les nombreuses personnes qui ont déposé, sous la foi du serment, dans les diverses enquêtes.

Ce qu'étaient ces enfants avant la journée du 17 janvier, ce qu'ils n'ont pas cessé d'être, c'est-à-dire des enfants sages et pieux, ce que nous apprirent nos observations propres et personnelles touchant leur caractère et leurs qualités intellectuelles et morales, Nous l'avons brièvement exposé déjà. Mais c'est le moment d'y revenir, afin de mettre dans tout son jour la sincérité et la droiture ingénue de ces jeunes âmes.

Dans le cours des deux enquêtes canoniques, on demande à l'un d'entr'eux s'ils n'auraient pas fait chose louable et bonne en imaginant l'Apparition, afin d'exalter la puissance et la gloire de Marie. Et il répond « Non, le mensonge n'est jamais permis ; » et les autres, interrogés à leur tour, déclarent en termes identiques pour le fond, qu'à aucun prix ils ne consentiraient à se rendre coupables de mensonge.

Mais oseraient-ils maintenir leurs dires en face de la mort, au moment de paraître devant le tribunal du souverain Juge ? Sans ombre d'hésitation, ils répondent : « Oui. » N'auraient-ils pas au moins quelque crainte ? « Non, réplique l'enfant de dix ans, la plus jeune des petites filles ; car, en le disant, je n'ai pas commis de péché. »

Mais peut-être ces enfants, au souvenir du double prodige de Lourdes et de la Salette, ont-ils conçu la pensée et l'espoir de voir un jour quelque chose de semblable ? Non ; aucun d'eux n'a lu un récit circonstancié de ces prodiges ; aucun n'a vu une seule des images ou représentations, si répandues cependant, qu'en ont données la gravure et la statuaire. Le peu qu'ils avaient su de ces deux apparitions, antérieures l'une et l'autre à leur entrée dans la vie , ne s'était conservé dans leur mémoire que comme un souvenir à demi-effacé , et , pour toute réponse à la question qui leur était adressée , l'un des jeunes garçons et l'une des petites filles , disaient à peu près dans les mêmes termes : « Je n'espérais voir la Sainte Vierge qu'au Ciel. »

L'Apparition imaginée par les enfants! Mais est-il personne qui ne voie, au premier coup d'œil, à quelles invraisemblances , pour ne pas dire à quelles impossibités morales vient se heurter une semblable supposition? Il s'agit, ne l'oublions pas, Nos Très-Chers Frères, d'enfants de dix à douze ans. — « Ils sont (au moins trois d'entr'eux) d'une constitution plutôt lymphatique que nerveuse, d'un caractère parfaitement tranquille et peu facile à émouvoir. » Tous ont été élevés dans la simplicité qui convient à leur âge et à la modeste condition de leur famille ; et les facultés de leur âme , l'intelligence , l'imagination, la mémoire, ont reçu à peine le commencement si limité de culture que peut offrir une école primaire de village. Et pourtant c'est par ces imaginations si jeunes et si peu cultivées qu'aurait été créé ce splendide tableau avec ses aspects changeants , ses phases multiples et si variées, avec cette multitude de circonstances toutes également extraordinaires , se, succédant dans un ordre merveilleux , et, par une coïncidence plus merveilleuse encore , répondant (du moins quelques-unes des plus remarquables d'entr'elles) au sens des prières chantées par la foule, non sur leur demande, mais sur l'ordre du pasteur de la paroisse et sous la direction des Sœurs institutrices. Et ces enfants, en qui il faudrait bien, en dépit de leur jeunesse, reconnaître un certain degré d'habileté et de prévoyance, auraient osé affronter l'éclat et la solennité d'une épreuve sur la place publique, pour y débiter leur fabuleuse invention, non en société d'un petit nombre de leurs compagnons d'enfance , mais en présence de quiconque voudrait en tendre leurs étranges récits ! Et ils auraient su soutenir leur rôle pendant deux et trois heures, sans que le moindre désaccord, la plus légère hésitation, aucun indice d'aucun genre eût trahi leur imposture !

Ils auraient réussi, au contraire, grâce à l'apparente sincérité d'une joie et d'un enthousiasme menteurs, non-seulement à captiver et à retenir comme sous un charme , durant ces longues heures, et malgré les rigueurs du froid , les cinquante ou soixante témoins de tout âge et de toute condition qui se pressaient autour d'eux , mais encore à triompher de leurs doutes, de leur méfiance, ou de leur incrédulité !

RÉFLEXIONS.

L'Église, que nous avons saluée sous ses titres de Reine et de Mère, est entourée d'ennemis nombreux et acharnés qui conspirent sa perte.

Plus que jamais, peut-être, elle compte, même parmi ses enfants, des ingrats et des révoltés qui l'abreuvent d'injures, l'outragent odieusement et joignent leurs efforts à ceux de l'enfer pour l'anéantir, s'il était possible. Il faut, sans doute, gémir du plus profond de notre cœur, sur ce triste sort réservé à notre Sainte Mère l'Église, mais ne pas s'en étonner. — La persécution a été de tout temps son partage, et son divin fondateur ne lui cachait point la vérité au jour où il disait à ses Apôtres : — *Vous serez haïs de tous à cause de moi. — Si le monde vous hait, sachez qu'il m'a haï le premier. Ils m'ont haï, moi et mon Père !* Quand nous lisons l'histoire de l'Église depuis sa première heure jusqu'au jour présent, que voyons-nous à toute page ?... Des larmes et du sang ! La route que cette divine Épouse de Jésus-Christ a parcourue à travers les âges, ressemble, en effet, à la voie douloureuse et ensanglantée du Calvaire, et s'il nous fallait indiquer seulement les différentes sortes de persécutions dont elle a été la victime depuis dix-huit siècles, il serait besoin non plus de longues heures mais de journées entières, et ce n'est qu'à travers nos larmes que nous pourrions entendre ce récit.

Mais pour ne parler que des attaques odieuses dont elle est la victime de nos jours, en particulier ; quel affligeant tableau nous devrions tracer !

Que de conversations et d'entretiens qui n'ont pour but que la calomnie et la haine pour cette grande bienfaitrice du genre humain ? Chaque jour, en effet, nous pouvons entendre des hommes qui ne pourraient même pas dire exactement ce qu'est l'Église et dont le suprême bonheur semble consister dans une rage infernale contre cette divine épouse de Jésus-Christ.

Dans une foule de brochures, de journaux, de revues, le nom de cette Mère dévouée et sans tache est traîné dans la boue le plus souvent par des misérables qu'elle a nourris de son pain et élevés sur ses genoux.

Elle est attaquée dans ses dogmes qu'on veut combattre sans les connaître, sans les comprendre surtout ; dans ses institutions qui ont civilisé le monde et n'ont encore pour but que le bien de la pauvre humanité ; dans son autorité qui n'est autre que celle de Dieu lui-même ; dans son chef visible qui est, ici-bas, la personnification la plus éclatante et la plus auguste de la vérité, de la sainteté, de la justice et de la charité ; dans ses pontifes, gardiens vigilants et propagateurs dévoués, sous l'œil du Pasteur suprême, de toutes nos saintes croyances ; dans ses prêtres qui ne demandent qu'à se dévouer à la gloire de Dieu et au salut des âmes ; dans ses saintes religieuses qui n'ont dit adieu aux fêtes et aux joies du monde, que pour lui être plus utiles, par l'éducation des petits et des pauvres, par le soin des malades, par toutes les œuvres, en un mot, qui ont pour but le soulagement de l'humanité souffrante.

En présence de tant de noirceur et d'une si odieuse ingratitude, nous, les enfants de cette Église persécutée, ne nous demandons pas trop l'explication de ce triste sort qui lui est fait, et surtout n'ayons pas le malheur de nous en scandaliser.

Le spectacle que présente aujourd'hui le monde est celui qu'il a offert dans tous les temps ; cette conjuration contre l'Église revêt, il est vrai, un caractère qu'elle n'avait peut-être jamais pris, du moins au même degré, dans les siècles passés celui d'une profonde et séduisante hypocrisie présageant des persécutions ouvertes ; mais tel doit être le sort de l'Épouse du Dieu du Calvaire.

Et puis, l'Église n'est-elle pas la grande ennemie du mensonge, de la corruption et du désordre ? N'est-elle pas la gardienne vigilante de la justice et de la vérité, n'ayant aucune crainte délever sa voix pour la défense du faible contre l'oppresseur, du pauvre contre le riche, de la victime contre son persécuteur ? A ces titres, elle mérite les calomnies et les coups de tant d'hommes qui ne rêvent que le bouleversement de toutes nos institutions les plus sacrées.

Non, ne nous étonnons point, ne nous scandalisons pas surtout de cette rage qui se déchaîne de nos jours, plus que jamais peut-être, contre l'Église.

Mais, sachons la défendre avec courage et générosité.

Nous sommes faibles, sans doute, nous ne pouvons presque rien dans cette lutte à mort, mais du moins, faisons notre devoir sous les regards et les bénédictions de Dieu.

Oui, défendons notre sainte Mère l'Église, et par nos paroles, et par nos actes, et par notre armour surtout. Lorsque nous la voyons indignement calomniée, répondons à ces attaques par notre énergie à rappeler ses bienfaits innombrables, sa sainteté éclatante, sa mission toute de miséricorde et de tendresse ; chaque jour, gardons l'entrée de nos demeures de ces misérables feuilles qui souillent et déchirent la robe immaculée de l'Épouse de Jésus-Christ.

Montrons-nous surtout d'une fidélité inébranlable au service de Dieu, à l'accomplissement des lois de son Église ; et à notre dernière heure nous serons heureux de nous redire ces belles paroles d'un saint religieux, — Je

Père Lacordaire, — Oh ! qu'il est doux de mourir, après avoir connu et aimé tout ce qu'on peut connaître et aimer ici-bas :

Dieu, son Christ et son Église !

PRATIQUE

Ne point s'étonner des attaques dont l'Église est victime et surtout ne point y trouver sujet de crainte ou de scandale. La défendre en toutes circonstances, comme on défendrait sa mère outragée, et ne jamais se permettre d'écouter des conversations ou de lire des pages qui déversent le fiel et la haine sur cette divine Épouse du Christ.

Souvenez-vous, etc. (page 21.)

INVOCATION.

O Notre-Dame d'Espérance de Pontmain, priez pour nous, pour la France et l'Église !

VINGT-DEUXIÈME JOUR.

LECTURE.

Ce n'est pas tout d'ailleurs. Si l'on admettait que l'apparition ait pu être conçue et naître dans le cerveau de quelqu'un de ces enfants, évidemment il faudrait admettre aussi qu'elle n'en est pas sortie comme d'un seul jet et toute d'une pièce. Cet ensemble de choses si bien coordonnées entr'elles ne pourrait être que le fruit de longues et laborieuses combinaisons. L'inventeur et ses complices auraient dû nécessairement se voir, se concerter, régler en commun tous les détails de la mise en scène, et se pénétrer profondément de tout ce qu'ils seraient convenus de dire et de faire. Or, cette hypothèse d'un concert ou d'une entente préalable tombe d'elle-même devant les preuves que nous allons produire.

Interpellés sur ce point dans l'une et l'autre enquête, ces chers enfants (et dans la dernière ils avaient fait serment sur les saints Evangiles) ont protesté, avec autant de calme que d'assurance, qu'il n'a existé entr'eux aucune entente, d'aucun

13

genre « ni avant, ni pendant, ni après » l'événement.

Ces protestations, il est vrai, et nous en convenons sans hésiter, ne sauraient suffire seules pour dissiper tout doute sur l'existence d'un plan préparé d'avance par les enfants. Il faut d'autres témoignages, des témoignages sûrs et désintéressés, qui servent d'appui et de garant à leurs affirmations même les plus solennelles. Ces témoignages, Nous vous les apportons, Nos Très-Chers Frères. Presque à la dernière heure, au moment où s'achevait le travail que Nous vous livrons aujourd'hui, nous avons voulu entendre nous-même, une dernière fois, plusieurs des témoins appelés à l'enquête du mois de mars.

Ce sont d'abord les Sœurs institutrices, dont nous avons constaté, avec un soin rigoureux, le zèle et l'intelligente vigilance.

L'une et l'autre ont affirmé avec serment que « ni le jour » où le fait s'est produit, « ni les jours précédents, » les quatre enfants n'ont eu entr'eux ni « rapports particuliers, » ni « aucune communication. » L'une d'elles avait dit auparavant : « Je signerais de mon sang que les enfants ne se sont pas concertés entr'eux ; » et l'autre : « c'est le cri de ma conscience que les enfants n'ont subi, d'aucun côté, aucune influence. »

Le vénérable curé qui administre la paroisse

de Pontmain depuis plus de trente-cinq ans,
M. Michel Guérin, que ses vertus, bien plus
encore que ses années, recommandent au respect
de tous, interrogé à son tour, nous répondit :
« J'atteste devant Dieu qu'il est impossible que les
enfants se soient concertés. Devant Dieu j'affirme
qu'ils n'ont été ni trompés ni voulu tromper. »

Déjà dans la première enquête, le digne pasteur,
invité à dire quelle était leur conduite, avait
répondu : « très-bonne ; incapables de mentir et
pieux. Ils faisaient beaucoup d'exercices de piété
extraordinaires, depuis le commencement de la
guerre, et ils continuent encore. » Et quelques
jours après, huit nouveaux témoins affirmaient
sur les saints Evangiles l'entière sincérité des
enfants.

A la suite de ces témoignages si nets, si précis
et plusieurs fois si énergiquement exprimés, nous
ne craindrons pas de produire même le témoignage de la mère des deux jeunes garçons. Sans
doute le cœur d'une mère peut paraître suspect
d'indulgence exagérée en ce qui touche ses enfants.
Mais il s'agit ici d'une femme d'un esprit droit et
juste, d'une mère vraiment chrétienne, dont la
parole emprunte une nouvelle autorité à la sainteté
du serment qu'elle a prêté comme tous les autres
témoins cités à l'enquête. Or, elle déclare que
« jamais » ni elle ni son mari « n'ont aperçu que

les enfants aient fait le plus petit mensonge ; » et que « personne au monde n'a pu leur donner l'idée de mentir et d'inventer le fait. »

Pour clore enfin cette série déjà longue de témoignages, nous extrayons quelques lignes encore de la première déposition de l'une des sœurs institutrices. « Je ne crois pas, dit-elle, que les enfants fussent capables de mentir. » Et sur cette seconde question qui lui est adressée : « Quelle est leur conduite ordinaire ? » Voici sa réponse : « En tous il y a un peu de légèreté, mais point de malice. Tous sont fort obéissants et pieux, faisant beaucoup de prières. »

Ce seraient pourtant ces enfants dociles, craignant Dieu, ennemis de tout mensonge, qui auraient brusquement passé tous les quatre, sans aucune exception, de la plus grande réserve à la plus audacieuse invention qui se puisse concevoir dans un âge si tendre, et de la plus constante piété à la plus sacrilége comédie, où Notre-Seigneur Jésus-Christ et sa sainte Mère auraient été indignement joués ! Et cela au milieu du deuil profond de la patrie entière, quand l'angoisse était dans toutes les familles, la tristesse dans tous les cœurs, quand eux-mêmes avaient un frère pour lequel ils priaient tous les jours, et qui pouvait être déjà tombé sous le fer ou sous le feu de l'ennemi prussien ! Non, non, ces vertueux enfants ne se sont pas transformés tout d'un coup en imposteurs, sans honte ni frein. Non, c'est impossible, et votre raison et vos consciences, nous n'en saurions douter, nos Très-Chers Frères, le proclament non moins haut que la nôtre.

Soit, pourrait-on dire, mais s'ils n'ont pas voulu tromper, d'autres ont pu se tromper eux-mêmes, en leur suggérant l'erreur où ils sont tombés. L'imagination ardente fait aisément accepter, surtout à des enfants, des fables pleines de prestige. Nous le voulons bien. Mais où trouverez-vous ces imaginations ardentes et ces coupables instigateurs dans l'humble et obscur village de Pontmain ? Les deux petites filles étaient pensionnaires des Sœurs institutrices, l'une depuis l'âge de cinq ans et demi, l'autre depuis l'âge de trois ans. Elles vivaient donc à peu près en dehors de tout contact avec les personnes étrangères à l'établissement, et les jeunes garçons, élèves externes du même établissement, formés dès lors aux salutaires habitudes de travail si bien conservées dans nos campagnes, passaient sous les yeux de leur père et en partageant son labeur, les heures de loisir que leur laissait l'école.

RÉFLEXIONS.

En présence des attaques violentes dont l'Église est l'objet, bon nombre d'âmes se prennent à trembler pour elle et à redouter sinon sa ruine complète, du moins un affaissement plein de désespoir et de honte.

Parmi nous, peut-être, quelques-uns ont-ils éprouvé ce sentiment de frayeur qui, pour naître dans un cœur plein de dévouement filial, n'en suppose pas moins une grande ignorance, ou un oubli impardonnable des promesses de Jésus-Christ et des leçons de l'histoire?

Ah! c'est vrai, à la vue de l'acharnement qui de toutes parts grandit contre l'Église, l'âme chrétienne est saisie d'une profonde tristesse, et facilement elle se laisserait aller au découragement et au désespoir, si elle ne connaissait pas la puissance divine et si elle n'avait appris à regarder en pitié les jugements des hommes et les efforts des méchants.

Non, l'Église ne périra point et nous serions bien insensés de trembler pour elle. La promesse de l'homme-Dieu consignée dans le saint Évangile est là, toujours vivante : *Tu es Pierre*, a dit Notre-Seigneur, au chef de son Église, *et sur cette pierre je bâtirai mon Église et les portes de l'enfer ne prévaudront pas contre elle; et voici que je suis avec elle jusqu'à la consommation des siècles !*

Ah ! dit saint Augustin, oui les ennemis de l'Église, qui est cette véritable pierre dont parle Jésus-Christ, ont le pouvoir de la persécuter, mais c'est pour exercer sa patience ; ils peuvent l'attaquer par la calomnie, mais par là-même, ils verront sa sagesse ; ils peuvent la traiter en ennemie, mais ne trouveront en elle que bonté, bienveillance et charité; quant à l'anéantir, ils ne le pourront jamais, elle est plus forte qu'eux, elle les voit les uns après les autres expirer à ses pieds.

Au temps du grand Évêque d'Hippone, en effet, c'est-à-dire il y quatorze siècles, on disait aussi : *L'Église va mourir et bientôt son nom sera effacé, et il n'y aura plus de Christianisme, il a fait son temps. — Ah ! répondait saint Augustin, pendant que les hommes tiennent ce langage, je les vois mourir chaque jour, et l'Église demeure toujours debout, annonçant la puissance de Dieu à toutes les générations qui se succèdent. (1)

Tel est bien de nos jours encore, le langage de l'impiété, telle aussi doit être la réponse de toute âme dévouée à la sainte Église.

Oui, disons-nous bien, qu'elle est *une enclume qui a brisé tous les marteaux.*

Du reste, ouvrons son histoire, et nous verrons les triomphes les plus éclatants succéder toujours à toutes les attaques ; et notre siècle lui-même si fier des nouveaux engins de destruction qu'il croyait avoir forgés contre l'Église, est obligé de s'avouer vaincu.

Ceux même, qui n'ont point le bonheur d'avoir l'Église pour Mère, ne peuvent s'empêcher parfois de rendre hommage à son éternelle jeunesse.

— Le nombre des enfants de l'Église catholique, s'écriait, il y a quelques années, un illustre protestant, — Macaulay, — est plus considérable que dans aucun des siècles antérieurs. Les acquisitions dans le Nouveau-Monde ont plus que compensé ce qu'elle a perdu dans l'Ancien. — Sa suprématie spirituelle s'étend partout, et aucun signe n'indique que le terme de cette longue souveraineté soit proche.... Il est remarquable que ni la révolution morale du dix-huitième siècle, ni la contre-révolution morale du dix-neuvième, n'ont rien ajouté à la puissance du protestantisme.

Semblable à la poussière qui insulte le voyageur en passant, dit à ce sujet l'éloquent Père Lacordaire, ce siècle en ruine outrage l'Éternité de l'Église et ne s'aper-

(1) St Augustin. Explication des Psaumes. Ps. 70.

çoit pas que son immobilité même est la preuve de sa force. Élevée dans le monde par une persuasion de dix-huit siècles, sur une antiquité de quatre mille ans, l'Église catholique est invincible, parce qu'on peut toujours ce qu'on a pu partout. Ce qui est universel est perpétuel, comme ce qui est infini est éternel (1).

Non, ne tremblons point en présence des persécutions de l'Église ; gémissons, sans doute, du plus profond de notre cœur, sur le malheur des enfants ingrats et rebelles qui cherchent à déchirer le sein de leur mère ; mais aussi pour nous encourager à l'espérance, aimons à considérer les élans d'amour, de dévouement et d'héroïsme que fait naître dans l'âme des vrais serviteurs de Jésus-Christ et de sa sainte Épouse, la pensée de ces attaques violentes et continuelles.

L'Église n'a peut-être jamais compté tant d'ennemis acharnés à sa ruine, mais aussi elle n'a peut-être jamais connu un aussi grand nombre de cœurs qui ne demandent qu'à se sacrifier pour elle.

Vis-à-vis de la haine aveugle qui monte comme une mer orageuse, l'amour grandit aussi au cœur de ses enfants, et l'on a pu dire à bon droit que l'Église n'avait jamais été plus connue, mieux aimée, plus fidèlement servie.

Pour nous, enfants de cette Église que nous aimons comme on aime une bonne et tendre mère, écoutons les conseils que nous donne saint Ambroise : — Sur la mer orageuse du monde, nous dit ce grand docteur, tenons-nous fermes et droits dans le vaisseau de l'Église, ce vaisseau est agité par les vents déchaînés, par les tempêtes qui mugissent ; de nombreux ennemis cherchent à le briser et à le submerger ; mais jamais il ne fera naufrage, parce

(1) P. Lacordaire. Conférences de Notre-Dame, 1835.

que la Croix de Jésus-Christ est son mât ; le Père éternel se tient à la poupe et lui sert de pilote ; le Saint-Esprit le dirige vers le port, et douze rameurs habiles, qui sont les douze Apôtres, le font passer à travers les détroits et les écueils en évitant tout péril.

PRATIQUE.

Ne point s'effrayer des luttes que l'Église subit sous nos yeux. Se rappeler toujours les promesses de Jésus-Christ à sa sainte Épouse, et prier avec foi et amour pour son triomphe.

Souvenez-vous, etc. (page 21.)

INVOCATION.

O Notre-Dame d'Espérance de Pontmain, priez pour nous, pour la France et l'Eglise !

VINGT-TROISIÈME JOUR.

LECTURE.

Quels étaient d'ailleurs les guides, les directeurs, les conseillers de tous les jours que suivaient seuls, en toute occasion, ces dociles enfants? C'étaient uniquement leurs parents, leurs institutrices et leur vénérable pasteur. C'est par conséquent sur eux, ou du moins sur l'un d'eux, qu'il faudrait, contre toute raison et toute évidence faire tomber l'horrible accusation d'avoir ourdi une indigne et si criminelle trame. Nos Très-Chers Frères, est-ce chose admissible ou même supposable?

Mais il est une autre question qui se pose comme d'elle-même, et qui, au jugement d'un grand nombre, pourra paraître importante entre toutes. Ces enfants n'ont-ils pas été les jouets d'une illusion des yeux ou d'une hallucination? Cette question, nous ne le dissimulons pas, Nos Très-Chers Frères, dès les premiers jours nous parut sérieuse, et, trop incompétent pour la résoudre seul, Nous comprîmes dès lors qu'une commission médicale, aussi sûre et savante que les circonstances Nous permettraient de la former, aurait à Nous prêter le concours de sa bonne volonté et de ses lumières. Cette commission s'est aisément trouvée ; et le 5 décembre se réunissaient, à l'Evêché, MM. les docteurs Gustave Régnault, professeur à l'école de médecine de Rennes, Anatole Bucquet, président du conseil d'hygiène du département, Emile Ponthault, médecin des hôpitaux de Mayenne, pour procéder à l'examen de la question spéciale que Nous venons d'énoncer, et qui appartient essentiellement et presque sous tous ses aspects divers, au domaine de la physiologie et de la médecine. Là, en notre présence et en celle des membres de la commission désignée pour la seconde enquête, se présentèrent et furent examinés et interrogés l'un après l'autre, les quatre enfants, uniques témoins oculaires du fait de l'apparition.

Dans le docte travail qui résume leurs observations et expose les appréciations de chacun, les médecins déclarent à l'unanimité qu'il est impossible d'expliquer le fait par une affection morbide des yeux. « Les yeux des enfants, ajoutent-ils, sont dans l'état le plus satisfaisant ; et d'ailleurs aucune affection connue de l'appareil visuel ne saurait produire un semblable effet.

« La possibilité d'une illusion d'optique leur paraît également devoir être écartée, en l'absence de toute cause capable d'en provoquer. Aucun point lumineux n'existait ni à l'horizon ni au voisinage. Les enfants dont rien n'avait à l'avance surexcité l'imagination, voyaient tous simultanément le même objet, et l'indiquaient tous en même temps sans s'être fait part de leurs impressions particulières. Rien par conséquent ne peut faire songer à une illusion résultant chez quelques-uns de ces enfants du désir de voir le fait extraordinaire dont leurs petits camarades prétendaient être les témoins. » Mais pourrait-on admettre l'existence d'une hallucination de la vue ?

Les médecins, d'un commun accord, « ont également repoussé cette hypothèse suivant laquelle une hallucination se serait produite simultanément, avec la même forme, de la même manière, pendant le même temps et un temps aussi long (trois heures) chez quatre individus. Ils voient dans l'hallucination le résultat d'un état anormal et morbide du cerveau qui reste personnel, non communicable, et rejettent d'une manière formelle une interprétation aussi déraisonnable que celle d'après laquelle on voudrait, chez des sujets différents d'humeur, d'allure et de constitution, généraliser un pareil fait. »

Les médecins concluent donc « qu'on ne saurait

en aucune façon expliquer le récit de ces enfants, ni par l'existence d'une affection morbide des yeux, ni par une illusion d'optique, ni par le fait d'une hallucination. »

Tel est, Nos Très-Chers Frères, le jugement porté par les représentants autorisés de la science médicale que Nous avions choisis pour suppléer à notre insuffisance personnelle. Vous ne Nous reprochez certainement pas la longueur des citations que Nous avons empruntées à leur rapport.

Car il n'est personne parmi vous qui n'ait été ou qui ne sera frappé, comme Nous, de la vive lumière que ces citations répandent sur un point qui aurait pu paraître obscur au premier abord ; et, après les avoir lues ou entendues lire, vous serez pleinement convaincus que, si la supposition d'une imposture et d'une collusion criminelle de la part des enfants, est chose absolument inadmissible, la science humaine n'a rien de plausible non plus à objecter contre le fait affirmé par les enfants de Pontmain.

Mais ne reste-t-il plus aucune difficulté à prévenir ou à résoudre, aucune ombre à dissiper ? N'y a-t-il pas quelque autre hypothèse encore dont on puisse s'armer sinon pour ébranler la certitude de l'apparition elle-même, du moins pour en dénaturer l'origine et le caractère ?

Cette apparition n'est-elle pas peut-être une

illusion fantastique produite par quelqu'un de ces prestiges, tels qu'on en trouve plus d'un exemple dans nos livres sacrés, et dont l'auteur n'est autre que Satan, le père du mensonge ?

Ce n'est ici, Nos Très-Chers Frères, ni le temps ni le lieu d'entrer dans un long examen des signes auxquels se reconnaissent les opérations diaboliques et moins encore d'entreprendre une discussion théologique pour montrer quelle puissance Dieu a laissée aux anges des ténèbres et dans quelles limites cette puissance peut s'exercer. Nous demanderons seulement par quel motif, pour quelle fin, dans quel intérêt aurait agi l'esprit séducteur, en faisant apparaître dans les airs cette femme mystérieuse, avec son brillant cortége d'étoiles se rangeant avec une sorte de respect, sous ses pieds et autour de sa tête. Eh quoi ! c'est lui, c'est Satan qui aurait provoqué cette admirable concert de supplications et de louanges qui pendant de longues heures n'a cessé de monter vers le trône de Dieu ! C'est lui qui aurait excité et les enfants et la foule à prier et à prier encore ! C'est lui, l'éternel ennemi de Dieu et des hommes, qui aurait de sa main tracé ces paroles : Dieu vous exaucera en peu de temps ! Et c'est' cette infernale main encore qui aurait ajouté : Mon fils se laisse toucher, pour révéler, quelques instants après, le nom de ce fils lui-même, en écrivant, en lettres de sang au-dessus de l'image du divin Crucifié : Jésus-Christ ! Satan se serait donc fait le héraut et l'apôtre de la glorieuse maternité divine de Marie ! Mais comment se maintiendrait debout son empire s'il travaillait ainsi lui-même à le détruire ? Non, non, une telle interprétation est absolument inadmissible. Satan est et sera à jamais l'ennemi juré de Marie et de son culte. Et Nous, Frères bien-aimés, nous continuerons, à la vie et à la mort, de la bénir, d'exalter sa miséricorde et sa puissance, et de l'invoquer avec une ardeur chaque jour renouvelée et plus vive, de foi, d'espérance et d'amour.

RÉFLEXIONS.

Parmi les prérogatives divines de l'Eglise et de son auguste Chef, il en est une qui, depuis ces derniers temps surtout, a produit dans le monde un bruit extraordinaire, je veux dire l'Infaillibilité.

L'ignorance et la mauvaise foi se sont hâtées de s'emparer de ce mot pour en faire un cri de révolte ; elles en ont altéré le vrai sens, et aujourd'hui encore, il n'est pas rare de trouver des hommes qui le jettent à la face de l'Eglise et de ses fidèles enfants, comme une insulte et une honte.

Grâce à Dieu, nous ne sommes point du nombre de ces pauvres aveugles et nous aimons à saluer notre sainte Mère l'Eglise et son chef Auguste sous ce beau titre d'Infaillibles.

Examinons, cependant, ce soir, cette importante ques-

tion, et après nous être demandé en quoi consiste l'infaillibilité, étudions-la dans le corps des Pasteurs formant par
son union avec le Pape, l'Eglise enseignante ; demain,
nous l'étudierons dans le souverain pontife.

L'Infaillibilité est le privilége de ne pouvoir ni se tromper, ni tromper les autres en les enseignant ; de ne pouvoir ni altérer la doctrine de Jésus-Christ, ni se méprendre
sur le véritable sens de ce que le divin Sauveur a ensei-
gné, ordonné ou défendu.

Dieu seul, il est vrai, est infaillible par nature, mais il
a bien pu, — nous le comprenons, — préserver, par une
faveur particulière, de toute erreur, les hommes qu'il a
choisis pour instruire leurs frères en son nom ; et de fait,
il lui a plus d'accorder à son Eglise ce glorieux privilége.

Ecoutons l'expression formelle, décisive de ses adora-
bles volontés ; elle est consignée de la manière la plus
claire et la plus évidente dans le saint Evangile :

— *Tout pouvoir*, dit Notre-Seigneur Jésus Christ à ses
Apôtres, *m'a été donné dans le Ciel et sur la terre. Allez
donc, enseignez tous les peuples..; et voilà que je suis avec
vous, tous les jours, jusqu'à la consommation des siècles.*
— *Prêchez l'Evangile à toute créature : celui qui aura
cru, sera sauvé; celui qui n'aura pas cru, sera condamné.*
— *L'Esprit-Saint vous enseignera toute vérité. — Si quelqu'un n'écoute pas l'Eglise, qu'il soit pour vous comme le
païen et le publicain. — Qui vous écoute, m'écoute ; et qui
vous méprise, me méprise. — Tu es Pierre, et sur cette
pierre je bâtirai mon Eglise, et les portes de l'enfer ne
prévaudront jamais contre elle.*

Dans cet ensemble de témoignages, quiconque ouvre les
yeux est contraint de reconnaître la constitution d'une autorité enseignante, suprême et infaillible, essentiellement
incapable d'enseigner l'erreur.

Car Jésus-Christ, tout sage et tout puissant, promet solennellement à ses apôtres et à leurs successeurs de les assister jusqu'à la fin du monde, d'être avec eux, tous les jours, pour les éclairer et les diriger.

Comment une assistance divine, spéciale, surhumaine, perpétuelle, n'aurait-elle point pour effet l'infaillibilité d'enseignement? Une assistance divine et permanente est-elle compatible avec le mensonge et l'erreur qui infecteraient le corps de l'Eglise? dans ce cas, la promesse de Jésus-Christ serait vaine, et sa parole serait une imposture. De plus, il faut écouter les Apôtres et leurs successeurs comme le Fils de Dieu lui-même, qui ne peut faillir; parce que c'est *avec lui*, et par son divin Esprit, qu'ils instruisent et qu'ils décident. Il faut enfin croire à leur parole, sous peine, si l'on ne croit pas, d'être regardés comme des idolâtres et des publicains, et d'encourir l'éternelle condamnation, et aussi parce que cette parole prévaudra toujours contre les mécréants. — L'erreur ne peut donc jamais infecter la foi de l'Eglise, incapable de tromper ses disciples, en les enseignant.

D'ailleurs, le Saint-Esprit, par l'organe de saint Paul, déclare que l'Eglise du Dieu vivant est la colonne et le soutien de la vérité : si elle pouvait enseigner l'erreur, cet oracle serait un mensonge. Dans ce cas, bientôt nous verrions s'obscurcir et s'éteindre la lumière de la foi; bientôt nous serions semblables à des enfants emportés çà et là par tout vent de doctrine, ce que Jésus-Christ a voulu précisément éviter en établissant dans la société chrétienne le corps enseignant, avec son Chef et son centre d'unité.

Cette consolante et admirable prérogative d'infaillibilité, dont Dieu seul est la source, est l'apanage de l'Eglise catholique romaine, de l'Epouse de Jésus-Christ. Elle est le principe de sa vie, de sa grandeur et de sa force. Nul homme, nulle institution humaine n'a jamais songé à la revendiquer ; elle est incommunicable ; et les sectaires qui auraient le front de se dire infaillibles n'exciteraient que risée et pitié. Et devant l'Église, qui s'est toujours proclamée et qui se proclame toujours infaillible, la partie la plus savante, la plus saine et la plus vertueuse de l'humanité, s'incline avec foi, avec respect et soumission.

Et maintenant, nous est-il besoin d'un plus grand nombre de preuves et d'arguments pour croire ? Oh ! non... A tout esprit qui ne cherche que la vérité, ce peu de mots suffisent amplement, et, grâce à Dieu, nous avons le bonheur d'être du nombre de ces âmes qui voient promptement et clairement, parce qu'elles ont le désir et l'amour du vrai.

A nous de nous recueillir et d'admirer le grand ouvrage de la miséricorde divine sur nos âmes. L'Église catholique, notre reine et notre mère, est donc — on l'a bien dit — une école unique où l'on donne et où l'on reçoit la sagesse divine et où Jésus-Christ lui-même surveille, conduit et protége incessamment la transmission de sa parole.

Tranquille sous la direction d'un si bon Maître, l'Église traverse les siècles ; elle remplit le monde du son de sa voix, et ne refuse à aucun homme la parole qui éclaire, qui avertit et qui sauve.

Bienheureusement appuyée sur les assurances qu'elle a reçues de son divin Chef, et le sentant toujours comme à sa droite dans les heures périlleuses, elle témoigne, elle juge, elle enseigne, également infaillible dans ce triple exercice d'une puissance qu'elle a reçue d'en haut.

PRATIQUE.

Plaindre de tout notre cœur tant de pauvres âmes aveuglées qui, ne comprenant rien aux dogmes de notre sainte religion, se rient des vérités qui font notre gloire et notre consolation.

Réciter chaque jour avec fidélité et amour, en présence des erreurs nombreuses qui cherchent à obscurcir la vérité touchant la sainte Église, l'acte de Foi et le symbole des Apôtres.

———

Souvenez-vous, etc. (page 21.)

INVOCATION.

O Notre-Dame d'Espérance de Pontmain, priez pour nous, pour la France et l'Église !

VINGT-QUATRIÈME JOUR.

LECTURE.

Notre tâche est accomplie, Nos Très-Chers Frères, il ne Nous reste plus qu'à conclure.

A ces causes,

et le saint Nom de Dieu invoqué,

Vu les procès-verbaux des deux commissions successivement chargées d'informer sur le fait de l'apparition de la sainte Vierge à Pontmain, et ceux des compléments d'enquête faits le 19 janvier et le 20 et 21 du même mois ;

Vu le témoignage écrit des docteurs-médecins appelés à émettre leur jugement sur les circonstances qui sont du domaine de la science médicale et physiologique ;

Vu le rapport et l'avis de la commission de théologiens chargée d'étudier le fait précité au point de vue de la théologie, de la certitude philosophique et des formes juridiques ;

Considérant que l'apparition ne peut être attribuée ni à la fraude ou à l'imposture ni à un état maladif des organes de la vue chez les enfants, ni à une illusion d'optique, ni à une hallucination ;

Considérant que le fait excède les forces de l'homme et celles de toute la nature corporelle et visible ; que dès lors il appartient à l'ordre des faits surnaturels ou du moins préternaturels ;

Considérant qu'il ne peut pas davantage s'expliquer par l'action des puissances diaboliques ;

Considérant d'ailleurs qu'il porte, soit en lui-même, soit dans l'ensemble des circonstances qui l'ont accompagné et suivi, le caractère d'un fait de l'ordre surnaturel et divin ;

Avons déclaré et déclarons ce qui suit :

Article 1er. — Nous jugeons que l'Immaculée Vierge Marie, Mère de Dieu, a véritablement apparu, le 17 janvier 1871, à Eugène Barbedette, Joseph Barbedette, Françoise Richer et Jeanne-Marie Lebossé, dans le hameau de Pontmain.

Nous soumettons, en toute humilité et obéissance, ce jugement au jugement suprême du Saint-Siége apostolique, centre de l'unité, et organe infaillible de la vérité dans toute l'Eglise.

Art. 2. — Nous autorisons dans notre diocèse le culte de la bienheureuse Vierge Marie, sous le titre de Notre-Dame-d'Espérance de Pontmain.

Art. 3. — Nous nous réservons expressément l'approbation de toute formule de prière, de tout cantique, de tout livre de piété ayant rapport à l'apparition, et nous défendons de publier aucun écrit de ce genre sans notre approbation préalable donnée par écrit.

ART. 4. — Répondant aux vœux qui nous ont été exprimés de toutes parts, nous avons formé le dessein d'élever un sanctuaire en l'honneur de Marie sur le terrain même au-dessus duquel Elle a daigné apparaître.

Les fidèles de notre religieux diocèse voudront, nous n'en doutons point, contribuer dans la plus large proportion possible à l'édification de ce monument, destiné à perpétuer à la fois le souvenir de la protection spéciale dont l'auguste Mère de Dieu a couvert notre contrée et celui de la reconnaissance sans terme ni mesure que nos cœurs lui ont vouée.

Et sera notre présent Mandement lu et publié dans toutes les églises et chapelles du diocèse, le dimanche qui en suivra immédiatement la réception.

Donné à Laval, en notre palais épiscopal, sous notre seing, le sceau de nos armes et le contre-seing du Secrétaire général de notre Evêché, le 2 février, fête de la Purification de l'Immaculée Vierge et Mère Marie, 1872.

CASIMIR-ALEXIS-JOSEPH, évêque de Laval.

Par mandement,

GUILLIER, chanoine, Secrétaire général.

RÉFLEXIONS.

Le Souverain-Pontife est infaillible et cette infaillibilité, telle que nous l'avons définie hier, il la reçoit non pas du corps de l'Eglise, auquel il la donne, mais selon la doctrine du dernier Concile du Vatican, de lui-même en qui Notre-Seigneur Jésus-Christ l'a mise par sa parole.

Est-ce à dire qu'il existe deux ou plusieurs infaillibilités ? Non, il n'y en a qu'une seule : celle de l'Eglise que représente valablement l'ensemble des Pasteurs unis au Pape, ou le Souverain-Pontife tout seul.

Dans le cours des âges, ces deux actions sont constamment mêlées et indifféremment admises. La foi trouve dans ces deux sujets une simple différence de mode : dans le Souverain-Pontife, le privilége de l'infaillibilité réside comme dans le Chef ; dans l'Eglise, il habite comme dans le corps recevant l'influence de la tête.

Doctrinalement présumée, pratiquement admise avant d'être conciliairement définie, l'infaillibilité des papes a toujours servi d'appui dans les plus graves décisions à prendre, dans les solutions doctrinales à prononcer, pour dissiper les erreurs d'enseignement ou les fautes de conduite.

Il ne s'agit donc point là d'une innovation introduite dans l'Eglise, comme le prétendent l'ignorance et la mauvaise foi.

Hier, nous avons entendu les paroles par lesquelles, dans le saint Evangile, Notre-Seigneur a donné l'infaillibilité à son Eglise ; aujourd'hui, écoutons celles qui sont personnellement adressées à Pierre, chef de son Eglise ; c'est sur ces paroles évangéliques, que, dans sa constitution désormais éternelle, s'appuyait, il y a quelques années, le saint Concile du Vatican, pour définir l'infaillibilité des Souverains-Pontifes, successeurs de Pierre.

Un jour en vue des tours de Césarée de Philippe, Notre

Seigneur, entouré de ses Apôtres, leur pose une question bien profonde :

Qui pensez-vous que je sois ? Les Apôtres répètent les dires vulgaires et différents de la multitude, mais Pierre, seul, professe la divinité du Christ : — *Vous êtes le Christ, fils du Dieu vivant.* — En l'entendant le Sauveur s'écrie : — *Tu es heureux, Simon, fils de Jean, car ni le sang, ni la chair n'ont pu t'apprendre cela.*

Mon Père qui est au Ciel, te l'a révélé, et moi, je te dis: Tu es Pierre, et sur cette pierre, je bâtirai mon Eglise, et les portes de l'enfer ne prévaudront jamais contre elle.

Plus tard, le Sauveur, jetant un regard d'amour sur son Apôtre, lui tient ce langage : *Simon, Simon, voici que Satan demande à vous passer au crible comme le froment ; mais moi, je prie pour toi, afin que ta foi ne soit pas défaillante ! Lorsque tu seras un jour converti, aie soin d'affermir tes frères* (1). Plus tard, encore, après la résurrection, quand le bon Maître voit Pierre qui pleure à ses genoux, l'aimant plus que les autres et prêt à tout endurer, il lui dit : *Sois le Pasteur de mes agneaux, sois le Pasteur de mes brebis.*

Ne faut-il pas être aveugle volontaire pour ne pas voir dans ces trois fragments de l'Evangile, tout éblouissants d'évidence, les titres manifestes de l'infaillible magistère?

Le Pape est-il infaillible en toutes circonstances ?

Comme homme ne peut-il pas se tromper? Comme docteur privé n'est-il pas, ainsi que les autres hommes, sujet à l'erreur ?

Le Souverain-Pontife est infaillible dans les questions de foi, de morale et de discipline générales, quand il prononce sur ces questions, comme Chef de toute l'Eglise, comme Pasteur et Docteur universel. C'est là ce qu'on appelle parler *ex cathedra*, c'est-à-dire du haut de la chaire pontifi-

____

(1) Traduction du R. P. de Carrières.

cale. La foi et les mœurs, le dogme et la morale, voilà l'objet de l'infaillibilité. Aussi n'attendons, de la part de l'Eglise et de son auguste Chef, ni transaction dans les dogmes, ni condescendance dans la morale.

Si elle laisse aux hommes le domaine des choses purement temporelles, elle veille avec une liberté jalouse et une scrupuleuse fidélité aux limites de son propre territoire, elle en défend l'accès, elle déclare usurpateur et sacrilége, quiconque essaie de le violer ; elle rejette hors de son sein, quiconque lui conteste ou une vérité de foi ou une règle de mœurs.

Et maintenant, tournons nos regards, en terminant ces courtes réflexions vers l'immortel Pontife que Dieu a donné à son Eglise dans ce temps de troubles et d'épreuves. Saluons notre bien-aimé Pie IX sous tous ses titres de Père, de Chef de l'Eglise, de Vicaire de Jésus-Christ, de Pontife-Roi, de Docteur infaillible !

Il est sur la Croix ! ce Père de nos âmes, comme autrefois le divin Maître dont il est lui-même la vivante image ; nous devons l'écouter avec plus de vénération et l'aimer avec plus d'amour qu'au milieu de ses plus grands triomphes. Et puis tout en faisant monter pour lui vers le Ciel de ferventes prières qu'il demande à tous ses enfants, imitons sa fermeté inébranlable et son espérance invincible. Le triomphe viendra, nous dit-il, il viendra bientôt !

Il y a quelques temps, un diplomate français — M. d'Ideville, — étant allé, en compagnie de sa femme et de son petit enfant, prendre congé du Souverain-Pontife, Pie IX leur adressa ces mémorables paroles : Tous deux vous êtes jeunes ; pour vous la vie sera longue à parcourir. Sans me tromper cependant, je crois que c'est la dernière fois que vous me voyez. Avant longtemps peut-être ne viendrez-vous plus à Rome ; alors souvenez-vous de moi

et de ce que je vais dire ; répétez-le souvent à ce petit
enfant dès qu'il pourra vous comprendre. A nous quatre
qui sommes là, dans cette chambre, il survivra lui ! Qu'il
se souvienne donc lorsque depuis longtemps nous serons
morts ! — Et en même temps le Pape leva les yeux sur le
Crucifix placé auprès de sa tête ; sa voix était vibrante ;
l'émotion qui s'était emparée de Sa Sainteté avait gagné les
assistants. Frappant à plusieurs reprises sa poitrine, il
regarda fixement l'enfant : Gravez profondément dans sa
mémoire, dit-il, le souvenir de cet homme aujourd'hui
devant lui, habillé de blanc. Et quoi qu'il advienne de
moi, qui ne suis rien, sachez qu'ici, là, à cette même
place où je suis debout, lorsque l'enfant, devenu vieux,
reviendra un jour avec ses fils et ses petits-fils, sachez
qu'il trouvera là, toujours à cette même place, un autre
homme, comme moi, habillé de blanc !

PRATIQUE.

*Le Souverain-Pontife est infaillible lorsqu'il parle
comme Chef de l'Église et au nom de Jésus-Christ ; écoutons
avec soumission sa parole qui est une parole de vie. Il est
notre Père, aimons-le comme on aime un père plein de
tendresse et de générosité ; il est abreuvé d'amertumes,
aidons-le de nos prières filiales et consolons-le par notre
fidélité.*

Souvenez-vous, etc. (page 21.)

INVOCATION.

O Notre-Dame d'Espérance de Pontmain, priez pour
nous, pour la France et l'Église !

VINGT-CINQUIÈME JOUR.

LECTURE.

La sainte Vierge se montre dans la vallée de Pontmain, comme sur la montagne de la Salette et à la grotte de Lourdes, prodigue de tendresse et de miséricorde à l'égard de tous ceux qui l'invoquent.

On compte sans doute, dans son nouveau sanctuaire, jusqu'à ce jour, moins de miracles éclatants ; mais dès les premières années, des faveurs de choix ont été accordées par Notre-Dame-de-la-Sainte-Espérance de Pontmain à beaucoup de pieux pèlerins.

Déjà on ferait de gros livres, écrivait au commencement de 1872 le pieux auteur des *Impressions d'un Pèlerin*, en racontant les grâces obtenues ; grâces de sanctification, de lumière sur la vocation, de raffermissement dans la vertu ; grâces de consolation dans le malheur, d'assistance dans les affaires, de soulagement et de guérison dans les maladies, grâces de conversion surtout. Le bon M. Guérin a pu lui-même en constater un si grand nombre dans les premiers mois, qu'il n'a pas craint d'appeler Notre-Dame de Pontmain, la Vierge des Conversions.

C'est avec la plus grande réserve, que nous devons donner ici la narration des faits merveilleux accomplis à Pontmain, et pour qu'on ne nous accuse pas de recourir à de faux bruits ou à de pieuses exagérations, nous allons nous borner à redire quelques prodiges dont le récit a déjà été approuvé par l'Ordinaire diocésain.

Dans la paroisse de Parigné, diocèse de Rennes, à près de quatre kilomètres du bourg, est un petit hameau nommé la Crossonnais, habité par une famille de laboureurs composée du père, de la mère et de six enfants.

Le troisième, nommé Emile, a eu dix ans le 6 février 1871. A la fin du mois de mars, il fut pris de mauvaises fièvres qui l'affaiblirent tellement, que ses jambes ne pouvaient plus le porter et qu'il dut marcher avec des béquilles. Plusieurs médecins furent consultés, différents remèdes essayés, mais en vain. Sa mère, qui est une femme chrétienne, résolut d'aller demander à Notre-Dame de Pontmain la guérison de son fils. Une voiture l'y amena le 29 juin. Le conducteur prit l'enfant dans ses bras, le déposa à terre, et sa mère le conduisit au pied de la statue de la sainte Vierge, derrière la maison Guidecoq. Ils prièrent là pendant un quart d'heure environ, puis se rendirent à l'église. Deux paroisses, Saint-Denis-de-Gastines et Vautorte, étaient ce jour-là en pèlerinage. Après avoir assisté à la fin de la messe, la mère Gratien et son fils allèrent pour déjeûner dans la maison où ils étaient descendus. Quand ils furent arrivés en face du chemin qui descend par derrière la grange de Barbedette, la mère dit à son fils : — Allons, Emile, aie confiance dans la bonne Vierge ; essaie de marcher sans tes béquilles.

L'enfant essaya timidement d'obéir aux ordres de sa mère. Et voilà que ses jambes, jusque-là sans force, soutiennent le poids du corps. Il se tient debout, sans s'appuyer sur ses béquilles. Il fait quelques pas, les portant dans ses mains. Sa mère pousse un cri de joie ; mille cris lui répondent. Les pèlerins qui les entourent ont tout vu. Miracle ! miracle ! crie-t-on de toutes parts. De l'église et de la place, on court, on se précipite. La foule entoure l'enfant guéri, le presse, et c'est à grand'peine qu'on le fait entrer dans une maison voisine bientôt envahie par la foule.

Il y avait ce jour-là plus de vingt prêtres à Pontmain. L'un d'eux obtient le silence ; il supplie les pèlerins de se retirer, en leur promettant que l'enfant ira porter ses béquilles aux pieds de la sainte Vierge.

La foule s'écoule peu à peu, et l'enfant, entouré

de plusieurs prêtres qui lui fraient un chemin, s'avance traînant ses béquilles devenues inutiles. On ne saurait dire l'émotion des pèlerins, il y a des larmes dans tous les yeux. Tous crient : Miracle ! miracle !...

Le petit Emile franchit avec facilité les marches qui donnent accès dans le champ de l'Apparition. Il s'agenouille et dépose ses béquilles aux pieds de la Sainte Vierge. On entonne le *Magnificat*, qui est chanté avec un enthousiasme indicible.

Après ce cantique, on conduisit Emile au presbytère où il déjeûna et prit quelques instants de repos. Ensuite il retourna à l'église, franchit d'un pas ferme les marches du sanctuaire et alla s'agenouiller dans une stalle. Il resta longtemps dans cette posture, jusqu'à ce que sa mère lui fit signe de s'asseoir. Après avoir assisté à une instruction et à la bénédiction du Saint-Sacrement, il reprit avec sa mère, vers deux heures après midi, le chemin de Parigné.

Arrivé à la Crossonnais, il courut dans les villages environnants voir les bons voisins qui lui avaient témoigné tant de compassion pendant sa maladie. Nous n'essaierons point de peindre leur émotion et leur surprise : « Voyez, leur disait Emile, c'est la bonne Vierge de Pontmain qui m'a guéri. »

Le dimanche suivant, tous les paroissiens de

Parigné purent voir Emile, à l'église et dans le bourg, et constater sa parfaite guérison. Nous l'avons vu nous-mêmes le 4 octobre dernier.

Il revenait de l'école avec de petits camarades. « Vous n'êtes donc plus malade, lui dîmes-nous. — Oh ! non, répondit-il, la bonne Vierge de Pontmain m'a guéri. »

A l'appui du récit qui précède, nous produisons la lettre suivante :

« Monsieur,

» Comme vous-même, tout d'abord nous avons compris de quel poids serait devant le public une attestation du médecin sur la nature et le caractère de la maladie de l'enfant si extraordinairement guéri. Hélas ! ce témoignage nous manquera toujours, pour la raison péremptoire que cette pieuse famille n'a eu recours à aucun homme en titre dans l'art médical. On avait eu recours qu'aux prétendus guérisseurs en vogue dans nos campagnes.

» Ce qu'il y a de bien constaté, c'est que si le mal n'était pas invétéré, il était grave, si grave, qu'à la première vue, mon cœur en fut ému jusqu'aux larmes, et qu'à la nouvelle si consolante d'une guérison instantanée et radicale, j'ai pleuré de nouveau. Je dis guérison radicale ; l'enfant est mieux que jamais.

« Veuillez, Monsieur, croire à tout mon regret de ne pouvoir satisfaire vos pieux et légitimes désirs.

« SOURDIN , recteur. » .

Parigné, 17 octobre 1871.

— Sœur Léonie Pigeon , religieuse de la charité d'Évron , fut atteinte au mois d'août 1867 , d'une affection au larynx qui, en moins de quinze jours , la priva complétement de sa voix.

Elle consulta différents médecins , essaya de tous les remèdes, mais en vain.

Le 14 septembre 1871 , elle fut envoyée au pensionnat de Saint-Étienne , à Laval. Madame la supérieure de cet établissement, profitant des quelques jours qui restaient avant la rentrée des classes, organisa un pèlerinage à Pontmain. Sœur Léonie s'y rendit par Fougères et y arriva le 28 septembre, à sept heures et demie du matin. Elle assista aux messes qui se succédèrent à l'église, en attendant ses compagnes, qui, parties de Laval à trois heures du matin avec M. l'abbé Guillier, leur aumônier, n'arrivèrent à Pontmain qu'à dix heures. Elles constatèrent que leur chère sœur n'était pas guérie.

La paroisse du Louroux, du diocèse de Rennes, était venue ce jour-là en pèlerinage. Après la grand'messe, la procession ordinaire s'organisa et se dirigea vers la grange de Barbedette, puis vers le champ de l'Apparition.

Toutes les sœurs, au nombre de seize, y prirent part. Aux pieds de la statue de la sainte Vierge, on entonna l'*Ave maris stella*. Sœur Léonie priait, et jetant un regard suppliant vers Marie, murmurait :

« Oh ! si je pouvais chanter !.... » Elle essaya dès la première strophe... Vains efforts : elle ne put que prononcer tout bas les paroles de l'hymne. A la seconde strophe, elle essaya de nouveau ; il lui sembla que quelques notes bien faibles encore, sortaient, pour la première fois, depuis quatre ans, de son gosier.... A la troisième strophe, sa voix sort librement et se fait entendre.

Saisie d'une émotion profonde, elle se tourne tout en larmes vers une de ses compagnes et lui dit : « Ma Sœur ! je chante !... » Et d'une voix pure et claire elle chante en effet la quatrième strophe : *Monstra te esse matrem.....*

Plus de doute, Notre-Dame d'Espérance a entendu et exaucé ses prières. Elle se lève, s'en va auprès de sa bonne supérieure, lui prend la main et d'une voix que la joie et l'émotion font trembler : « Ma Sœur, lui dit-elle, je chante... » Et elle pleurait à chaudes larmes. « Priez, continuez de prier... » lui dit Sœur Clémence. Mais Sœur

Léonie, heureuse d'avoir recouvré sa voix si longtemps perdue, et craignant de la perdre encore,
chanta jusqu'à la fin de l'hymne. L'instruction qui
suivit lui parut longue, et ce fut avec une joie
nouvelle qu'elle s'entendit répondre aux cinq
Pater et cinq *Ave* récités par M. le Curé.

M. l'Aumônier assistait à cette scène touchante.
Il avait bien vu le visage baigné de larmes de
Sœur Léonie; mais il attribuait cette émotion
à la ferveur de ses prières. Après l'instruction,
une des Sœurs lui dit : « Monsieur l'Aumônier, Sœur Léonie chante. — L'avez-vous entendue? — Non, on me l'a dit. » Il eût voulu s'en
assurer, mais la procession repartit, et il se rendit
à l'église, afin de dire la sainte messe à laquelle
les Sœurs devaient faire la sainte communion.

Il monta à l'autel après la bénédiction du Saint-
Sacrement qui suivit la procession. Devait-il offrir
le saint sacrifice pour demander à Dieu, par l'en-
tremise de Marie, la guérison de Sœur Léonie,
ou remercier la sainte Vierge d'une si grande
grâce obtenue? Il ne savait. Il pria donc M. l'abbé
Lemaître, vicaire de Pontmain, de s'assurer si la
jeune Sœur pouvait vraiment parler. Celui-ci revint au bout de quelques instants avec cette
bonne réponse : « Dites une messe d'actions de
grâces, Sœur Léonie est complétement guérie...
Elle a chanté et elle parle tout haut... »

Après la sainte messe, M. Guillier eut la joie de s'en assurer lui-même. Sans doute la voix était faible et voilée ; mais il était plus de midi et la Sœur n'avait rien pris.

Une heure plus tard, avec la permission de M. le Curé, et au milieu d'une nombreuse assistance accourue à l'église au bruit de sa guérison, Sœur Léonie, d'une voix claire quoique tremblante d'émotion, chanta le *Magnificat*. Elle alternait avec les pèlerins.

On devine avec quelle ardente curiosité la pauvre Sœur fut entourée en sortant de l'église. C'est à grand'peine qu'elle gagna la cure où une foule énorme la suivit, et ne s'écoula qu'après l'avoir vue et entendue parler.

Le retour à Laval s'effectua joyeusement. Sœur Léonie, de peur, disait-elle, de perdre la voix, ne cessa de chanter des cantiques et des psaumes.

Grand fut l'étonnement des Sœurs restées à Laval, quand, le soir, elles l'entendirent parler. Elles questionnaient les Sœurs tour à tour, et n'en pouvaient croire le témoignage de leurs propres oreilles.

Le lendemain matin, elles prirent le tout pour un rêve, et l'une d'elles, voulant s'assurer si vraiment la Sœur avait recouvré la voix, va du côté de sa chambre. Arrivée au milieu du corridor, elle s'arrête : « Je n'ose avancer..., dit-elle. Mon

Dieu ! si elle ne parlait plus ! » C'était la préoccupation générale. Elle pria une autre Sœur d'aller à sa place. Celle-ci, entr'ouvrant à demi la porte, dit d'une voix que l'anxiété faisait trembler : « *Benedicamus Domino.* » Du fond de la cellule, une voix pure, claire et limpide répondit : « *Deo gratias.* » C'était la voix de Sœur Léonie qui, redevenue maîtresse de musique, ne se lasse pas de chanter.

RÉFLEXIONS.

L'époque à laquelle nous vivons est remarquable par les faits prodigieux qui s'accomplissent sous nos regards, et l'on peut bien lui appliquer les paroles qu'un grand poète attribuait à un autre âge !

Et quel temps fut jamais plus fertile en miracles !

Les Sanctuaires de la Sainte Vierge sont en particulier, plus que jamais peut-être, le théâtre d'événements merveilleux, et le monde retentit chaque jour du bruit de quelque nouveau prodige. La lecture, dans ces jours-ci, des grâces accordées par la Vierge de Pontmain, nousfournit l'occasion de traiter cette grande question du surnaturel qui dans nos derniers temps surtout a pris une si grave importance.

Aussi bien, pour tout fidèle, c'est un devoir de chercher à s'instruire plus que jamais de tout ce qui peut intéresser sa foi, afin de pouvoir au besoin répondre aux objections qu'on trouve trop souvent en soi-même ou dans les autres, touchant nos saintes croyances.

Demandons-nous donc, ce soir, ce qu'est le miracle et si le miracle est réellement possible. Ces questions ne sont point oiseuses comme on serait tenté de le croire tout

d'abord : combien de personnes aujourd'hui nient impudemment tout fait surnaturel et croient avoir mis fin aux
preuves les plus sérieuses par ce seul mot : Le miracle
n'est pas possible.

On entend par miracle un événement sensible, indépen-
dant de l'ordre de la nature, ou contraire à cet ordre. Il est
évident que Dieu peut faire des miracles ; il est tout-
puissant, et c'est lui qui a établi l'ordre de la nature ; il
peut donc le changer, le suspendre ou agir indépendam-
ment de cet ordre. Écoutons à ce sujet les paroles d'un
ennemi de nos saintes croyances, — ce témoignage n'en
sera que plus frappant, — « Dieu peut-il faire des
miracles, c'est-à-dire peut-il déroger aux lois qu'il a
établies ? Cette question, sérieusement traitée, serait impie,
si elle n'était absurde ; ce serait faire trop d'honneur à
celui qui la résoudrait négativement que de le punir ; il
suffirait de l'enfermer. Mais aussi quel homme a jamais
nié que Dieu peut faire des miracles ? Un miracle ne peut
s'opérer que par l'action immédiate ou avec la permission
expresse de Dieu, auteur et conservateur de la nature.
Dieu seul a la puissance de déroger aux lois qu'il a établies
pour le gouvernement du monde ; ainsi, dès qu'il arrive
un miracle, Dieu agit et fait connaître sa puissance. Dès
qu'un homme se dit l'envoyé de Dieu, et qu'en même
temps, pour le prouver, il guérit par sa seule parole les
malades et ressuscite les morts, on doit ajouter foi à ses
discours : la Divinité les confirme par sa puissance ; ne
pas le croire, c'est résister à la voix de Dieu, qui se
déclare par le miracle. »

Mais, disent quelques incrédules, les miracles possibles
peut-être à la toute-puissance de Dieu, ne sont pas dignes
de sa sagesse :

« Dans l'état naturel des choses, répond l'illustre auteur

des Etudes philosophiques sur le Christianisme, Dieu ne se révèle à nous que par ses œuvres ; la création est son langage, il était donc conforme à ce premier état des choses que, voulant se révéler plus particulièrement à nous, il agit plus particulièrement comme créateur ; et comme, outre la nature déjà existante, il ne pouvait faire acte de créateur que par des actes *surnaturels*, par des miracles, ces actes extraordinaires de création étaient les seuls moyens de révélation extraordinaire du créateur. Les faits généraux de la création ne sont assurément indignes ni de la sagesse ni de la majesté de Dieu : pourquoi les faits particuliers le seraient-ils ? »

Que je méprise ces philosophes, s'écrie le grand Bossuet, qui, mesurant les conseils de Dieu à leurs pensées, ne le font auteur que d'un certain ordre général, d'où le reste se développe comme il peut ! comme s'il avait à notre manière des vues générales et confuses, et comme si la souveraine intelligence pouvait ne pas comprendre dans ses desseins les choses particulières, qui seules subsistent véritablement ! » (1)

Nous devons même aller plus loin et dire que les miracles ont été jusqu'à un certain point nécessaires autrefois et qu'ils le sont encore aujourd'hui. Le miracle, a-t-on dit à bon droit, c'est la lettre de créance de Dieu. —

Sans doute, la nature aurait dû suffire pour nous manifester son auteur. Mais la nature, malgré la beauté de ses spectacles, finit par sembler moins admirable, à cause de l'habitude qu'on a de l'admirer.

D'ailleurs, les grandes scènes de la création ont plutôt servi, à une science corrompue, d'objections contre le Dieu créateur que de témoignage à sa gloire. C'est pourquoi, ajoute saint Augustin, Dieu fait éclater, en temps opportun,

(1) **M.** Auguste Nicolas, *Etudes philosophiques*, 17me édition, Tome 4.

des œuvres supérieures à la nature, afin de frapper l'humanité par des coups, sinon plus grands, au moins plus étranges, et de donner de lui-même une démonstration qui ne soit, ni affaiblie par l'accoutumance, ni susceptible d'être obscurcie par la sophistique.

Les miracles, il est vrai, continue saint Augustin, ne peuvent se faire continuellement; ils ne nous touchent que s'ils sont étonnants, et ils cesseraient de l'être s'ils étaient ordinaires. Car la succession des jours et des nuits, le retour périodique des quatre saisons, le dépouillement des arbres et la renaissance des feuilles, la force prodigieuse des semences, la beauté de la lumière, la variété des couleurs, des sons, des parfums, des saveurs, celui qui les verrait pour la première fois serait étourdi, écrasé de tant de merveilles; et nous n'y faisons pas attention : non qu'il nous soit facile d'en connaître les causes, qu'y a-t-il de plus obscur? Mais parce que nous sommes habitués à en éprouver les sensations. C'est donc très-utilement que Dieu a fait des miracles, afin que, la multitude des croyants se groupant autour et se répandant ensuite, ils fissent autorité et changeâssent les mœurs.

Telles sont les notions les plus exactes, les plus complètes que nous pouvions, dans les limites étroites de ces réflexions, donner du miracle, de sa possibilité et de sa nécessité. Puissent-elles, avec la grâce de Dieu, nous être de quelque utilité.

PRATIQUE.

Dans toutes les questions qui touchent à la religion, à ses dogmes ou à sa morale, ne jamais se prononcer à la légère comme tant de personnes peu instruites le font chaque jour. Etudier , quand on le peut, ces questions intéressantes, afin de se convaincre soi-même de la vérité et de la grandeur de nos dogmes sacrés, mais ne le jamais faire que dans un sentiment de foi profonde pour les enseignements de notre sainte Mère l'Église.

Souvenez-vous, etc. (page 21.)

INVOCATION.

O Notre-Dame d'Espérance de Pontmain, priez pour nous, pour la France et l'Eglise !

VINGT-SIXIÈME JOUR.

LECTURE.

— Mademoiselle Julie F..., âgée de 22 ans, de la paroisse de Placé , souffrait depuis trois ans d'une gastrite qu'aucun remède n'avait pu guérir. Pendant dix-huit mois , après ses repas, elle éprouvait de fréquents vomissements, et ne pouvait prendre de repos ni le jour ni la nuit. Trois médecins, appelés successivement auprès d'elle, avaient déclaré qu'il ne restait aucune chance de salut.

Abandonnée des hommes , la pieuse malade se fit conduire à Pontmain, le mardi 25 juillet 1871, afin d'obtenir de la Vierge Marie, salut des infirmes, la santé que les ressources de l'art ne pouvaient lui rendre. Arrivée à Pontmain , Mademoiselle F.... alla s'agenouiller auprès de la colonne sur laquelle repose la statue de Notre-Dame-d'Espérance. Prosternée aux pieds de cette sainte image, elle pria, pendant une heure entière avec foi et piété, demandant à Marie sa guérison et promettant de se servir de sa santé pour la gloire de son divin Fils. Elle se rendit ensuite à l'église où elle entendit la sainte messe avec ferveur.

A partir de ce jour elle n'eut plus aucune atteinte de sa maladie. Un des médecins, qui l'a soignée, a attesté par écrit et la maladie et la guérison de Mlle F... Fidèle à sa promesse, cette jeune personne a voulu témoigner sa reconnaissance à sa céleste bienfaitrice en entrant au noviciat des Filles de la charité de Saint-Vincent-de-Paul, où sa santé n'a pas subi la moindre altération.

— Marie-Rose L..., de Louvigné-du-Désert, diocèse de Rennes, à l'âge de onze ans — elle en a dix-huit aujourd'hui — fut atteinte d'une tumeur au genou. Bientôt il s'y forma une plaie d'où sortirent, au milieu d'une suppuration très-abondante, des esquilles *à pleines poignées*. Les douleurs de la pauvre enfant étaient affreuses. Durant neuf mois entiers, elle demeura assise dans une petite chaise aux pieds de son lit, ne pouvant rester ni couchée ni debout, poussant des cris et excitant la compassion de tous, sans pouvoir être secourue par personne.

Plusieurs médecins furent consultés ; des remèdes nombreux, divers et pendant longtemps furent en vain appliqués. Toutefois la plaie se cicatrisa à la longue ; mais les douleurs n'avaient pas disparu, les forces n'étaient pas revenues, et Marie-Rose, toujours faible et toujours infirme, ne pouvait se soutenir et marcher qu'à l'aide de béquilles. Il lui était impossible de se traîner un peu loin, l'espace de quelques centaines de mètres par exemple, sans se condamner par cet effort à de plus cruelles souffrances et à des nuits sans sommeil.

Survint l'apparition de la sainte Vierge. Comme tant d'autres infortunés, Marie-Rose sentit naître en son cœur un grand espoir de guérison. Vers le 1er août 1871, elle se fit conduire au sanctuaire.

Elle y pria avec ferveur, toutefois son état ne s'améliora pas. Mais la malade, loin de perdre courage, continua de prier avec une confiance toujours croissante :

— Je ne mollirai pas, disait-elle en son langage, que la sainte Vierge ne m'ait guérie.

Environ huit jours après son pèlerinage, un matin elle se lève et, oubliant son infirmité, elle se met à marcher sans béquilles à travers sa maison.

— Que fais-tu, ma fille, s'écrie son père ; tu vas tomber !

Elle ne tomba pas. Elle était guérie. — Depuis ce moment, Rose ne s'est plus ressentie de son infirmité. Elle travaille jour et nuit, aidant son père dans les durs travaux des champs et dans le commerce des œufs. Elle est forte, grasse, fraîche et présente tous les signes de la plus robuste santé. Elle n'a conservé de son ancien état qu'une légère claudication nullement douloureuse et dont elle n'a pas perdu l'espoir d'être un jour délivrée :

— Je ne lâcherai pas la sainte Vierge, dit-elle en sa naïve confiance, que ma jambe courte ne soit aussi longue que l'autre.

— Un enfant de Villiers-Charlemagne ne pouvait marcher depuis un an qu'à l'aide de béquilles, par suite d'une blessure. Le 16 mai 1872, il assistait à la sainte messe en invoquant de tout son cœur Notre-Dame de Pontmain ; il ressentit dès les premiers moments de très-vives souffrances, mais, après le saint sacrifice, il se trouvait complétement guéri (1).

— Le 20 mai dernier, un chef d'escadrons d'état-major, venait, avec sa femme et ses deux petites filles, apporter au sanctuaire de Pontmain un ex-voto en actions de grâces d'une grande faveur accordée à la plus jeune de ses enfants par Notre-Dame-de-l'Espérance. — Au mois de mai 1875, écrivait-il quelque temps avant ce voyage au Père Curé, ma fille, âgée de quatre ans, fut atteinte du croup. Une opération douloureuse et pleine de dangers fut faite alors, et pendant quinze jours, mon enfant a été entre la vie et la mort. Nous avons promis un pèlerinage à Lourdes et à Pontmain, et la malade a été guérie miraculeusement. (2)

[1] Ces faits merveilleux sont tirés de la dernière édition de l'*Événement de Pontmain*, par M. l'abbé Richard.

[2] Notes manuscrites du R. P. Marais, curé de Pontmain.

— Un jeune homme né dans une ville maritime de Bretagne, d'une excellente famille, qui compte parmi ses membres de pieux prêtres et des âmes ferventes, avait été consacré à la sainte Vierge dès avant sa naissance, par sa jeune tante, âgée alors de dix-sept ans et depuis enrôlée dans la milice des filles de Saint-Vincent-de-Paul,

Craignant pour l'enfant qui allait naître les conséquences de la mauvaise santé de la mère qui le portait, cette jeune fille l'avait voué dès lors à Marie ; elle réitéra ce vœu au jour du baptême de l'enfant, sacrement que l'on a coutume, dans cette pieuse province, de conférer dès les premières heures de la naissance..

Contrairement à l'usage également en vigueur, en ce pays, de ne pas laisser dépasser l'entrée de l'église aux enfants non encore baptisés, la jeune personne, en attendant l'arrivée du prêtre, força la garde à porter tout d'abord son neveu au pied de l'autel de la Vierge, en lui disant avec une résolution toute bretonne : — O Marie, je vous confie cette âme, je vous la donne, elle est à vous désormais ; ayez-en bien soin. Je vous en demanderai compte un jour.

L'enfant, qui parmi ses noms de baptême avait reçu celui de Marie, grandit, faible et délicat. Pendant ses premières années, il fut atteint de plus d'une maladie. Deux fois, je ne saurais même dire si ce n'est trois , il fut réduit à la dernière extrémité, on n'attendait plus que sa mort. Mais chaque fois le vœu renouvelé , avec promesse de porter quelques années de plus les couleurs de Marie , obtint sa guérison instantanée. Il était encore revêtu de cette sainte livrée , quand il fit , à douze ans, sa première communion dans une institution religieuse , où ne pouvaient que se développer en lui les heureux germes déjà reçus au sein de sa famille.

Rentré plus tard dans la maison paternelle , il y était excessivement gâté par sa mère , trop tendre , qui redoutait toujours pour lui la faiblesse de sa constitution. Le père , officier de marine , ne put souffrir longtemps cette faiblesse : Je ne veux pas , dit-il , que l'on fasse de mon fils une femmelette , il est temps qu'il apprenne à devenir un homme. En conséquence , il l'associa à ses voyages et le façonna à la vie rude du marin. S'adonnant en même temps à la pratique et à la théorie, le jeune homme fit de rapides progrès, passa des examens brillants, et à l'âge de vingt-trois ans il avait conquis le grade d'officier. Sa santé s'était affermie , il était devenu un grand et beau garçon, aussi distingué par ses avantages physiques que par ses qualités morales.

Mais hélas ! tandis qu'il progressait selon le monde, il était bien déchu sous le rapport de la foi. N'ayant pu rester sous l'égide de son père, il avait servi sous d'autres maîtres, fréquenté sans doute de mauvaises compagnies et, de toute son éducation religieuse, il ne lui était resté qu'une délicatesse innée de sentiments qui en faisait toujours un homme d'honneur, mais il avait cessé d'être chrétien.

Devenu capitaine au long cours, il fut chargé, pendant la dernière guerre, de ramener en France un navire prussien capturé par nos marins. Il se donna beaucoup de peine pour organiser le service de son nouvel équipage, et pour aviser à traiter, avec le plus d'humanité possible, les prisonniers dans lesquels il ne voyait plus des ennemis, mais seulement des hommes.

Epuisé de fatigue, trempé de sueur, il venait de se coucher et de s'endormir, quand il fut brusquement réveillé par l'officier de quart : qui lui dit :

— Capitaine, levez-vous bien vite pour donner vos ordres ; il faut mettre toutes les chaloupes à la mer : le bâtiment vient de subir le choc d'un navire étranger ; il est perdu.

Les ordres furent aussitôt donnés avec toute l'intelligence et la dextérité possibles. Il n'y avait pas un moment à perdre ; les chaloupes furent bientôt pleines. Le jeune capitaine se sauva le dernier : il était temps, le navire, qui faisait eau de toutes parts, sombra un instant après.

Dans ce désastre , qui aurait pu avoir encore des conséquences beaucoup plus graves , deux hommes seulement périrent : un Français et un Prussien.

L'équipage du vaisseau qui avait occasionné ce cruel accident , et dont nous regrettons de ne pouvoir dire le nom et la nation , s'employa du moins avec le zèle le plus digne d'éloges à venir au secours de ses victimes.

Mais notre jeune héros avait gagné dans cette manœuvre une bronchite aiguë dont il ne devait pas se relever. Rendu à sa famille il y fut pendant un an l'objet de tous les soins imaginables , sans que l'on put parvenir à lui rendre la santé. Il se montra , durant cette maladie, doux et résigné , quoiqu'il souffrît beaucoup. Pudique jusqu'au scrupule , comme peut l'être un vrai enfant de Marie , il persista jusqu'à la fin à ne vouloir souffrir de personne , certains services qu'il se fatiguait à se rendre à lui-même.

Quand le médecin déclara qu'il n'y avait plus d'espoir de le conserver longtemps, on lui demanda s'il ne recevrait pas volontiers la visite d'un prêtre , ami et directeur de sa famille. — Comme ami, je le recevrai avec plaisir , répondit-il ; mais comme prêtre , non !

Après un entretien amical , le ministre de Dieu aborda enfin la question délicate des sacrements ;

mais le malade le pria de ne pas lui parler de cela , en disant qu'il avait à cet égard des convictions bien arrêtées.

Ses deux oncles , prêtres , qui vinrent aussi le voir, et firent les mêmes tentatives, ne purent obtenir de lui d'autre réponse, sinon : — J'ai mes convictions.

Sa tante , religieuse à Paris , fit prier pour lui à Notre-Dame-des-Victoires. On eût voulu le faire recommander aussi à Notre-Dame de la Salette ; mais on était au plus fort de l'hiver ; et les communications avec la sainte montagne étaient trop difficiles. Du reste , l'eau de la Salette ou de Lourdes était employée à son insu dans toutes les potions et les boissons qu'on lui faisait prendre.

La pauvre tante , bien tourmentée , eut alors recours à Notre-Dame de Pontmain ; une neuvaine à cette vierge de Pontmain fut concertée avec toute la famille , et des prières demandées en ce lieu. La grande distance et la rude saison ne permettaient pas d'entreprendre ce pèlerinage , mais plusieurs membres de la famille en firent à pied , et même pieds nus , à divers sanctuaires de la sainte Vierge en Bretagne. La neuvaine à Pontmain fut commencée le 9 janvier 1872 , de manière à ce que sa conclusion eut lieu le 17, jour anniversaire de l'apparition. Ce même jour, 9 janvier , la sœur du malade, jeune fille de quinze ans, pieuse comme les anges, et son petit frère firent un pèlerinage à saint Joseph.

Le jeune homme avait encore un oncle, qui, tout laïque qu'il était, pratiquait toutes les vertus du plus parfait chrétien. Voyant que le mal pressait, il prit sur lui d'avertir le malade de sa fin prochaine.

— Mon cher enfant, lui dit-il, je me suis chargé d'accomplir à ton égard une bien douloureuse mission. Dans peu de jours, peu d'heures, peut-être, tu devras paraître devant Dieu. Ne voudras-tu pas au moins nous donner la consolation de te voir faire une fin chrétienne ?

A cette révélation, le jeune homme qui, jusque-là, pouvait s'être fait illusion sur son état, fut d'abord bien péniblement impressionné; deux grosses larmes coulèrent sur ses joues amaigries.

Il était attaché à la vie, le pauvre enfant ! elle s'ouvrait si belle pour lui !

Mais surmontant cette première émotion, il pria son oncle de faire revenir l'ecclésiastique dont, une première, fois il avait refusé le ministère.

Il se prépara dans un pieux recueillement à ce grand acte de régénération. La confession fut longue, elle dura environ trois heures : depuis cinq heures et demie jusqu'à près de neuf heures du soir, juste le temps de l'Apparition ! Il reçut avec édification l'extrême-onction et le viatique des mourants. Le prêtre qui l'avait assisté déclara à la famille qu'il pouvait aller droit au ciel.

Il rendit son âme à Dieu peu de jours après : Marie n'avait pas attendu la fin de la neuvaine pour convertir et couronner son enfant.

La tante religieuse, qui avait veillé sur cette âme avec tant de sollicitude, envoya un cœur de vermeil en action de grâces à Notre-Dame-de-la-Sainte-Espérance de Pontmain (1).

RÉFLEXIONS.

Les miracles sont possibles à Dieu ; ils sont même, jusqu'à un certain point, nécessaires. — Nous l'avons vu hier. — Mais peut-on dire qu'il y ait eu jamais de vrais miracles ? Ouvrons les livres de l'Ancien et du Nouveau Testament et nous y trouverons à chaque page le récit touchant de miracles éclatants. Les plaies d'Egypte, le passage de la mer rouge, la promulgation de la loi de Dieu sur le mont Sinaï, la manne du désert, l'eau qui jaillit du rocher, les merveilles opérées par l'Arche d'alliance, la conservation des trois enfants dans la fournaise ardente, la résurrection de Lazare, la résurrection de Jésus-Christ, la conversion de l'univers païen à la voix de douze pauvres pêcheurs de la Galilée, et tant d'autres prodiges qui remplissent nos livres saints, ne sont-ce pas là tout autant de miracles, c'est-à-dire de faits extraordinaires

[1] Les Pèlerinages de la Sainte-Vierge, par de Gaulle.

et visibles qui ne peuvent être l'effet d'une cause naturelle quelconque ?

Qui ne connaît également l'argument irréfutable dont s'est servi saint Augustin , pour prouver que , de quelque manière que l'on s'y prenne, il faut nécessairement admettre les miracles dans l'établissement du Christianisme ? Ou les apôtres, dit ce grand docteur, ont fait des miracles pour persuader aux juifs et aux païens les mystères et les événements surnaturels qu'ils prêchaient, ou les peuples ont cru , sans voir aucun miracle, les choses du monde qui devaient leur paraître les plus incroyables ; dans ce cas, leur foi même est le plus grand des miracles.

— Félicitons-nous, écrivait le célèbre chancelier d'Aguesseau à son fils, de ce que les miracles sur lesquels notre foi repose sont des faits aussi avérés que les conquêtes d'Alexandre et la mort de César...

Le surnaturel chrétien est, en effet, si bien établi, que sa négation ruine toute certitude historique. Par un privilége unique, — dit le Révérend Père Caussette , dans son magnifique ouvrage : *Le bon sens de la foi*, — les miracles de l'Evangile et des Apôtres ont eu pour historiens des témoins oculaires qui sont morts à l'appui de leur affirmation.

Ces témoins étaient trop nombreux et trop divers pour s'accorder sur un mensonge si compliqué ; ils n'étaient pas surtout assez insensés pour sacrifier leur vie à leur mensonge. Dans tous les cas, ils n'auraient pas trouvé, au lendemain de cette fourberie, douze millions de complices pour la soutenir jusqu'à la mort, ni les Pères de l'Eglise pour la défendre, ni dix-huit siècles de civilisation la plus avancée pour leur servir de dupes. Par ailleurs, le surnaturel ne se dérobe point au grand jour des modernes découvertes, et il ne sent point le besoin, pour s'accréditer, de l'obscurité des époques ignorantes.

Voyons, en effet, ce qui se passe dans les procès de canonisation. Un gentilhomme anglais, protestant, prenant communication à Rome, des pièces justificatives de plusieurs miracles, s'écria : Si tous les miracles qu'on reçoit dans l'Eglise Romaine étaient établis sur des preuves aussi évidentes que ceux-ci, nous n'aurions aucune peine à y souscrire. — Eh bien ! répond le prélat à qui il s'adressait, de tous ces miracles qui vous paraissent si avérés, aucun n'a été admis par la Congrégation des Rites, parce qu'on ne les a pas cru suffisamment prouvés. Le protestant, étonné de cette réponse avoua qu'il n'y avait qu'une aveugle prévention qui pût combattre la canonisation des saints et qu'il ne se serait jamais figuré que l'attention de l'Eglise romaine allait si loin dans l'examen qu'elle fait de leurs miracles (1).

Transportons-nous, dit encore l'auteur déjà cité, à Notre-Dame des Victoires, comptons ces nombreux ex-voto ; de là à Fourvière, comptons encore ; de là à Notre-Dame de la Garde, à Verdelais ; enfin dans tous les sanctuaires de l'univers consacrés à la Mère de Dieu. Et en présence de ces témoignages innombrables, perpétuels d'une intervention bienfaisante et prodigieuse au profit des misères humaines, oserait-on dire que ceux-ci, relégués exclusivement dans la légende, n'entrent point dans l'histoire du présent !

Oui, le surnaturel afflue, il déborde surtout dans notre siècle, suivant la parole d'un de nos grands Evêques de France, Mgr Pie. En présence de tant de faits prodigieux

____

(1) P. Daubenton. Vie de Saint-François-Régis.

ne nous écrions donc pas, avec tant d'autres, si je voyais un miracle, je croirais. Des miracles ! L'humanité en réclame et elle n'en veut pas , et elle repousse avec dédain, sans même les examiner, les plus éclatants prodiges.

Ah ! sans doute, il y a de faux miracles , mais c'est la preuve la plus frappante qu'il y en a eu de vrais. Il y a nécessairement de la monnaie de bon aloi, là où l'on cherche à en répandre de la fausse.

Tout croire aveuglément est une grande faiblesse sans doute, mais tout rejeter systématiquement, comme le font bon nombre de personnes, n'en est pas une moindre ; car si d'une part on admet l'erreur, de l'autre on exclut la vérité.

Pour nous enfants de l'Eglise, nous savons que notre ligne de conduite, en toutes ces questions, est tracée à l'avance ; l'Eglise a été chargée, par son divin Fondateur, de discerner le vrai du faux, le bien du mal ; à nous de nous reposer en toute confiance sur ses décisions, et nous ne craindrons point de nous tromper. Du reste, quand l'Eglise ou l'autorité ecclésiastique ont formé leur conviction sur la valeur de tel ou tel fait prodigieux, si elles viennent à en autoriser la croyance, ainsi que les actes de piété qui s'y rattachent, elles ne font pourtant point de commandement et n'imposent d'obligation à personne. En ces matières, dit Benoît XIV, l'Eglise a coutume de procéder par voie de permission, mais non de précepte.

PRATIQUE.

Admettre, dans un sentiment de foi profonde, la réalité des miracles que nous trouvons consignés dans nos saints Livres.

Ne jamais se hâter de donner, à l'arbitraire, l'assentiment de sa croyance, ou de la refuser, à tout fait prodigieux qui se produit, mais attendre avec docilité le jugement de l'Eglise et de son chef infaillible ou les décisions de nos Evêques qui sont nos Pères dans la foi.

Souvenez-vous, etc. (page 21.)

INVOCATION.

O Notre-Dame d'Espérance de Pontmain, priez pour nous, pour la France et l'Église !

VINGT-SEPTIÈME JOUR.

LECTURE.

Une année, au plus, s'était écoulée depuis la merveilleuse apparition de la Reine du Ciel dans la vallée de Pontmain et déjà le bon curé de cette paroisse privilégiée écrivait dans sa reconnaissance :

— Parmi les lettres de gratitude qui me parviennent à tout instant, j'en signalerai au moins cent cinquante renfermant des récits de guérisons que j'appellerais, dans mon humble sentiment, autant de miracles de premier ordre ; mais c'est à nos supérieurs ecclésiastiques de prononcer sur ce caractère miraculeux, et nous devons attendre leur jugement.

Ces précieuses faveurs, accordées à tant d'âmes par la très-sainte Vierge, avaient de bonne heure excité, dans la France entière, d'admirables sentiments de foi, de reconnaissance et d'amour à l'égard de Celle qu'on appelait partout désormais Notre-Dame-de-la-Sainte-Espérance de Pontmain.

La belle et touchante lettre pastorale du vénérable et saint évêque de Laval était venue encore fortifier cette douce confiance et encourager les filiales manifestations de tout le peuple chrétien.

On se redit partout avec joie, que le Dieu des miséricordes venait d'ouvrir, sur notre terre de France, une nouvelle source de grâces ; et dès lors, le nom inconnu jusque-là de Pontmain fut uni, dans la reconnaissance des peuples, aux noms vénérés et aimés de la Salette et de Lourdes.

Le nouveau pèlerinage avait déjà attiré, dans cette première année, près de cent mille visiteurs parmi lesquels quinze cents prêtres environ ; il devait voir ce nombre s'accroître encore dans les années suivantes malgré les difficultés presque insurmontables qui se dressent encore aujourd'hui à l'encontre de ces grandes manifestations. — Les moyens de communication sont en effet très-rares et bien dispendieux dans toute cette contrée.

Point de lignes ferrées qui amènent de loin, en quelques heures et sans fatigue, des milliers de pèlerins joyeux ; les stations du chemin de fer les plus rapprochées sont à de longues distances, et la plupart des pieux visiteurs se voient obligés, surtout aux jours des grands pèlerinages, de parcourir à pied les routes difficiles qui conduisent à la vallée de Pontmain. Rien n'arrête, il est vrai, ces pieux serviteurs de Marie, ni la longueur du trajet, ni les privations, ni les fatigues du voyage ;

quand c'est le cœur qui mène, il est si habile à nous faire surmonter les obstacles et à nous abréger les distances !

Dès le commencement de la première année, le saint évêque de Laval, dans son zèle pour la gloire de Marie dont il est un des serviteurs les plus aimants, avait songé à l'acquisition du terrain au-dessus duquel la Reine du Ciel avait daigné apparaître.

M. Morin, du Tertre, qui porte avec tant d'honneur le nom vénéré de la grande bienfaitrice du pays dont il continue les nobles traditions, était alors le propriétaire de ce champ; l'évêque de Laval le fait venir à l'évêché pour traiter cette affaire.

— Monseigneur, répond le digne M. Morin, Votre Grandeur veut m'acheter ce champ, il ne m'appartient plus : la sainte Vierge me l'a volé, il est à elle.

Dans ce pays, depuis lors, on n'appelle plus ce terrain que le *champ volé*.

Au milieu de ce champ on a élevé, dans la suite, une colonne sur laquelle est placée une belle statue qui représente la sainte Vierge, telle que les enfants la virent au moment où l'on chantait le cantique : *Mon doux Jésus !*

Le premier anniversaire de la merveilleuse Apparition fut un beau jour pour la chrétienne paroisse de Pontmain et pour son vieux Pasteur.

Malgré les rigueurs de l'hiver, huit mille personnes accoururent de tous les côtés pour célébrer cette fête solennelle.

La vieille église paroissiale était bien trop étroite pour contenir la foule des pèlerins et un grand nombre d'entr'eux fut obligé de rester sur la place pendant les offices.

Dans la soirée, une procession que vint malheureusement troubler une pluie abondante, sortit de l'église pour se rendre sur les lieux de l'Apparition. On se dirigea d'abord vers la grange de Barbedette, décorée et illuminée pour cette circonstance solennelle. Et là dans le précieux souvenir de la soirée du 17 janvier dont on célébrait l'anniversaire, on chanta le beau cantique : *Mère de l'Espérance* qui est devenu, pour ainsi dire, le chant officiel du pèlerinage de Pontmain, depuis ce jour à jamais béni où la Reine du Ciel en accueillit les pieux accents avec un doux sourire.

Il est impossible de dire, écrit un pieux auteur, la foi, l'édification et la confiance patriotique avec lesquels la foule répétait ce refrain :

Mère de l'Espérance,
Dont le nom est si doux,
Protégez notre France,
Priez, priez pour nous !

Pendant que des milliers de voix répétaient dans un saint enthousiasme ce pieux cantique, tous les regards se tournèrent vers la maison au-dessus de laquelle les heureux enfants avaient aperçu la céleste vision.

Ah ! sans doute, la Mère de Dieu était là, invisible, prêtant une oreille attentive à ces chants partis du cœur !

La procession se rendit ensuite au lieu de l'Apparition. Sur un trône richement décoré, s'élevait une belle statue de Notre-Dame de Pontmain. Après quelques paroles d'édification que cette foule attentive accueillit avec amour, cette statue fut solennellement bénite au milieu des acclamations de reconnaissance et de fidélité et l'on revint à l'église en chantant dans un saint enthousiasme le *Te Deum*.

Les heureux petits Voyants étaient là, modestes et radieux, et chaque pèlerin se disputait la joie de les voir, de les entendre et de contempler le touchant spectacle de leur douce piété.

Le vénérable curé de Pontmain assistait également à cette grande solennité — il ne devait plus guère en voir d'autres sur la terre. — La joie débordait de son cœur si dévoué à Marie, les larmes coulaient de ses yeux : il était tout entier à la reconnaissance la plus vive. Tous les regards se portaient sur ce bon vieillard dont le visage respirait la paix et le bonheur et , au soir de ce beau jour , chaque pèlerin en revenant à sa demeure emportait, comme un des plus doux souvenirs de cette grande fête , la pensée de ce digne prêtre dont la fervente piété , disait-on , avait attiré la sainte Vierge dans sa paroisse.

D'autres fêtes magnifiques ont réuni, depuis ce premier anniversaire de l'Apparition , des foules de plus en plus nombreuses dans la vallée de Pontmain.

RÉFLEXIONS.

A quoi servent les miracles et que signifient les prodiges dont nous sommes les témoins depuis quelques années surtout ?

Jésus, lisons-nous dans le saint Evangile, ayant achevé de donner ses instructions à ses Apôtres, partit de là pour enseigner et prêcher dans la ville voisine. Or, Jean, dans sa prison ayant appris les œuvres de Jésus-Christ, envoya deux de ses disciples lui dire : — Etes-vous celui qui doit venir, ou devons-nous en attendre un autre? — Jésus leur répondit : — Allez, rapportez à Jean ce que vous avez entendu et vu : les aveugles voient, les boiteux marchent, les lépreux sont guéris, les sourds entendent, les morts ressuscitent, les pauvres sont évangélisés. — Puis dans une autre circonstance : — Les prodiges que j'accomplis au nom de mon Père, rendent témoignage de moi... Si vous

16

ne voulez pas croire à mes seules paroles, croyez aux prodiges que j'opère, afin que vous reconnaissiez et que vous sachiez que le Père est en moi et que je suis en mon Père.

Pour notre Seigneur, le miracle est donc le signe caractéristique, le sceau inviolable et inimitable que Dieu appose à sa parole.

Telle est, en effet, l'explication de tous les miracles passés et de tous les prodiges actuels. Le fruit des manifestations extraordinaires dont notre époque est plus que bien d'autres le témoin étonné, se trouve consigné dans cette parole du prophète : *Et vous saurez par là que je suis, moi, au milieu d'Israël. Moi le Seigneur votre Dieu en dehors duquel il n'y a rien ; et mon peuple ne sera pas indéfiniment dans la confusion.*

La génération actuelle est incrédule, elle ne veut croire qu'à la raison et qu'à la nature ; pour elle l'ordre de foi et de révélation est non avenu et à son sens l'Evangile n'est pas assez certifié, le ministère ordinaire de l'Eglise n'est pas suffisamment autorisé.

Est-ce que le Dieu tout-puissant, auquel il a plu d'entrer en communication avec toute la terre, va reculer devant ces négations ou ces dédains ? — s'écriait au grand jour du couronnement de Notre-Dame de Lourdes, l'illustre Evêque de Poitiers ; — ou bien plutôt à ces défis ne va-t-il pas répondre par d'autres défis ? C'en est fait du surnaturel, ont dit les hommes du xix° siècle. Eh bien ! voici que le surnaturel afflue, voici qu'il déborde, voici qu'il jaillit de la source, voici qu'il déroule en longs replis les vagues vivantes d'un fleuve de prières, de chants et de lumières, voici qu'il s'abat, qu'il se précipite sur des foules que personne ne peut dénombrer et qui sont emportées par la force supérieure d'un courant auquel rien ne résiste.

Les hommes de la libre pensée n'ont pas voulu en croire ni Moïse et les prophètes, ni le Christ et ses Apôtres, ni l'Eglise et ses jugements solennels. Eh bien ! voici que Marie la Mère de Dieu, apparaîtra et parlera à de pauvres petits enfants ; ces enfants raconteront ce qu'ils ont vu et entendu. Ils n'auront pas, eux, ni l'autorité de Moïse et des prophètes, ni celles du Christ et de ses Apôtres. L'Eglise même, par son tribunal de première instance, par la sentence du juge ordinaire, qui est l'Evêque, se contentera de délivrer un certificat de crédibilité, sans imposer à personne une obligation doctrinale de pratique, pourvu qu'on demeure dans les limites du respect, l'abstention est permise. Et dans ces conditions, la croyance s'impose d'elle-même avec tant d'autorité et d'efficacité que le monde entier s'en émeut.

C'est ainsi que le céleste médecin oppose à chacun des vices les remèdes qui les combattent.

Et puis, il faut tout dire, ce n'est pas seulement au Dieu de l'Evangile, au Dieu de la grâce et de la révélation, c'est au Dieu même de la raison et de la nature, qu'un trop grand nombre de nos contemporains ont besoin d'être ramenés. — Ceux qui crient le plus haut contre le miracle, continue le même évêque, — sont ceux qui en ont le plus grand besoin.

Les miracles de l'Ancien et du Nouveau Testament suffisent, nous disent-ils ; et ceux qui disent cela sont le plus souvent de ceux qui ne croient ni à l'Ancien, ni au Nouveau Testament. Les preuves de raison établissent à elles seules l'existence de Dieu, — ajoutent-ils ; — mais ces mêmes vengeurs de la raison , nous les entendons bientôt après poser l'existence de Dieu parmi les problèmes douteux de la science : esprits blasés , aux yeux de qui le spectacle quotidien de l'univers, et la vue constante de causes secondes, avec leurs lois régulières et leurs mouvements invariables, finissent par dérober la cause première. Or, dit saint Augustin, c'est précisément pour ces hommes que Dieu, dans sa miséricorde, s'est réservé de faire à propos, en dehors du cours usité de la nature, non pas des œuvres plus grandes en elles-mêmes ; mais des œuvres inaccoutumées par lesquelles il réveillerait leur attention et se démontrerait plus sûrement à eux.

Ne demandons plus avec une sorte de dédain à quoi servent les miracles. Nous le voyons, ils sont des échos de la grande voix de notre Dieu qui nous demande de revenir à lui, si nous avons eu le malheur de nous en éloigner, et de le mieux servir si nous sommes du nombre de ses fidèles serviteurs.

Et pour nous adresser cet appel de miséricorde et de tendresse, il se sert de la parole si bonne et si douce de Marie, notre Mère du Ciel. Ah ! ne soyons pas assez ennemis de nous-mêmes pour fermer l'oreille à cette voix du Ciel qui ne se fait entendre d'une manière si éclatante que parce que nous avons un besoin immense de nous tourner vers Dieu.

Que chacun de ces faits prodigieux dont nous sommes les heureux témoins, soit pour nous comme un encouragement nouveau à bénir, à aimer, à servir notre Dieu qui ne veut pas la mort des pauvres âmes pécheresses , mais leur résurrection à la grâce, et leur vie dans l'Eternité heureuse.

PRATIQUE.

Ne point fermer l'oreille au bruit de tant de merveilles dont le Ciel nous favorise d'une manière si éclatante. Voir dans tous ces faits prodigieux des marques de la miséricorde divine à notre égard, en témoigner à Notre Seigneur notre sincère reconnaissance par notre application à l'aimer davantage et à le mieux servir.

Souvenez-vous, etc. (page 21).

INVOCATION.

O Notre-Dame d'Espérance de Pontmain, priez pour nous, pour la France et l'Église!

VINGT-HUITIÈME JOUR.

LECTURE.

Le second anniversaire, présidé par Mgr Sebaux, évêque nommé d'Angoulême, n'a pas été moins solennel. Rien ne lui a manqué, pas même l'épreuve de la malveillance : les pèlerins, à la vérité, n'ont pas été insultés comme ceux de la Salette et de Lourdes, mais ils ont couru un danger des plus graves, et l'on frémit en pensant à ce qui serait arrivé si la protection de Marie n'avait veillé sur ses dévoués serviteurs. Il y eut des gens assez criminels et assez lâches pour attenter à leur vie en cherchant à faire dérailler le train du chemin de fer de Fougères à Vitré, qui portait de nombreux pèlerins, ce même jour du 17 janvier.

A quelques centaines de mètres de la gare de Gérard, dans une de ces courbes si nombreuses sur cette voie, le mécanicien aperçut à courte distance un objet placé sur les rails. Il n'eut que le temps de siffler au frein et de renverser la vapeur. Le choc ne put être évité, mais il fut amorti. Le chassepierre avait rencontré et jeté de côté une poutre de bois de plus de deux mètres de long et fort pesante. Elle devait être là depuis quelques minutes seulement, car un quart d'heure auparavant l'inspection de la voie avait été faite.

Aucun accident n'eut lieu, et le train n'eut à subir qu'un arrêt de peu de durée. On n'a pas, que nous sachions, découvert les auteurs de cet odieux attentat, qui montre combien de pérversité il y a, hélas ! encore en France, à côté des plus touchantes vertus.

Oh ! il nous faut encore prier et expier ! (1)

Au mois de septembre 1873, la contrée tout entière fut convoquée à Pontmain par le vénérable évêque de Laval. Il y eut toute une semaine des fêtes religieuses ; chaque jour amenait au lieu de l'Apparition une partie de l'excellent diocèse de Laval à laquelle venaient se joindre de nombreuses députations des diocèses voisins. Des prédicateurs distingués redirent à tous ces pieux fidèles les louanges de Marie et le saint prélat, qui avait préparé à son peuple cette série de fêtes dont il voulut présider lui-même toute la première partie, fut touché jusqu'aux larmes de ces pieuses et éclatantes manifestations de foi et d'amour.

—Les populations se sont montrées admirables de

(1) L'Apparition de Pontmain, par M. de Gaulle.

zèle et de piété, écrit un des témoins de cette belle fête. Que de grandes choses se sont passées dans les âmes : Dieu et sa bien-aimée Mère seuls le savent ! Quels élans d'amour parmi ces pèlerins ! Quelle admirable charité les animait ! On aurait pu dire d'eux aussi : Voyez comme ils s'aiment ! Ce sont bien là les disciples de Jésus qui s'appelle *Charité* et les enfants de Marie qui s'appelle la *Mère de tous les hommes !*

Vers la fin de cette même année, l'évêque de Laval vint de nouveau à Pontmain pour bénir la première pierre d'une splendide église que la piété des serviteurs de Marie bâtit sur le champ de l'Apparition.

A l'occasion de cette touchante cérémonie, le saint prélat adressa à ses diocésains un belle lettre-circulaire par laquelle, tout en rendant hommage à leur foi et à leur piété à l'égard de Notre-Dame-de-l'Espérance de Pontmain, il leur témoignait son vif désir d'élever à la très-sainte Vierge, dans cette vallée qui avait reçu sa visite, un temple digne de sa puissance et de sa grandeur.

— « Que sera-ce donc, dit à ce sujet le véné-
» rable évêque, et que se passera-t-il dans vos
» âmes, le grand jour où la nouvelle église termi-
» née et déjà toute parée pour la solennelle consé-
» cration de ses autels et de sa nef, au Maître du
» ciel et de la terre, et à notre sublime protectrice,

» montrera sa flèche élancée portant à son sommet
» la statue glorieuse de l'Immaculée Vierge , vers
» le point du ciel où la Mère sans tache brillait et
» souriait aux jeunes messagers qu'elle s'était
» choisis pour leur annoncer sa présence au milieu
» de son peuple , et leur faire lire dans les airs ces
» admirables paroles qui ont fait tressaillir la
» France presque entière , et qui renfermaient
» pour elle des espérances de salut et de paix....
» Pour moi, je ne verrai ni les consolants spectacles
» que donnera Pontmain , ni les épouvantables
» catastrophes qui pourront suivre, si les peuples
» égarés ne reviennent à Dieu et à la vertu. Mes
» ossements dormiront alors dans la tombe , mon
» âme aura rendu ses comptes redoutables à Dieu.
» Puissé-je seulement , avant de mourir , avoir eu
» la consolation de traîner mon corps flétri jusqu'à
» la première pierre qui sortira de terre , pour la
» bénir et ensevelir mon nom , désormais inutile ,
» sous le pavé sacré que couvrira la glorieuse ins-
» cription de Marie. »

La voix du pieux prélat a été entendue. Le riche
a donné son or, le pauvre son obole et aujourd'hui
le pèlerin est heureux , à son arrivée dans le
gracieux vallon de Pontmain, de saluer de loin la
splendide basilique qui s'élève, comme par enchan-
tement , sur le lieu de l'Apparition. Sans doute ,
il faudra encore plusieurs années et des sommes

considérables pour achever ce beau temple de Notre-Dame-de-la-Sainte-Espérance, mais le cœur des enfants de Marie ne sait point compter, il ne se lasse jamais surtout, quand il s'agit de témoigner sa reconnaissance pour une Mère si bonne et si prodigue de bienfaits de toute sorte !

La vieille église garde précieusement, comme des reliques sacrées, des centaines de souvenirs et d'*ex-voto* que la reconnaissance des serviteurs de Marie lui a déjà confiés. Ce sont autant de voix muettes mais cependant bien éloquentes qui redisent à la sainte Vierge leur gratitude et leur amour.

Peut-être un jour, les vieux murs se dépouilleront-ils de ces précieux souvenirs pour en enrichir la belle basilique qui s'élève non loin d'elle, mais cette pauvre église elle-même restera toujours chère au cœur du pèlerin. Oui, les générations futures viendront s'agenouiller avec bonheur devant cet autel où tant de fois le bon curé de Pontmain a immolé la sainte victime et dans cette petite chapelle où son peuple fidèle accourait avec un si touchant empressement entendre le vénéré Pasteur lui parler de Marie, chanter ses louanges, invoquer sa miséricorde et préparer ainsi la consolante visite de la Reine du Ciel.

Dans le cours de l'année dernière, Mgr l'évêque de Laval donnait encore un rendez-vous solennel à son fidèle troupeau, aux pieds de la Vierge de Pontmain. Là, sous les regards et les bénédictions de Notre-Dame-de-la-Sainte-Espérance, devait avoir lieu la consécration du diocèse entier au Sacré-Cœur de Jésus. — Plus de dix mille pèlerins répondirent à l'appel du pieux prélat dont la voix tremblait d'une sainte émotion, en redisant à Marie de plaider la cause de son peuple et celle de la France entière auprès du Cœur de son divin Fils.

Cette année depuis que les beaux jours ont succédé aux rigueurs de l'hiver, des milliers de pèlerins sont déjà venus visiter la vallée de Pontmain et s'agenouiller avec piété aux pieds de la statue de Notre-Dame-de-la-Sainte-Espérance. Chaque jour du mois consacré à la Reine du Ciel sera célébré à Pontmain au milieu d'un concours nombreux et recueilli de pieux visiteurs; et de belles fêtes attireront, comme les années précédentes de tous les points de la France et même de l'étranger, des foules immenses qui ne se lasseront point de venir prier Marie, et de mettre en elle toute leur confiance et leur doux espoir.

RÉFLEXIONS.

Dans notre amour pour la Très-Sainte-Vierge, nous devons être à la recherche des moyens de lui plaire et d'obtenir ses faveurs, comme le fils au cœur aimant qui se demande, chaque jour, comment il pourra faire plaisir à sa bonne mère. L'Église a compris ce besoin de nos cœurs, et elle a daigné nous proposer certaines pratiques de dévotion à l'égard de Marie. Parmi ces pieuses pratiques qu'elle a enrichies de grâces précieuses et que la Sainte Vierge a visiblement pour agréables, il en est deux surtout que nous devons aimer davantage, puisque la reine du Ciel a bien voulu les bénir d'une manière spéciale et les encourager par les plus précieuses faveurs ; je veux dire celles du chapelet et du saint Scapulaire.

Ce soir, entretenons-nous de la dévotion du chapelet, dévotion qui nous est familière, sans doute, mais que nous aimerons d'autant plus et que nous pratiquerons d'autant mieux que nous la connaîtrons davantage.

Nous avons tous entendu parler de l'origine de cette dévotion du saint Rosaire, et bien souvent nous avons été heureux de considérer chacun des grains de notre chapelet comme une rose que nous effeuillions aux pieds de notre bonne Mère du Ciel, à l'exemple des premiers chrétiens, qui offraient des couronnes de fleurs, de roses surtout, aux images de la Mère de Dieu.

Ce fut saint Grégoire de Nazianze, — croit-on, — qui, dans son amour pour la Très-Sainte Vierge, fut inspiré de substituer à la couronne matérielle de roses, une couronne spirituelle de prières.

Sainte Brigitte, patronne de l'Irlande, qui vivait au v⁰ siècle et qu'il ne faut pas confondre avec sainte Brigitte, de Suède, (1) perfectionna l'heureuse idée de saint Grégoire

(1) Sainte Brigitte au XIVᵉ siècle, établit et répandit l'usage d'une couronne de prières ou chapelet qui porte son nom. Ce chapelet qui se compose de six dizaines, en l'honneur des années que la Sainte-Vierge a passées sur la terre, a été enrichi de nombreuses indulgences par les Souverains Pontifes Léon X et Clément XI. Ces indulgences peuvent être également appliquées aux chapelets de cinq dizaines. (*Traité des Indulgences*, par le P. A. Maurel.)

en remplaçant les belles prières que ce saint avait composées, mais qui étaient trop peu connues et difficiles à retenir, par les prières et plus belles et plus faciles du *Credo*, du *Pater* et de l'*Ave Maria*. Voulant éviter pour les chrétiens qui embrassaient cette dévotion, tout travail de mémoire dans la récitation de cette couronne de prières, cette sainte adopta l'usage des anachorètes de l'Orient, qui dans les premiers siècles, se servaient de petits grains de pierre ou de bois, pour mieux compter le nombre de leurs prières. (1) Telle fut dès lors la couronne offerte à Marie par ses fidèles serviteurs, couronne de roses spirituelles dont ils se plaisaient à orner le front de leur mère bien-aimée.

On voit dans la vie de sainte Gertrude qui vivait au VIIe siècle qu'elle se servait de ce chapelet, et le fameux Pierre l'Ermite, au XIe siècle, fit adopter aux Croisés cette manière de prier la Sainte Vierge, à l'aide d'une couronne de grains de bois suspendue à leur ceinture.

Toutefois, ce fut saint Dominique qui, sous les inspirations de Marie elle-même, organisa et répandit la dévotion du Saint-Rosaire et depuis cette époque, cette pratique de piété en l'honneur de la Reine du Ciel a parcouru les âges en s'enrichissant de plus en plus des trésors de l'Eglise et des faveurs de la Mère de Dieu.

Telle est l'origine de cette dévotion du Saint-Rosaire ou Chapelet, et ces souvenirs tout seuls suffisent pour nous encourager à l'amour de cette pieuse pratique.

Nous ne pouvons pas douter, du reste, que la Sainte Vierge ne l'ait pour agréable, quand nous considérons les prières qui composent cette pratique de piété ; ce sont les plus belles que nous connaissions et elles nous ont été

____

(1) Le Chapelet, par Mgr de Ségur.

données par le Ciel lui-même. L'*Ave Maria* tout seul, n'est-il pas pour Marie le plus bel éloge et le plus agréable souvenir que nous puissions offrir ? Un *Ave Maria* bien dit, nous apprend saint Bernard, vaut mieux à lui seul que tous les trésors de la terre. Sans doute, la répétition de cette belle prière peut devenir, dans la récitation du chapelet, une source de distraction et même d'ennui ; mais suivant la magnifique parole du Père Lacordaire, l'amour n'a qu'un mot et en le redisant toujours, il ne le répète jamais, et ceux qui aiment Marie sont heureux de lui redire non plus une fois, mais des centaines de fois avec l'Ange : *Je vous salue.*

Et nous aussi, à l'exemple de tous les vrais serviteurs de Marie, aimons la dévotion du Chapelet. Nos occupations multipliées ne nous permettent peut-être pas de le réciter tout entier chaque jour, prenons du moins la bonne habitude d'en dire une partie, ne fut-ce qu'une dizaine. Mais surtout, appliquons-nous à le bien réciter ; on a appelé, il est vrai, cette récitation, le champ de bataille des distractions ; eh bien ! efforçons-nous de méditer quelques-uns des mystères de la vie de Notre-Seigneur ou de sa sainte Mère, en répétant ces belles prières qui le composent ; proposons-nous aussi telle ou telle faveur à obtenir, et nous verrons avec bonheur que les instants que nous passerons à redire à Marie nos louanges, nos supplications et notre amour, seront les plus doux et les plus fructueux de notre journée.

Et à l'heure dernière, quelle ne sera pas notre consolation de trouver à notre lit de mort comme autant de précieux trésors amassés, ces *Ave Maria*, récités avec foi et piété dans le cours de notre vie tout entière ? A ce moment notre chapelet sera notre plus précieux bijou et quand nous ne considérerons tous les autres objets qu'avec des regards de pitié, de regrets peut-être, nous baiserons avec amour notre Rosaire et sa vue toute seule nous sera une force et une consolation à ce moment suprême.

PRATIQUE.

Porter toujours sur soi son chapelet. Le réciter avec foi et piété tous les jours de notre vie, s'il est possible, ou du moins, en réciter une ou plusieurs dizaines en nous rappelant cette parole du pieux Berckmans à ses frères, à son lit de mort : Les moindres choses, pourvu qu'on les fasse avec constance, sont agréables à Marie.

———

Souvenez-vous, etc. (page 21.)

INVOCATION.

O Notre-Dame d'Espérance de Pontmain, priez pour nous, pour la France et l'Église !

VINGT-NEUVIEME JOUR.

LECTURE.

Le vénérable évêque de Laval, dans ses touchants appels aux pieux fidèles de son religieux diocèse, n'avait garde d'oublier la jeunesse qu'il chérit avec une affection qui rappelle la bonté de notre divin Sauveur pour les enfants de la Judée.

Enrôler sous la bannière de Notre-Dame-de-la-Sainte-Espérance de Pontmain tous les enfants de son diocèse fut, dès les premiers temps du pèlerinage, un des vœux ardents de son cœur d'apôtre.

Dans le cours de l'année qui suivit la publication de son Mandement relatif à l'Evénement de Pontmain, le pieux prélat adressait de nouveau aux fidèles de son diocèse une belle lettre pastorale dans laquelle il laisse voir toute sa tendresse et sa sollicitude pour ses chers enfants et pour leurs parents.

— « Et maintenant, Nos Très-Chers Frères, » que nous sommes en esprit à Pontmain, main-

» tenant que la sainte Mère de Dieu daigne abais-
» ser ses regards sur nous et que cette ravissante
» invitation : *Mais priez, mes enfants, Dieu*
» *vous exaucera*, semble tomber sur nous tous
» qui sommes à ses pieds et qui l'invoquons, je
» voudrais fonder en ce lieu, dans l'église qui va
» s'élever en l'honneur de Notre-Dame-de-la-
» Sainte-Espérance, un grand centre de piété,
» où tous les enfants et toutes les âmes de notre
» diocèse puissent se réunir, au moins d'inten-
» tion, tous les jours, pour y saluer et y bénir
» l'auguste Mère de Dieu, à la place même au-
» dessus de laquelle, elle sembla, à l'exemple de
» son divin Fils sur le Thabor, manifester quel-
» ques rayons de sa gloire à ses quatre privilégiés.
» Ce serait donc une immense confrérie sous le
» vocable de Notre-Dame-de-la-Sainte-Espérance,
» apte à s'agréger les associations de même nom
» qui se fonderaient en d'autres lieux, et à les
» faire participer à d'amples faveurs spirituelles
» dont elle serait elle-même enrichie ; qui serait,
» par conséquent, accessible à toutes les paroisses
» de notre diocèse et même bien au-delà. Mais,
» Nos Très-Chers Frères, le pouvoir d'un évêque
» ne va pas à beaucoup près aussi loin, car ce que
» nous venons de désigner serait une archicon-
» frérie. Or, le Souverain-Pontife se réserve à
» lui seul le droit d'ériger une telle société , et il

» serait peut-être difficile d'obtenir, dès le pre-
» mier instant, l'approbation complète d'une si
» grande œuvre. Mais pour peu qu'elle soit pos-
» sible, comptez qu'elle sera humblement solli-
» citée.

» En attendant, nous établissons une confrérie
» ordinaire, sous le même vocable et aux mêmes
» intentions, dans la chère et vénérée petite pa-
» roisse, en faveur de ses enfants, et des enfants
» des paroisses voisines, qui pourront facilement
» s'y faire admettre et y paraître de temps en
» temps et auxquels les enfants de toutes les pa-
» roisses du diocèse entier pourront se joindre.

» Terminons sur cette gracieuse espérance,
» Nos Très-Chers Frères, renfermons-la dans
» tous les cœurs, en affirmant sans crainte au-
» cune de nous tromper, que Marie aimera tous
» les enfants qui seront placés ainsi sous sa puis-
» sante protection, qu'elle aimera et protégera
» leurs dignes mères, que la bénédiction du Sei-
» gneur descendra sur toutes les familles qui l'au-
» ront ainsi honorée, et que, si d'autres pays
» s'obstinent à ne plus vouloir ni de Dieu, ni de
» son règne, non plus que de son amour, nous
» au moins qui voulons lui rester perpétuelle-
» ment fidèles, nous pouvons espérer d'être mi-
» séricordieusement préservés, si ce n'est de tous
» les maux, au moins des plus graves. Hélas !

» ailleurs peut-être , on n'aura pas cessé de mé-
» riter les mêmes fléaux et de plus grands parce
» qu'on n'aura pas consenti à tomber aux pieds
» du divin Maître , pour l'adorer , l'aimer en le
» servant. Mais si nous sommes témoins de ce
» malheur, prions pour nos frères qui l'auront
» encouru , et jamais , jamais ne suivons leur fu-
» neste exemple , pour nous perdre dans le temps
» et dans l'éternité. »

Puis le vénéré Prélat établissait canoniquement
une confrérie ou association de prières en l'honneur et sous le vocable de Notre-Dame-de-la-
Sainte-Espérance dans l'église de Pontmain , de
tous les enfants de cette paroisse et de toute paroisse quelconque de son diocèse dont les enfants
voudraient s'y faire inscrire.

La seule charge qu'il imposait aux associés était
de réciter chaque jour soit à l'église , soit à l'école,
soit en famille , un *Ave Maria* en français pour
soi , pour leurs parents , pour le diocèse , pour la
France entière et la sainte Église de Dieu.

Puis le digne évêque accordait de précieuses indulgences à tous les membres de cette pieuse association et aux parents qui apprendraient à leurs
jeunes enfants la *Salutation Angélique* et la leur
feraient réciter.

Les pieuses populations des paroisses voisines
de Pontmain et de tout le diocèse ont répondu

admirablement à ce nouvel appel de leur vénérable évêque. Quarante-deux mille enfants se sont déjà enrôlés sous la bannière de Notre-Dame-de-la-Sainte-Espérance et bientôt sans doute, ce nombre sera augmenté, car toutes les mères de famille voudront mettre leurs chers enfants sous la protection de la sainte Vierge de Pontmain.

Mgr Wicart n'est plus aujourd'hui à la tête du diocèse de Laval ; il a remis entre les mains du Souverain-Pontife qu'il vénère et chérit comme un Père bien-aimé, sa houlette pastorale ; avec l'apôtre saint Paul, ce saint prélat peut bien dire qu'il a vieilli dans le bon combat et dans la fidélité à tous ses grands devoirs d'évêque et qu'une belle couronne l'attend au Ciel.

La sainte Vierge la déposera elle-même sur le front de son dévoué serviteur.

Le diocèse de Laval se console aujourd'hui de cette cruelle séparation, en pensant que ce vénéré prélat a choisi le lieu de son repos, au milieu de son peuple chéri qu'il continuera à édifier par le spectacle de sa sainteté et à aider de sa fervente prière ; et puis il a retrouvé dans son nouvel évêque, Mgr Le Hardy du Marais, un Père dont il a su dès le premier jour apprécier les vertus, la science et la bonté.

Notre-Dame de Pontmain devait une telle faveur à cet excellent diocèse.

Le bon curé de Pontmain n'a abandonné sa chère paroisse qu'en quittant cette terre.

Le 28 mai 1872, ce saint prêtre rendait sa belle âme à Dieu dans les sentiments de la plus douce paix — Il venait d'atteindre ses soixante-onze ans.

On raconte qu'au moment même où il allait exhaler son dernier soupir, une main pieuse et dévouée présenta aux regards presque éteints du bon vieillard une petite statue de la sainte Vierge : ce fut pour le mourant comme une source d'ineffable consolation ; une larme tomba de sa paupière qui se fermait déjà, les lèvres ne prononcèrent aucune parole, mais le cœur disait un dernier mot à cette douce et immaculée Vierge qu'il avait tant aimée sur la terre.

Le jour des funérailles du bon curé fut un jour de deuil pour la paroisse entière, et aujourd'hui encore, comme au lendemain de sa mort, le tombeau de ce saint prêtre qu'on a souvent comparé au vénéré curé d'Ars est le rendez-vous d'un grand nombre de pieux visiteurs qui viennent, non plus prier pour cette âme si belle et si pure, mais bien l'invoquer comme on invoque un ami de Dieu.

RÉFLEXIONS.

La dévotion du scapulaire ou petit habit de la sainte Vierge est trop connue pour qu'il soit nécessaire d'en rappeler longuement l'origine, la nature et les bienfaits.

17.

Parmi nous, enfants et serviteurs de Marie, il n'est personne, sans doute, qui ne se fasse un devoir bien doux de porter les livrées de notre Auguste Souveraine, et nous considérons à bon droit cette pieuse pratique comme une des plus chères au cœur de cette divine Mère et des plus utiles pour nos âmes.

Il nous suffit, du reste, pour nous encourager à persévérer dans cette dévotion, de nous rappeler les paroles que la sainte Vierge elle-même daigna adresser un jour à son dévot serviteur saint Simon Stock, général du Carmel et fondateur de la confrérie du Scapulaire qui lui demandait un gage sensible de sa faveur et de son amour : « Mon cher fils, — lui dit Marie, en lui présentant le scapulaire, — reçois ce scapulaire de ton ordre ; c'est la marque du privilége que j'ai obtenu pour toi et pour les enfants du Carmel. Celui qui mourra, revêtu de cet habit, sera préservé des feux éternels. »

Le savant et illustre Pontife Benoît XIV, dans son traité des fêtes de la sainte Vierge, déclare en propres termes qu'il croit à la vision de saint Simon Stock, comme à un fait certain et il ajoute que tout le monde doit la regarder aussi comme véritable (1).

Le Carmel, — on le sait, — ne garda pas pour lui tout seul cette insigne faveur ; tout le monde fut appelé à en recueillir les avantages. La rapidité avec laquelle se propagèrent les associations affiliées à ce saint Ordre ; les fruits de grâce qu'on retira de cette pieuse pratique ; le témoignage des Souverains-Pontifes et les faveurs qu'ils ont daigné lui attacher, prouvent assez la sainteté de cette admirable dévotion.

Tous, nous avons le bonheur d'être revêtus des livrées de la Reine du Ciel, mais savons-nous les porter dans

______

(1) *Traité des Indulgences*, par le P. A. Maurel, jésuite.

l'esprit et les vues que la sainte Vierge et l'Eglise se proposent en nous les remettant? N'oublions-nous pas, trop
souvent, que le petit habit nous oblige à la pratique plus
stricte des vertus dont cette auguste souveraine nous a
donné l'exemple? Le serviteur d'un prince est tenu à une
plus grande réserve quand il paraît revêtu des livrées de
son maître et il se rendrait coupable d'une sorte de crime
de lèse-majesté en les profanant.

Ainsi, en est-il, et à plus forte raison, des serviteurs de
la Reine du Ciel et de la terre.

Aimons donc notre petit habit, et portons-le toujours
dans des sentiments d'une foi vive et d'une piété véritable.

Soyons heureux d'appartenir ainsi à ce saint Ordre du
Carmel qui depuis cinq siècles a compté tant de saints religieux, tant de femmes héroïques, tant de pieux fidèles
dont les mérites sont venus enrichir les trésors de
cette association. Le scapulaire nous donne une large part,
nous le savons, à cet immense héritage et nous serions
bien ennemis de nos âmes si nous allions négliger cette
pratique si simple et si facile, dont les bienfaits sont incalculables.

Par ailleurs, ne l'oublions pas, le scapulaire nous donne
un droit tout spécial à l'amitié et à la protection de la divine patronne du Carmel, puisque d'après les paroles
même de la révélation que nous avons citée, le petit habit
est comme le pacte d'alliance avec la Reine des Cieux.

Il est de plus une sauvegarde dans les périls du corps et
dans ceux de l'âme, et que d'exemples frappants sont
venus, dans tous les âges, depuis l'origine de cette dévotion, proclamer hautement cette protection de Marie sur
ses enfants privilégiés !

A l'heure de la mort, le scapulaire nous est une source
toute spéciale de bénédiction. Lorsque Marie promettait à
son fidèle serviteur que tous ceux qui mourraient revêtus

du scapulaire ne souffriraient point les peines éternelles, elle ne voulait pas dire qu'elle arracherait aux flammes de l'enfer même le pécheur impénitent pourvu qu'il se trouvât revêtu du petit habit, mais elle voulait nous faire entendre qu'elle veillerait avec un soin tout particulier sur les derniers instants de ses serviteurs et qu'elle mettrait tout en œuvre, dans sa puissance miséricordieuse, pour inspirer aux plus rebelles le repentir et leur obtenir les grâces d'une bonne conversion.

Les bienfaits du scapulaire nous suivent au-delà même de la tombe, puisqu'une précieuse indulgence vient à notre dernier soupir nous remettre les peines des fautes que l'absolution a déjà pardonnées, et abréger, sinon retrancher complétement, le temps de l'expiation, dans les flammes du Purgatoire.

PRATIQUE.

Recevoir le scapulaire, si déjà nous ne l'avons point revêtu. Le porter toujours dans un grand esprit de foi et de piété, en nous rappelant les bienfaits de cette dévotion et ne jamais nous en séparer surtout dans les dangers du corps et de l'âme.

Souvenez-vous, etc. (page 21.)

INVOCATION.

O Notre-Dame d'Espérance de Pontmain, priez pour nous, pour la France et l'Église !

TRENTIÈME JOUR.

LECTURE.

L'heureuse paroisse de Pontmain est aujour_
d'hui desservie par des religieux Oblats de Marie
Immaculée, gardiens vigilants du nouveau sanctuaire de Notre-Dame-de-la-Sainte-Espérance et
apôtres infatigables de la contrée tout entière.

Ces bons missionnaires se montrent ici, comme
partout où on les trouve, fidèles à la belle devise
que leur a donnée leur vénéré Fondateur, Mgr de
Mazenod, mort évêque de Marseille au mois de
mai de l'année 1861 :

*Le Seigneur m'a envoyé pour évangéliser les
pauvres.*

Les missions, les retraites, les catéchismes,
surtout dans les paroisses de la campagne, telles
sont, en effet, les œuvres auxquelles ils se donnent plus spécialement. Les missions étrangères
comptent un grand nombre d'Oblats de Marie qui
s'en vont, au péril de leur vie, annoncer aux peu-
plades à demi sauvages la bonne nouvelle. Plu-

sieurs de nos grands pèlerinages de la sainte Vierge ont été confiés à ces apôtres dévoués, heureux de se trouver là où Marie est plus spécialement honorée : Notre-Dame de l'Osier, dans le diocèse de Grenoble ; Notre-Dame de Sion, dans la Lorraine ; Notre-Dame de Talence, à Bordeaux : Notre-Dame-de-bon-Secours, dans le diocèse de Viviers ; Notre-Dame-des-Lumières, dans le diocèse d'Avignon ; Notre-Dame-de-la-Garde, à Marseille. — Le Tombeau de saint Martin de Tours a été également remis à la garde de ces hommes de Dieu et, tout dernièrement, le vénérable archevêque de Paris les appelait à l'honneur insigne de fonder le grand pèlerinage national du Sacré-Cœur de Jésus sur les buttes Montmartre.

A Pontmain, l'un de ces bons religieux, le R. P. Marais, est tout spécialement chargé du soin de la paroisse — Enfant de la chrétienne Bretagne, cet homme de Dieu a passé plusieurs années de son sacerdoce auprès du sanctuaire de Notre-Dame d'Auray. — Après avoir travaillé avec un zèle d'apôtre à faire honorer la Mère vénérée de la Reine du Ciel, il a été appelé à se dévouer à la gloire de sa divine Fille, dans son nouveau sanctuaire. Les habitants de Pontmain ne l'appellent que *leur bon curé*. Avec quelle confiance filiale, quel air heureux, ils l'abordent sur les chemins et dans les rues ! — Le Ciel nous a donné, disent-ils, un autre M. Guérin et nous oublions d'autant moins notre saint curé que nous le retrouvons tout entier dans son digne successeur.

Le père Barbedette n'est plus ; ce brave homme est mort le 2 juin 1871, âgé seulement de 48 ans, dans les sentiments les plus chrétiens et parfaitement résigné à la volonté de Dieu. Son grand chagrin, en quittant cette terre, était d'y laisser dans la plus profonde affliction sa vertueuse femme et ses chers enfants dont l'aîné venait de rentrer depuis quelques semaines seulement au foyer paternel.

Eugène et Joseph Barbedette, les deux heureux témoins de l'Apparition, sont entrés depuis quelques années au petit Séminaire de Mayenne. En grandissant, ils sentent s'accroître en eux la reconnaissance pour la Vierge immaculée qui les a si admirablement favorisés et leur désir le plus ardent est de se consacrer au service de Jésus-Christ et de sa sainte Mère.

La bonne mère Victoire n'habite plus sa maison du bourg dont la grange est aujourd'hui convertie en gracieux oratoire qu'entourent des petites boutiques d'objets de piété comme dans tous les pèlerinages.

Elle occupe, à quelques centaines de mètres dans la campagne, avec son fils aîné qui a repris au sortir de l'armée, ses instruments de labour, une proprette petite ferme dont la façade est ornée d'une blanche statue de Notre-Dame-de-la-Sainte-Espérance.

Les heureuses petites filles ont grandi également dans les sentiments de la plus douce reconnaissance pour la Reine du Ciel qui a daigné se montrer à leurs yeux ravis.

Elles ont quitté l'école de Pontmain où la bonne supérieure, sœur Timothée et la sœur Vitaline continuent à se dévouer, la première au soin des malades, la seconde aidée d'une jeune compagne à l'éducation des enfants de la paroisse. La sœur Marie-Edouard a été appelée à une autre obédience.

La Maison-Mère des sœurs Adoratrices de la justice de Dieu a reçu, depuis deux ans bientôt, ces deux petites privilégiées de Marie, et là, dans la solitude et le recueillement, elles achèvent sous les regards de Dieu et la protection de la Reine du Ciel leur éducation chrétienne.

Elles n'ont rien perdu de leur bonne simplicité et de leur naïve franchise, et aujourd'hui comme au soir de l'Apparition, elles redisent tous les faits avec un accent de conviction et de véracité qui émeut les plus insensibles.

Le digne M. Richard, le pieux auteur du premier récit de l'Evénement de Pontmain, a été enlevé bien jeune encore par la mort à l'estime de son vénérable évêque et à l'affection de tout le clergé du diocèse. Il a quitté cette terre à l'âge de 35 ans seulement, après une longue souffrance supportée avec une résignation admirable. Le nom si doux de Notre-Dame de Pontmain revenait souvent sur ses lèvres dans sa cruelle maladie, et son dernier soupir fut un acte d'amour pour sa Mère bien-aimée.

La bonne population de Pontmain s'efforce de plus en plus de se montrer reconnaissante de la céleste visite de la Reine du Ciel. Toutes les fêtes en l'honneur de Marie y sont célébrées, avec un saint enthousiasme qui émeut jusqu'aux larmes, les heureux témoins de ces touchantes solennités.

Chaque soir de l'année, à la tombée de la nuit, la cloche tinte quelques coups et bientôt la modeste église voit accourir, non - seulement des maisons voisines mais encore des villages les plus éloignés, les pieux fidèles qui viennent terminer dans la prière et le recueillement leur journée de travail.

L'autel de la sainte Vierge est toujours orné comme pour une fête continuelle ; le Père Curé monte en chaire, il récite le chapelet et la prière du soir, et tous les assistants répondent avec piété ; puis après quelques mots d'édification toujours écoutés avec amour ou bien une lecture pieuse, un cantique en l'honneur de Notre-Dame-de-la-Sainte-

Espérance est chanté par toutes ces voix d'hommes, de femmes, d'enfants et de vieillards, et chacun retourne à son modeste foyer emportant dans son âme les joies si douces que l'on goûte au service de Dieu et de la sainte Vierge.

Tel est aujourd'hui le pèlerinage de Pontmain qu'un célèbre prédicateur, le R. P. Félix, a appelé *le Pèlerinage de l'avenir*.

RÉFLEXIONS.

La vraie dévotion, a dit saint Augustin, consiste à imiter ceux que nous honorons. Si donc nous voulons avoir pour la sainte Vierge une véritable et solide dévotion, nous devons la faire consister principalement dans l'imitation de ses vertus. Saint Paul disait autrefois aux Ephésiens : Soyez les imitateurs de Dieu comme étant ses enfants bien aimés. L'imitation de Marie, telle est aussi la marque à laquelle on reconnaîtra que nous sommes ses enfants de prédilection et telle est bien l'obligation que nous impose notre titre de serviteurs de la Reine du Ciel.

Marie, nous le savons, est appelée par l'Eglise le Miroir de justice ; son âme immaculée, en effet, semblable à une eau d'une admirable limpidité, réfléchit tous les rayons du Soleil de justice ; comme une glace parfaitement nette, elle reproduit dans toute leur beauté et leur perfection les traits de Jésus, son Fils et notre Sauveur. Voilà pourquoi l'Eglise offre la sainte Vierge non pas seulement à notre admiration, mais encore à notre imitation. Quels que soient notre âge, notre état, notre position ici-bas, elle ne craint pas de nous dire à tous : Regardez Marie et faites selon le modèle qui vous a été montré; en imitant Marie vous imitez Jésus-Christ lui-même dont elle est la plus parfaite image. Et — suivant la remarque d'un saint Père, — quelle n'est pas la bonté de Dieu, en nous offrant pour modèle Marie elle-même? Imiter Jésus-Christ, dit-il, mais, cette pensée toute seule était de nature à nous jeter dans le découragement; imiter Marie nous paraît moins difficile.

La sainte Vierge, il est vrai, est la plus pure, la plus parfaite, la plus sainte des créatures, mais elle n'en est pas moins une créature comme nous, et à l'exception du péché, elle a connu toutes les misères, toutes les douleurs de la pauvre humanité.

Elle fut, sans doute, par suite de l'exception faite en sa faveur, dans le décret général de la souillure originelle, exempte du penchant malheureux qui entraîne si violemment au mal tous les enfants d'Adam; mais, pour s'élever au sublime degré de sainteté où elle est parvenue, il ne lui a pas moins fallu une entière et parfaite correspondance à la grâce; à nos yeux, par conséquent, Marie apparaît comme un modèle plus approprié à notre infirmité et à notre faiblesse qui nous montre ce que nous pouvons tous, aidés de la grâce divine, et qui enlève toute excuse à notre lâcheté, quand nous refusons de marcher dans le chemin de la vertu.

Mais parmi les vertus qui ont brillé d'un si vif éclat en Marie, il en est trois surtout qu'elle se plaît à voir régner dans le cœur de ses enfants : l'humilité, la pureté et la charité.

Considérons Marie, étudions sa vie cachée et nous verrons que cette vie entière n'a été qu'humilité et que c'est l'humilité qui a attiré sur elle, comme elle le déclare elle-même, les regards du Dieu Tout-Puissant.

Allons donc à l'école du cœur immaculé de Marie pour y apprendre l'humilité, cette vertu qui est la base et le fondement de toutes les autres.

Si nous imitons bien la Très-Sainte Vierge dans son humilité, nous aurons moins de difficulté pour l'imiter dans sa pureté. L'humilité et la pureté sont, en effet, deux vertus tellement inséparables, qu'elles se soutiennent l'une l'autre, comme les deux vices qui lui sont opposés né marchent guère l'un sans l'autre. L'humilité et la pureté sont deux sœurs qui se donnent la main et n'aiment point à se séparer ; puissent-elles être les compagnes fidèles de notre âme, comme elles l'ont toujours été pour la Reine du Ciel.

A l'exemple de Marie, pratiquons l'aimable vertu de charité. La charité, on l'a bien dit, est la Reine de toutes les vertus ; Dieu s'appelle Charité et la sainte Vierge s'appelle la Mère de miséricorde. Et nous aussi soyons bons et miséricordieux ; aimons nos frères, cherchons à leur faire du bien ; rendons le bien pour le mal, et n'oublions jamais cette parole de Notre-Seigneur : « Bienheureux les miséricordieux parce qu'ils obtiendront eux-mêmes miséricorde. »

Ce soir, aux pieds de notre bonne Mère du Ciel, demandons-nous si telle est bien notre dévotion à son égard. N'avons-nous point fait consister cette dévotion dans des pratiques purement extérieures, oubliant que l'imitation de ses vertus est la preuve la plus grande ou pour mieux dire la seule véritable de notre dévouement et de notre affection pour elle. Et si nous nous voyons dans l'obligation de gémir sur le triste état de notre âme et de déplorer notre lâcheté au service de Dieu, demandons pardon, en toute humilité, à notre divine Mère, d'avoir contristé son cœur si bon et prenons de sincères résolutions pour l'avenir. Aimons Marie non pas seulement de bouche et de parole, aimons-là surtout en esprit et en vérité, et soyons assurés que nos efforts pour détruire nos penchants mauvais et acquérir les vertus, seront à ses yeux, si nous savons les lui offrir, la marque la plus précieuse de notre vive et sincère affection.

PRATIQUE.

Considérer l'imitation des vertus de Marie comme une obligation pour quiconque veut sincèrement lui appartenir.

Penser souvent à telle ou telle de ses vertus et faire des efforts pour l'acquérir avec le secours de sa protection sainte.

———

Souvenez-vous, etc. (page 21.)

INVOCATION.

O Notre-Dame d'Espérance de Pontmain, priez pour nous, pour la France et l'Église!

TRENTE-UNIÈME JOUR.

LECTURE.

Le nouvel évêque de Laval a déjà manifesté, en plusieurs circonstances solennelles, son dévouement à Notre-Dame de Pontmain et son espérance de voir ce pèlerinage grandir de plus en plus, pour la gloire de Marie Immaculée et le salut des âmes.

Quelques semaines seulement après son entrée, que l'on peut appeler triomphale, dans sa ville épiscopale, Mgr Le Hardy du Marais s'arrachait à ces nombreuses occupations, pour venir déposer sa houlette de premier Pasteur aux pieds de la Vierge de Pontmain et lui confier sa personne et son troupeau.

Dans son allocution aux habitants de cette paroisse privilégiée, heureuse encore, dans ce jour, de recevoir une des premières, la visite de son nouvel Evêque, le pieux Prélat exprima hautement sa foi dans l'avenir du pèlerinage. Dans un langage ému qui arracha des larmes à tous les auditeurs, il redit les caractères particuliers de la céleste apparition, la confiance que nous devons mettre dans la prière tant recommandée par Marie et l'espérance si douce que tout cœur chrétien doit concevoir au souvenir des promesses de la Vierge de Pontmain. Depuis le jour de l'apparition, continua le vénérable Évêque, cette divine Mère n'a cessé de signaler son passage à Pontmain par des bienfaits de toute sorte, et moi-même, ajouta-t-il dans un sentiment de profonde reconnaissance, je suis redevable à Notre-Dame-d'Espérance de la guérison d'un mal qui avait déjoué les efforts des médecins ; aussi, Pontmain doit être un centre de religion, un foyer de vie surnaturelle, non-seulement pour le diocèse de Laval, mais encore pour tout le pays ; c'est le pèlerinage qui répond aux besoins du présent si tourmenté, c'est aussi le pèlerinage de l'avenir, car il faut espérer que Dieu aura enfin pitié de la France et lui accordera des jours meilleurs.

Le dimanche, 14 janvier dernier, on lisait dans toutes les Eglises et Chapelles du diocèse, — à la grande joie de tous les pieux fidèles — une belle lettre pastorale du zélé Pontife.

— L'œuvre du sanctuaire du Pontmain qui s'élève sur le champ de l'Apparition, — lisons-nous dans ces pages touchantes, — sera la première de notre épiscopat, notre œuvre de prédilection, l'œuvre de notre cœur.

Puis après avoir raconté en termes émus sa première visite au pèlerinage, sa joie et son admiration à la vue de la belle basilique qui redira la reconnaissance du diocèse de Laval et de la France envers la Reine du Ciel, le pieux prélat continue par montrer, dans un magnifique langage, comment le titre de Notre-Dame-de-la-Sainte-Espérance est un dès plus beaux et des plus théologiques qui aient été donnés à la Vierge Marie par l'enthousiasme des fidèles et la science des Docteurs. Puis il rappelle à tous, ces solennelles paroles de la céleste Visiteuse : *Mais, priez, mes enfants, Dieu vous exaucera en peu de temps. Mon Fils se laisse toucher.*

Vous voudrez donc, continue le vénéré Prélat, nous aider puissamment à achever l'édifice sacré qui, à Pontmain, sera pour les nombreux pèlerins de l'avenir l'acte solennel de votre foi et de votre espérance.

C'est là, dans ce lieu à jamais béni par la présence de la Mère de Dieu et devenu une source féconde de grâces, de bénédictions, de faveurs spirituelles, de secours extérieurs et sensibles, que vous viendrez souvent prier pour vous, pour vos familles, pour la France, pour Pie IX; c'est là que confiants dans la parole de Marie écrite en lettres de feu sur l'azur du ciel, vous vous agenouillerez dans le recueillement d'une sainte ardeur, et avec nous, du fond du cœur, vous vous écrierez les mains jointes, les yeux baignés de larmes :

« O Notre-Dame d'Espérance ! O Immaculée, ô Reine, ô Mère, ô Vierge-Prêtre, jetez les yeux sur nous, sur ceux qui nous sont chers, sur la France, sur l'Eglise, sur le Vicaire de votre divin Fils ! Nous sommes à vos pieds gémissants et suppliants ; vous nous présentez l'Hostie sanglante du Calvaire, nous la recevons de vos mains, nous la pressons sur notre cœur, nous l'adorons, nous la conjurons, nous l'aimons ! Ah ! Marie, par Jésus donnez-nous la victoire ! Donnez-nous de voir les âmes revenir à leur baptême et à la vie chrétienne ; donnez-nous de voir la France forte et glorieuse ; donnez-nous de voir l'Eglise triompher des ennemis acharnés à sa ruine ; donnez-nous de voir le Vicaire de Jésus-Christ assis sur la chaire de Pierre, libre, aimé, écouté de tous ; donnez-nous de contempler le règne de Jésus-Christ sur les nations qu'il a en héritage, donnez-nous à tous, ô Marie, d'entrer avec vous dans la gloire ! *O Notre-Dame-d'Espérance, spes nostra ! Sauvez la France, sauvez l'Eglise !!!*

Suit le dispositif par lequel Sa Grandeur ordonnait une quête pour l'achèvement de la basilique, ajoutant que toute personne qui ferait une offrande de 500 francs, recevrait le titre de Fondateur du vénéré Sanctuaire ; puis Elle étendait à tous les fidèles des différents âges, le privilége de s'associer à la Confrérie établie en faveur des enfants par son vénéré Prédécesseur.

Jusqu'à ce que nous ayons obtenu du Souverain Pontife d'autres faveurs, que nous nous proposons de solliciter très-prochainement, dit Mgr l'Evêque de Laval, nous accordons également 40 jours d'indulgence autant de fois que l'on répétera :

O Notre-Dame d'Espérance de Pontmain, priez pour nous, pour la France et l'Église !!!

Quelques jours après la lecture, dans toutes les chaires du diocèse, de cette lettre pastorale, Mgr l'Evêque venait célébrer à Pontmain le sixième anniversaire de l'Apparition.

La veille au soir de ce jour mémorable, le Pontife donna au nouveau sanctuaire sa première bénédiction et le Dieu de l'Eucharistie prit possession de ce beau monument qui dans quelques années, — il faut l'espérer, — sera complétement achevé.

Toute la nuit, les pélerins arrivèrent en foule, malgré la pluie et le mauvais état des routes. A la pointe du jour les deux églises se trouvaient remplies.

Une messe matinale fut dite par Mgr l'Evêque, sur un autel provisoire dressé au fond de l'abside de la nouvelle église, en présence d'une grande multitude admirable de recueillement. A la grand'-messe solennelle célébrée par M. l'abbé Dulong de Rosnay, vicaire général, la foule était plus compacte encore, et les larmes venaient aux yeux à la vue de ces pèlerins nombreux chantant avec amour les louanges de Dieu dans ce nouveau temple élevé à Marie par la piété de ses enfants.

La cérémonie du soir fut également bien touchante et bien belle ; on savait que Mgr l'Evêque devait parler, et cette foule immense qui, le matin s'était nourrie du pain des Anges, était avide de se nourrir encore de cette parole du premier représentant de Jésus-Christ dans le Diocèse. Après la bénédiction du Saint-Sacrement — écrit un pieux pèlerin, — Monseigneur monta en chaire. En termes émus, le Prélat rappelle son ancienne dévotion à Notre-Dame de Pontmain, et son premier pèlerinage. C'est la Vierge de Pontmain — il veut le croire, — qui lui a confié le religieux diocèse de Laval. C'est à elle qu'il en a confié la garde, et c'est à ses pieds qu'il dépose le fardeau de son épiscopat.

La Vierge de Pontmain est dans son âme comme elle est dans sa crosse : lui est à genoux, avec tout son diocèse dans son cœur, et la Vierge est debout, répandant sur le pasteur et le troupeau toutes les bénédictions du Ciel et de la terre. Pontmain sera son œuvre de prédilection, il com-

pte sur le dévouement de cette foule si religieuse
pour l'aider à terminer cette belle église et la
rendre digne de la Reine du ciel. Il veut que rien
ne manque au culte de Notre-Dame de Pontmain.
Il se propose de donner à la nouvelle église une
bénédiction solennelle au commencement du mois
de juillet prochain. Il convie à la grande fête ses
frères dans l'épiscopat : S. Em. le vénéré cardinal
de Paris, dont il a reçu l'onction sainte, les foules
pieuses des diocèses si chrétiens de Bretagne, de
Normandie et de la France entière, ses prêtres,
ses fidèles diocésains.

Enfin, il portera bientôt au pied du captif du
Vatican l'espérance puisée dans le cœur de Notre-
Dame d'Espérance, et elle sera d'autant plus
chère, à notre bien-aimé Pontife et Père, qu'il
se souviendra qu'à cette même date du 17 janvier, il y a cinq siècles, en l'année 1377, ses
prédécesseurs, jusque-là exilés à Avignon, rentraient triomphants dans la ville éternelle. Il
demandera pour le pèlerinage des trésors de
grâces et de bénédictions dont le vicaire de Jésus-
Christ est le généreux dépositaire. Rien de dura-
ble ne s'élève sans cette bénédiction de Pierre,
et c'est avec elle qu'il veut continuer et couronner ce splendide édifice en l'honneur de la Mère-
de-la-Sainte-Espérance.

Les pèlerins, profondément impressionnés par

cette parole de Pontife et d'apôtre, se pressèrent autour de monseigneur et le suivirent jusqu'à la maison des Pères Oblats.

Cette belle journée dont les heures avaient passé si rapides et si douces, allait finir, mais le Ciel ménageait encore une joie aux heureux témoins de cette fête. Le jour était fini ; le Ciel était devenu calme et serein, les étoiles brillaient sur un fond bleu, qui rappelait le soir où la Mère de Dieu apparut vêtue de l'azur même du firmament et ornée de ses plus brillantes étoiles. Une procession se forma dans l'Eglise paroissiale et descendit lentement au nouveau sanctuaire en s'arrêtant aux pieds de la statue qui s'élève à l'endroit même de l'apparition, au milieu du *champ volé*. L'*Ave Maria* y fut chanté avec un entrain admirable. Puis après le salut du Très-Saint-Sacrement, donné à la nouvelle église, la procession se mit en marche en chantant les strophes du *Magnificat*. On fit une nouvelle station à l'endroit du prodige, écrit le même témoin.

Là, M. Dulong de Rosnay, avec cette parole ardente qui entraîne tous les cœurs et dont notre diocèse est si justement fier, exprima à la foule des pèlerins les espérances que leur piété et leurs prières devaient inspirer à tous ceux qui croient à l'efficacité toute-puissante de ce moyen surnaturel rappelé par les instances de la Vierge de Pontmain,

18.

lorsqu'elle fit lire aux enfants ces paroles : Mais priez, mes enfants, Dieu vous exaucera en peu de temps, mon fils se laisse toucher. L'Eglise est consolée ; la France des anciens jours doit tressaillir avec les cendres de nos pères en voyant que nous ne sommes pas les fils dégénérés de tant de grands saints, et la France moderne doit refaire son courage et son espoir en sentant que Jésus-Christ, qui est son âme, se réveille dans notre foi et lui prépare une résurrection que seul il a la puissance de décider.

Oui, la nation très chrétienne se relèvera, puisqu'elle a encore des fils capables de fournir à Dieu et aux hommes de semblables témoignages de religion et de confiance. Elle se relèvera après tous nos désastres, comme la branche d'un grand arbre que la tempête a ployée et traînée un instant dans la poussière et dans la boue, et qui se redresse au premier jour de calme, en secouant la boue qui la déshonorait et en reprenant doucement la place d'honneur qu'elle occupait jadis.

Tous les cœurs étaient émus, les larmes coulaient des yeux, et on eût voulu voir se prolonger encore ces moments si précieux. Hélas ! La fête était finie : le souvenir du grand jour restera ineffaçable. Chacun s'en est allé en éprouvant en lui-même la douceur du don de Dieu. La Vierge de Pontmain a peut-être cette grâce singulière des miracles intimes qui se passent au fond des âmes. On se retire d'auprès d'Elle en se croyant meilleur, plus ferme dans le bien, consolé, soutenu pour les grands devoirs de la vie, pénétré de cette énergie si précieuse qui vient de l'espérance chrétienne.

Vers la mi-février de cette année, Mgr le Hardy-du-Marais partait pour Rome, heureux d'aller déposer aux pieds du Pasteur des Pasteurs, l'hommage de sa vénération, de son dévouement et de son amour. On peut bien dire que l'excellent diocèse de Laval était tout entier du voyage, d'esprit et de cœur.

Dans une première audience que l'Evêque de Laval obtint le 26 février, le nom béni de la Vierge de Pontmain tomba des lèvres émues du Souverain-Pontife. *Notre-Dame-d'Espérance !* s'écria le Saint-Père en montrant une image au pieux évêque, ému jusqu'aux larmes, *La voici, je la prie tous les jours, elle est ma force et mon soutien ! J'ai toujours la statue en argent de Notre-Dame de Pontmain, qui m'a été offerte, il y a plus d'un an, par le diocèse de Laval.»*

» Pie IX approuva de grand cœur le dessein du vénérable Evêque de bénir solennellement la partie achevée du sanctuaire de Pontmain, le 27 juin prochain, et accorda une indulgence plénière à tous les pèlerins qui s'y rendront ce jour-là et les sept jours suivants. Non content de cela, Monseigneur demanda au Saint-Père le privilége pour le diocèse de célébrer l'anniversaire du 17 janvier. *« La date du 17 janvier*, dit Pie IX, *est une fête pour Rome puisque c'est à pareil jour que les Papes sont rentrés d'Avignon à Rome, il y a 500 ans ; ce sera aussi une fête pour vous, puisque Marie vous a visités en ce jour. Rome et Laval se réjouiront ensemble.* » Désormais donc l'Eglise de Laval comptera une fête de plus dans son Calendrier : elle honorera l'apparition de la sainte Vierge à Pontmain par la récitation de l'office et la célébration de la messe de l'Immaculée-Conception, sous le rit double-majeur.

Ce n'est pas tout : la confrérie établie à Pontmain par le vénérable Mgr Wicart pour les enfants seulement, étendue par Monseigneur à tous les adultes, a été érigée par Sa Sainteté en *Archiconfrérie*, de manière que dans tous les diocèses de l'univers catholique, des confréries pourront s'agréger à celle qui a son siége dans le diocèse de Laval.

Disons donc en finissant avec le pieux pèlerin auquel nous avons emprunté les détails des grandes fêtes du dernier anniversaire :

Qu'il grandisse donc, ce pèlerinage de nos temps modernes et de l'avenir ! Qu'il se dresse comme le monument des promesses du Ciel, comme ces pierres qu'Israël, après les châtiments que lui attirait son infidélité, élevait autrefois dans le désert comme signe d'une alliance nouvelle entre lui et le Dieu de ses pères ! Qu'il soit pour l'Israël des temps nouveaux, pour la France, l'impérissable témoin des miséricordes du Tout-Puissant et de notre immortelle espérance !

RÉFLEXIONS.

Le mois de Marie, cette longue et belle fête en l'honneur de notre bonne Mère du Ciel, s'achéve ce soir. Pour nous, comme pour les heureux témoins de la solennité que nous venons de raconter, les heures se sont écoulées bien rapides et bien douces. Et à cette dernière heure nous ne pouvons nous défendre d'un pénible sentiment de tristesse, semblables à cet enfant qui va quitter pour un temps trop long, sa bonne mère et qui se redit à ce moment du dernier adieu, toutes les bontés de celle dont il ne peut se séparer sans un profond déchirement de cœur. Sur la route, où le regard de sa mère le suit aussi loin que possible, cet enfant se retourne à plusieurs reprises, et, les yeux baignés de larmes, le cœur rempli de tristesse, il renvoie de loin, non pas une parole — sa voix est étouffée, — mais un signe qui veut dire : Oh ! mère, je vous aime : au revoir.

Et nous aussi, enfants de Marie, redisons-nous, à cette heure de la séparation, toutes les bontés de notre divine Mère ; rappelons-nous les instants si doux que nous avons passés à ses pieds, les lectures touchantes qui nous ont parlé de ses miséricordes, les inspirations saintes qui nous ont éclairés, les conseils qui nous ont fortifiés ; et sur le chemin pénible de la vie que nous allons continuer, retournons-nous souvent vers cette bonne Mère pour lui renvoyer notre pensée et notre souvenir. Marie, — nous le savons bien, — ne nous abandonnera pas dans ce voyage; elle aussi, elle nous enveloppera de son regard maternel jusqu'au détour de la route, c'est-à-dire jusqu'au jour où la vie de l'éternité commencera pour nous. Puissions-nous ne la jamais perdre de vue, surtout dans nos peines, nos difficultés, nos tentations, nos chutes, si nous avons le malheur de tomber. — Quiconque se tourne vers vous, ô bienheureuse Vierge, dit saint Ambroise, et obtient un de vos regards, ne peut périr ! Et puis, lorsque sonnera pour nous l'heure dernière, que nous serons heureux d'avoir connu et aimé Marie ! Cette divine Vierge viendra à notre lit de souffrance et de mort pour nous aider, nous consoler, nous fortifier, semblable à la mère qui veille auprès du berceau où repose son enfant malade. Comme saint Jean de Dieu à ses derniers moments, nous appellerons Marie à notre secours et cette mère de miséricorde nous apparaîtra et nous fera entendre cette parole si bonne et si douce qu'elle adressait à son fidèle serviteur : O mon fils, me voici ; ce n'est pas moi qui abandonne mes enfants à leur dernière heure.

Redisons-lui donc ce soir, dans ce triste moment de l'adieu et de la séparation avec son dévot serviteur, saint Bonaventure : — O Marie, lorsque mon âme sortira de ce monde, accourez à sa rencontre et recevez-la, consolez-la par la vue de votre doux visage ; soyez son étoile, sa voie pour arriver au Ciel ; obtenez-lui son pardon, accordez-lui une place dans le royaume dont vous êtes la reine. Et avec l'Eglise, cette autre mère que nous aimons du plus profond de notre cœur :

— Sainte Marie, Mère de Dieu, priez nous, pauvres pécheurs, maintenant et à l'heure de notre mort.

Ainsi soit-il.

CONSÉCRATION AU CŒUR SACRÉ DE MARIE

(De M. Desgenettes.)

ORAISON.

O cœur sacré de Marie toujours Vierge et immaculée ! Cœur le plus saint, le plus pur, le plus parfait, le plus noble, le plus auguste que la main toute-puissante du Créateur ait formé dans une pure créature ; source intarissable de grâces, de bonté, de douceur et d'amour ; modèle de toutes les vertus, image parfaite du Cœur adorable de Jésus-Christ, qui brûlâtes toujours de la charité la plus ardente, que avez aimé Dieu vous seul plus que les Séraphins plus que les, Anges et les Saints, qui avez donné plus de gloire à la suprême Trinité qui ne lui en ont donné les autres créatures par leurs actions héroïques ; Cœur de la Mère du Rédempteur, qui avez ressenti si vivement nos misères, qui avez tant souffert pour notre salut, qui nous avez aimés avec tant d'ardeur et de tendresse, et qui méritez, par tous les motifs possibles, le respect, l'amour, la reconnaissance et la confiance de tous les hommes, daignez agréer mes faibles hommages.

Prosterné devant vous, Cœur sacré de la Mère de Miséricorde, je vous honore avec le plus profond respect dont je suis capable. Je vous remercie des sentiments de miséricorde et d'amour dont vous avez été si souvent touchée à la vue de mes misères ; je vous rends grâces de tous les bienfaits que m'a obtenus votre maternelle bonté ; je m'unis à toutes les âmes pures qui trouvent leurs délices et leur consolation à vous honorer, louer et aimer.

Vous serez, ô Cœur tout aimable, vous serez désormais, après le Cœur de votre cher et divin Fils, l'objet de ma vénération, de mon amour et de ma plus tendre dévotion. Vous serez la voie par où j'irai à mon Sauveur, et ce sera par vous que je recevrai ses grâces et ses miséricordes. Vous serez mon refuge dans mes afflictions, ma consolation dans mes peines, mon secours dans tous mes besoins. J'irai apprendre de vous la pureté, l'humilité, la douceur, et puiser dans vous l'amour du sacré Cœur de Jésus-Christ votre Fils. Ainsi soit-il.

Souvenez-vous, etc. (page 21.)

INVOCATION.

O Notre-Dame d'Espérance de Pontmain, priez pour nous, pour la France et l'Église !

FIN.

TABLE DES MATIÈRES

Chacun des jours de ce *Mois de Marie* contient une lecture suivie de réflexions, d'une pratique et d'une prière.

Toutes ces *lectures* formant le récit complet et suivi de l'*Apparition de Pontmain*, nous mentionnons seulement dans la table le sujet spécial des réflexions de chaque jour.

ERRATA

Page 8, ligne 23e : au lieu de *renseignements* lire *enseignements*.

Page 45, ligne 6e : au lieu de *n'étit* lire *n'était*.

Page 53, ligne 17e : au lieu de *ainsi* lire *aussi*.

Page 95, ligne 25e : au lieu de *tous* lire *toutes*.

Page 108, ligne 11e : au lieu de *pur* lire *purs*.

Page 142, ligne 7e : au lieu de *cour* lire *cours*.

Page 147, ligne 10e : au lieu de *remasqua* lire *remarqua*.

Page 151, ligne 23e : au lieu de *influence* lire *affluence*.

Page 152, ligne 8e : supprimer les mots : *mon enfant*.

Page 162, ligne 7e : au lieu de *chers enfants* lire *chères enfants*.

Page 175, ligne 10e : au lieu de *fermée* lire *fermé*.

Page 178, ligne 20e : au lieu de *que cette de* lire *que dans cette*.

Page 194, ligne 10e : au lieu de *durée* lire *duré*.